外交学院
2018年科学周论文集

主　编　秦亚青
副主编　夏莉萍

世界知识出版社

本书获中央高校基本科研业务费专项资金资助

目 录

(按作者姓名拼音首字母排序)

一、国际关系理论与中国外交

秦亚青 | 十九大报告与中国外交的新时代 / 1
王　帆 | 责任转移视域下的全球化转型与中国战略选择 / 7
孙吉胜 | 改革开放以来中国国际关系理论发展
　　　　——话语、实践与创新 / 22
高　飞 | 改革开放40年中国外交的历程与启示 / 57
樊　超 | 改革开放史视野下的外交史研究 / 66
雷建锋 | "一带一路"倡议实施中的中印关系 / 75
范尧天 |
赵晨光 | 中国的"集体对话"外交
　　　　——围绕中非合作论坛的探讨 / 90

二、语言与文化

黄文红 | 外语教育中中国文化英文表达能力提升：
付　蓓 | 现状与对策 / 104
刘　晶 | 法语教学理念的嬗变与反思
　　　　——基于交际教学与面向行动教学的比较 / 111
史兆红 | 中日所有者被动句的句式结构和语义相关性分析 / 124

三、图书馆学

张蕴之 | 外交学院图书馆学科馆员队伍建设研究 / 136
韩　阳 | 论图书馆在大数据时代下持续转型的
　　　　必要性以及变革和发展的思考 / 143

四、教学管理与人才培养

崔朝东 | 论中国外交人核心价值观 / 152
赵　萍 | 从中国传统文化认同谈高校民乐团
　　　　对大学生思想政治教育的影响 / 161
王　莉 | 新时代我国优秀运动员国际形象研究 / 170

五、国际法研究

臧　立 | 论世界贸易组织的改革问题
　　　　——与刘敬东教授商榷 / 182
焦　阳 | 论刑法中期待可能性理论引入中国之可行性 / 192
宋　岩 | 领土争端解决中的关键日期
　　　　——以国际司法和仲裁判例为基础 / 202

六、国际经济与贸易

张慧莲　| 经济全球化未来发展的动力、阻力与中国作用 / 220
郝佳根
付韶军 | "一带一路"背景下人民币国际化对中国对外直接投资的
　　　　影响研究
　　　　——基于结构化向量自回归模型的实证检验 / 238

吉菲菲｜ 美国的经济制裁及其信号表达
　　　　——基于1989—1992年美国三起制裁的经验验证 / 257

七、其他

孟　艳｜ 论列宁和平共处外交思想的理论起点和现实基础 / 276
梅　琼｜ 美国犹太人在总统大选中的投票倾向 / 285
王思丹｜ 台湾地区能源与环境议题政治化的双重困境 / 296

十九大报告与中国外交的新时代

外交学院前院长 秦亚青

内容提要 十九大报告具有三大突出特色：一是再次强调坚持和平发展道路；二是提出共商共建共享的全球治理观念；三是强调了中国特色大国外交的基本方针路线。中国外交开辟新局面需要把握好四个平衡：一是和平崛起与大国战略之间的平衡；二是全球治理与国家实力之间的平衡；三是合作安全与国家安全利益之间的平衡；四是内向与外向之间的平衡。中国外交应当高度重视四大问题：一是坚持中国外交的基本面；二是先手破解部分国家携手对付中国；三是"一带一路"重在落实；四是关注日益增强的贸易摩擦。

关键词 十九大报告 中国外交 新时代

一、十九大报告具有三大突出特色

十九大报告是中国历史性的战略性文件。报告不仅提出了习近平新时代中国特色社会主义的伟大思想，而且对指导和发展中国与世界的关系，也具有重大的战略意义。十九大报告综合和提炼了习近平外交思想，是20世纪80年代初以来中国外交理论与实践达到的历史性的新高度。个人感受最深的有三点：

一是再次强调坚持和平发展道路。坚持和平发展道路，宣示了中国崛起采取什么样的道路与战略，有别于传统大国暴力崛起的国际政治模式。中国三十多年改革开放的过程也是坚持和平发展的过程。和平发展，中国才有了今天在世界上的地位。

二是提出共商共建共享的全球治理观念。这是一个十分重要的概念。全球治理是中国特色大国外交的重要组成部分，积极参与全球治理，并且以共商共建共享的方式参与，这是新的理念和实践。"共商共建共享"是"一带一路"的基本原则，而"一带一路"是中国全球治理观的实践。我们传统文化中的"共（sharing）"字是有重要意义的。独立个人的"自在"离不开整个群体的"共在"。自我存在总是与共同存在相伴相生、共同发展，正如水滴与大海是共在的。尊重个体的"自在"和个体权利，也尊重自我与他者的"共在"和共同权利，"共"字充分体现了"co"这个英文前缀，所有以"co"起始的单词都是共同的事情，比如"合作（cooperation）"。从这个意义上说，这个时代是"co"时代。现在的共享单车与消费习惯都有这种含义。"一带一路"不同于马歇尔计划，首先是要"共商、共建、共享"，而不是某一方的行为。不同的国家有着不同的需要，在共商的基础上才能共建，只有在共享的大背景下才能共同发展，这也是"人类命运共同体"概念的初衷与核心。在国内治理方面，我们也开始用"共商、共建、共治"，两者的思路是一致的。

三是强调了中国特色大国外交的基本方针路线。我们可以看到，中国的和平道路没有变，中国的改革开放没有变，中国外交大的战略布局上没有变。同时，中国更加走近世界舞台的中心，中国的全球治理参与程度更高，中国作为大国承担的责任也更多。下一步的重点是实施与落实。

二、中国外交开辟新局面需要把握好四个平衡

我们看到，中国的发展相当出色。我想从另外一个方面谈一下

中国外交需要破解的东西，关键要把握好以下几对平衡关系。也就是说中国在和平发展与崛起的过程中，要保持合理平衡。用中国人的话说，就是把握好"度"，这是一个进退到什么状态，火候把握到什么程度的问题。

一是和平崛起与大国战略之间的平衡。和平发展的道路是坚定不移，是要坚持到底的。和平崛起表明中国要崛起，现在世界上发生最大的变化就是中国的崛起，崛起的过程中有诸多不确定因素。有很多现象与实际的行为，都表现为向前发展与维持平衡的关系。如果要做到和平崛起，战略必须与之相吻合。从某种意义上中国已经崛起，我们已经成为世界第二大经济体，已经是世界上举足轻重的大国。但是，我们也要清醒地认识到自己的差距，比如中国与美国在整体实力和科技创新方面的差距还很明显。我们采取的战略，应该让世界知道我们是在崛起，同时也是在和平崛起。战略尤其需要"度"的把握，否则就可能造成自我发展的障碍。

二是全球治理与国家实力之间的平衡。中国作为大国，必须参与全球治理，并且要在全球治理中发挥重要作用。我们把"一带一路"作为总的方针与措施来看，也是作为中国全球治理观的实践。怎样参加？就有很多学问在里面，如果说在全球治理方面出现与国家综合国力不平衡的现象，很可能跌入肯尼迪陷阱。当年美国学者保罗·肯尼迪写过一本书，叫《大国的兴衰》，指出大国容易承担过多的国际事务责任，结果是世界范围内的"战线太长"，耗尽资源。当时，他预测了苏联的衰退，也预言美国将会衰退。参与全球治理，应该在哪些领域积极做好工作，怎样做好双赢与多赢的工作，怎样选好重点领域，这是当前需要认真考虑和调研的问题。

三是合作安全与国家安全利益之间的平衡。我们在十九大报告中，强调合作安全。安全不是一个人可以自己得到的。50年代赫兹提出的安全困境问题。两个行为体会出现安全问题，一方增强自己军事实力的行为，原本是为了自身安全，但却会被对方视为威胁。双方都会这样看待问题，并形成恶性循环，形成一个双方都不能摆脱的困境，结果就出现军备竞争与冲突性危机以及各种各样的事端。一国为了维护自己国家利益的行为，可能会被他国视为威胁。这是我们要注意的，中国提出的三大核心利益都是要确保的，但是在这个过程中一定要考虑如何在捍卫国家利益的同时，真正做到合作安全。在各种会议中，我们不断地强调合作安全。这里面包括大国之间的合作安全，也包括大国与中等小国之间的合作安全。这里还有一个政治心理学的问题。美国弗吉尼亚大学教授沃玛柯提出了一个非对称国际政治模式，认为任何世界的双边关系，都是一强一弱，美中、中越，等等。在这种情况下，强的一方往往对一些问题不敏感，而弱的一方则是过于敏感。结果出现认知落差并引发冲突。这个非对称认知模式在国际关系中经常会出现，所以如何保持平衡很重要。

四是内向与外向之间的平衡。中国的地位和形象与整体发展水平不相称，媒体的话语权在西方，有很多东西会被放大、被曲解，甚至是被故意歪曲。现在我们讲内外统筹，需要考虑话语平衡问题。中国作为一个与西方大国在诸多方面都有很大差异的国家，在世界体系中发展起来很不容易。如果内外话语落差很大，则会加大曲解或是故意歪曲的可能。如何使我们的外交方略在内外话语和宣传中保持平衡，是需要考虑和策划的。

三、中国外交应当关注的四个重大问题

单纯从外交讲，现在的不确定性和复杂性急剧加大。本来没有想到的事情会突然爆发出来，像最近朝鲜问题的戏剧性变化。不管怎么说，中国外交面临着极其复杂的环境，要搞好外交，有几个大的方面尤其值得关注。

第一，坚持中国外交的基本面。到目前为止，大政方针是和平发展，第一要务是为国内的经济社会发展创造良好的外部条件，最

好的外部环境就是没有大型战争。这个概念一定要清楚。多少年来，人们都在努力消除战争。我到贝尔格莱德有一个深刻印象，人们对美国非常厌恶，为什么？我问当地的一位同事，他开车指着国防部大楼说，到现在被炸的大楼还没有修好。楼的外面挡着宣传画，背后就是残缺的大楼。战争不仅仅是你赢我输，其带来的创伤是长久无法消解的，从根本上说，战争无胜负。所以我们宣示，坚定不移地走和平发展道路。实现中华民族的伟大复兴，需要世界和平，维护世界和平也是中华民族复兴的伟大使命。

第二，先手破解部分国家携手对付中国。美国提出印太战略，试图联合亚太地区的一些国家对付中国。虽然该战略的实施存在很大的困难，但提出这个战略，就包含了很多问题。即便他们将来做不到，我们也要现在考虑到。美日印澳四国联合，我们如何应对？尤其是海上方向。这就需要我们认真思考。当今的中国已经不是以往的中国，美日印澳联合也是困难重重。但是我们要有准备，要考虑如何应对可能出现的情况，要下先手棋，使这样的联盟从根本上不可能成为现实。我们有不少"牌"可以打，但是如何打好牌则需要认真理性的权衡与研判。

第三，"一带一路"重在落实。"一带一路"的提出已经五年了，这是一个重要的全球性公共产品，是中国对全球治理和对世界作贡献的重要组成部分。"一带一路"是理念，但更是实践；不仅要规划，更要真正落实，现在尤其要抓好落实。只有符合当地的水土，才能切实落地。"一带一路"是最大的公共产品，真正发挥好效用，会不得了。试想沿线70个左右的国家都得到了长足发展，世界会成为一个什么样子？我到塞尔维亚，他们十分欢迎"一带一路"，建一个厂，解决了当地几千人就业，获得普遍好评。而捷克的国情不同，就需要根据当地已经相对发展的实际情况，通过共商的方式进行设计和谋划，以达到共赢的目的。

第四，关注日益增强的贸易摩擦。国际贸易对中国的发展十分重要。依据敏感性相互依存和脆弱性相互依存理论，中国作为世界第一大贸易国家,进出口数额的急剧波动对中国经济的影响都很大,这不是中国经济发展的对外依赖程度大或者小的变化就可以去克服的。特朗普政府正在采取一些明显带有保护主义色彩的措施,主要是针对中国。这不仅是要打压中国的对美贸易顺差,更重要的是,特朗普政府现在把WTO的多边贸易规则置后了,直接想要通过对华施压的方式来达到美国的贸易、经济和战略目标。欧洲的两极分化非常厉害,保守势力崛起,民粹主义和保护主义上升,内政外交也会趋于内向,包括意大利、荷兰、英国、甚至德国的某些政治领袖表现强硬,更多地想要反映底层民众的诉求。他们的基本观点是"我们的利益高于一切"。最近欧洲十几名保守主义知识分子发表的《一个我们可以信靠的欧洲》就充分体现了民粹主义的观点。特朗普在美国受到的多是精英的质疑,美国的基层普通民众很多人支持他的强硬政策。2018年夏天不仅是中美贸易、包括美欧贸易问题也会趋于严峻。如何化解特朗普政府上台后赤裸裸的经济民族主义做法,是中国需要严肃应对的重大挑战。

责任转移视域下的全球化转型与中国战略选择

外交学院副院长 王 帆

全球化是经济、政治、文化与社会交往不断向着一体化与同质化发展的过程。①但全球化的发展并非是一个从低级阶段向高级阶段持续进化的线性过程,而是在各种力量相互影响、相互作用下不断转型的"布朗运动"。②所谓全球化转型是指全球化进程在并未中断或停止的情况下,出现了结构分布、覆盖范围、参与方的参与程度以及整体运行态势上的阶段性转变。从历史上看,全球化经历多次转型和调整,既有拿破仑时期"大陆封锁"的收缩,也有英帝国霸权下的高速推进;既有美苏两极格局下的"平行市场",也有美国单极主导下的全面扩容。

自2008年全球金融危机以来,全球化再次进入转型期。全球化的主要推动力量出现了分化和调整,新兴国家成为积极的参与者和推动力量,而包括美国在内的主要发达国家采取封闭和保护主义的政策,使得全球化从"全面扩容"转向了"局部收缩"。与以往

---

① 戴维·赫尔德,《全球大变革:全球化时代的政治经济与文化》,杨雪冬等译,北京:社会科学文献出版社,2001年版,"导论",第2页;Takis Fotopoulos, "Globalisation,the Reformist Lef tand the Anti-Globalisation 'Movement'," Democracy&Nature, VOl.7, no.2, 2001, pp.233-280。

② Shiping Tang, The Social Evolution of international politics, oxford: Oxford University Press, 2013;秦亚青:《世界秩序刍议》,《世界经济与政治》2017年第6期。另注:布朗运动(Brownian Movement)即微小粒子在流体中所表现出的、无法预测的无规则运动。

由于发展中国家拒绝或消极参与造成的全球化"局部收缩"不同，此次全球化转型主要表现为发达国家有保留地参与。近代以来，传统发达国家，特别是霸权国一直是经济全球化的重要引领者与拥护方。作为技术引领、制度设计与公共产品的主要供给者，他们对全球化的态度转变会令全球化发展呈现出极大的不确定性，而这必将带来"责任转移"的问题。

有鉴于此，本文试图从国际关系"责任转移"理论的视角，观察本轮全球化转型的主要特征和发展趋势，以期为中国应对全球化转型提供新的思考路径。

一、责任转移的理论界定

责任转移是霸权国应对衰落的重要手段，也是霸权护持的方式。西方既有理论对霸权国如何维护长久霸权有非常深入的研究。例如，罗伯特·吉尔平在《世界政治中的战争与变革》一书中强调减少责任和承诺是霸权国应对衰落的首要战略之一。[1] 查尔斯·金德尔伯格在《世界经济霸权：1500—1990》一书中论述了英国在20世纪二三十年代为支撑自由开放的世界经济体系而过度消耗自身国力，最终导致自身实力不能支撑开放的世界经济体系的局面。[2] 新古典现实主义代表人物之一法里德·扎卡利亚在《后美国世界》一书中为美国应对霸权衰落开出药方，第一条就是避免在不必要或不明智的海外利益上牵涉过多精力和财力。[3] 这其实就是主张处于衰

---

[1] 罗伯特·吉尔平：《世界政治中的战争与变革》，宋新宁等译，上海：上海人民出版社，2007年版，第193—195页。

[2] 查尔斯·P. 金德尔伯格：《世界经济霸权：1500—1990》，高祖贵译，北京：商务印书馆，2003年版，第63—64、217—218页。

[3] 法里德·扎卡利亚：《后美国世界——大国崛起的经济新秩序时代》，赵广成等译，北京：中信出版社，2009年版，第228—231页。

落中的霸权国从原有的责任或利益主张立场上后退,也就是减少责任或承诺的战略行为。此外,保罗·肯尼迪在《大国的兴衰》中所归纳的成本与收益决定大国发展走势的研究,也对霸权护持问题给予了深刻分析。[①]该理论关注了权力、成本、收益与霸权的关系。乔万尼·阿瑞吉在《现代世界体系的混沌与治理》一书中亦指出,原有的霸权秩序之所以走向危机,主要是因为衰落的霸权不愿意调整和容纳新兴力量,竭力巩固自己的优势,结果走向金融扩张的剥削性霸权道路,反而导致衰落。[②]该理论提出了霸权衰落之时霸权国如何处理与新兴国家关系的问题。总体上看,既有理论主要从权力角度探讨霸权护持,提出了责任问题,但并无专门论述。基于此,本文试从责任的角度来探讨霸权国对权力衰落的应对。

(一)责任转移的内涵与逻辑

所谓责任转移即霸权国为了避免霸权的丧失、固化原有权利分配格局,有选择地减少、甚至规避应尽的国际义务和应作出的国际贡献,将责任向新兴大国转移的现象。责任包含两部分内容,一是指大国在维持国际秩序稳定、维护国际机制平稳运行,以及制止国际不法行为方面所应尽的义务和应作出的贡献;二是指国际法主体因自身的国际不法行为应承担的法律后果。

责任转移并不一定以权力转移为前提,但权力转移的进程会催生和加快责任转移的步伐。责任转移可能伴随权力转移的各个阶段。尤其是在权力转移初期和中期,由于霸权国积聚权力增量的能力相对下降,尚具备权力优势的霸权国普遍倾向于通过责任转移手段避免权力存量流失。具体来讲,责任转移对霸权护持的价值体现为"成本"与"收益"两个层面。从成本层面分析,它不仅可以减

[①] 保罗·肯尼迪:《大国的兴衰》(上),王保存等译,北京:中信出版社,2013年版,第XII—XIX页。
[②] 乔万尼·阿瑞吉、贝弗里·西尔弗:《现代世界体系的混沌与治理》,王宇洁译,北京:三联书店,2003年版,第314—315页;陈学明主编:《20世纪西方马克思主义哲学历程》第2卷,天津:天津人民出版社,2013年版,第358—359页。

缓霸权国因战略负担而导致的权力流失速率的增加，还可以通过迫使新兴大国增加公共开支而提高其发展成本。从收益层面分析，它将利用新旧大国在全球化中的"非对称依存"关系，通过诱发权利、能力与责任三者的非相合性矛盾，对全球化发展与全球治理进程产生负面冲击，进而滞缓新兴大国在经济全球化中的发展进程。

如果说权力转移理论讨论的是新兴大国不断谋取权力有可能带来的挑战，那么责任转移理论关注的则是霸权国为了避免权力转移潜在风险与后果而倾向于采取的霸权护持手段。一方面，由于霸权国与新兴大国之间难以通过军事围堵、遏制或战争方式实现权力更迭，责任转移遂成为霸权国推高新兴大国发展成本或诱导其滑入"责任陷阱"的重要手段。另一方面，在责任转移过程中，通过对权利与责任进行切割，霸权国刻意回避"权利让渡"，并希望固化原有"权利分配"格局。由此产生的权利与责任的非相合性矛盾构成了霸权国与新兴大国在国际格局转型期的主要矛盾，并直接对经济全球化产生消极影响。

对于霸权国而言，当体系内出现依靠既有体制高速发展的新兴大国时，责任转移的意愿将更加强烈。保罗·肯尼迪认为，如果一个国家在战略上过度延伸，它就要冒一种风险：战略延伸得到的潜在好处，很可能被它付出的巨大代价所抵消；如果这个国家处于经济衰退期，这种困境将变得更加严重。[①] 克里斯托弗·莱恩也认为，如果不能阻止新兴大国的崛起，那么只有推行责任转移——而非有限的责任分享——才能够使霸权国避免落入近代国际关系史中霸权国迅速衰落的命运。[②]

责任转移本质上不是一种改变自身弱势的战略思维，而是一种削弱对手优势的战略思维。具体而言，即通过构造并激化体系变量

---

① 保罗·肯尼迪:《大国的兴衰》(上)，第 XII—XIX 页。

② Christopher Layne, "offshore Balancing Revisited," The Washington Quarterly, vol.25, no.2, 2002, pp.233-248.

间的"非相合性"矛盾，破坏现有国际机制的有效运行态势，进而降低现有机制下最大获益方的发展速率。霸权国积极推动的全球化转型就是促使全球化从"国际广泛合作和多边规范"向"责任分配困境和单边规范"的局部化转变。这种战略逻辑意味着，只要责任转移所带来的局部化转型及其引发的出口降低与投资下滑能够对战略资源匮乏、应对能力有限的发展中国家造成更严重冲击，那么这种"抵消优势"的战略对于其维护霸权就是有效的。

当然，霸权国在推卸责任的同时，也存在战略担忧，即由于推责过当而导致权利的丧失。因此，霸权国往往需要将责任与权利进行切割，即保留权利、减少责任，出让那些与自身利益关联度不强、但又可能付出较高成本的责任，比如减少预算或严格控制预算，减少海外军事存在等。而新兴大国无疑是成本转嫁的主要对象。但具体而言，霸权国对于盟国，虽然有令盟国分担更多费用的要求，但依然要考虑在责任分担或转移过程中的责任和权利的一致性。而对于非盟国或所谓挑战国，霸权国在转移责任的同时则不愿让渡相应的权利。

霸权国"卸责不让权"必然会导致"责任赤字而权利盈余"的非相合性矛盾。正是在责任转移进程中这一类矛盾的此消彼长反过来又进一步推动了全球化形态的不断转化。以权利与责任的内在"相合性"作为考察变量可以发现，相合性程度越高就越有利于经济全球化的发展和国际体系的稳定。反之则会带来相反的结果（如表1所示）。

表1 新兴大国与霸权国权责关系

	担责+占权	担责+无权	卸责+占权	卸责+无权
担责+固权	相合性 权利的零和矛盾	非相合性 与新兴大国合理预期不符	非相合性 与霸权国预期不符	相合性 治理不足

续表

	担责+占权	担责+无权	卸责+占权	卸责+无权
担责+分权	相合性最高 责任共担、权利分享	不存在	非相合性 与霸权国预期不符	不存在
卸责+固权	非相合性 新旧大国矛盾	非相合性 与新兴大国合理预期不符	相合性 责任真空、权利争夺	非相合性 责任真空
卸责+分权	相合性 治理不足	不存在	不存在	不存在

（二）责任转移的结果

责任转移从结果上可以分为"全面卸责""部分卸责"和"责任共担"三种情况。具体来讲，所谓"全面卸责"就是霸权国全面责任转移的现象；所谓"部分卸责"就是霸权国在推卸责任的同时，为维系其角色地位和国际影响，而不愿放弃某些与权利、利益密切相关的责任的做法；所谓"责任共担"则是霸权国与新兴大国在合法的多边制度框架下，根据各自的现实国力，通过谈判协商合理、公正地协调和分配权利与义务的做法。在权力转移的不同阶段，可能伴随责任转移的不同情况。如前所述，对于霸权国而言，在权力转移的初期实行责任转移往往最有利。这样做不仅有助于迅速释放自身的战略负担，而且由于权力的天平明显倾向于霸权国，它们在非对称相互依存的条件下，有充足的资源对冲全球化转型给自身带来的短期负面影响。而新兴大国在此过程中所面临的冲击将增加霸权国的相对优势。在权力转移中期，霸权国进行责任转移的迫切性增强。霸权国因推责、卸责造成的战略收益可能略高于其成本，但由于战略僵持阶段双方能力的接近，这一时期推行责任转移将面临新兴大国的制衡反应。霸权国此时推动责任转移，虽然可能在某种程度上有利于新兴大国通过责任担当趁势而起，扩大影响力，但比之责任真空可能引发的混乱和造成的根本性衰落风险，责任分担仍然是有利的，也在一定程度上是可控的。在权力转移后期，霸权国则会因力所不逮，而不得不实行责任转移。新旧大国间的责任转移更多是基于能力与责任相合性的水到渠成。比较而言，对处于权力转移中期的霸权国而言，责任共担虽为次优解，但从"风险—收益"角度讲则相对有利。

从新兴大国角度分析，在权力转移初期，如果霸权国保留责任，那么对于能力尚且不足的新兴大国来讲，融入和利用现有体制可以实现低成本的快速崛起。这种情况也被视为新兴大国最佳战略机遇期。但是，到了权力转移中期，如果霸权国不再愿意与新兴大国分享红利，非相合性矛盾将导致新兴大国在体系中面临责任转移的巨大压力。鉴于新兴大国在崛起进程中一定会产生符合自身情况的获益模式与利益诉求，如果不能将这种获益模式转变成国际社会认可的规范规则，其利益诉求的稳定性与正当性就无法得到扩大和保障。但在这一阶段，由于新兴大国已经具备了一定程度对冲全球化转型风险的能力，因此，如果新兴大国能够顶住压力，并顺势承接与自身国力相符的国际责任，不仅有助于全球化与全球治理的良性发展，也有助于弥补自身软权力的短板。在权力转移后期，霸权国虽然希望推卸与权利非相合的责任，但在实际操作层面却有可能不得不在一定阶段内出让与重大利益关切相关的责任，从而导致自身权利在一定程度上的丧失。因此，在权力转移中期和后期亦可能出现责任共担与权利共享的新局面。这既可以避免霸权国由于盲目推卸责任而导致责任真空与治理赤字，也可以使得新兴大国能够有效承担力所能及的责任。因此，责任共担将是一种对守成与崛起方均为有益的结果。

二、责任转移与全球化转型

本轮全球化转型的时代背景之一就是西方理论所强调的权力转

移,即美国霸权相对衰落,而以中国为代表的新兴国家群体崛起。为了应对权力转移的风险,霸权国在这个阶段强化责任转移,造成全球化转型与责任转移相伴而行。霸权国推动全球化的目的在于不断拓展自身利益,保持在全球化进程中的有利地位。当全球化的发展进程出现了非其所愿的结果时,即霸权国无法在全球化进程中实现利益最大化,而新兴国家利益却有了合理发展的时候,则开始试图改变和修正全球化的政策。其中最为重要的就是既要保持原有地位,又要放弃不利于其收益的责任,甚至不惜改变和阻止原有的全球化的方向态势,实现阻止或中断不利于传统发达国家初衷的全球化的目的。因此,虽然责任转移并不必然与全球化转型相关,但本轮全球化转型却与霸权国的责任转移构成了因果关系。可以说,责任转移是本轮全球化转型的重要推手之一。

基于此,本轮全球化转型显示出两个突出特征:其一是传统发达国家与新兴大国在全球化中的位置转换,即新兴大国从全球化的被动参与者成为全球化的主要倡导者和积极推动者,而传统发达国家,尤其是霸权国由全球化的推动者变成了消极抵制和阻碍者。其二是经济全球化由"全面扩容"转向"局部收缩"。在这一背景下,霸权国的责任转移无疑将进一步阻碍全球化的扩展与深化,并导致新一轮全球化力量的重新组合。目前,霸权国在全球化问题上至少表现出以下两个倾向:

第一,贸易保护主义的"隔离"。霸权国以"绿色壁垒""气候壁垒""人权壁垒"等名义升级贸易门槛,充分利用其在全球贸易体系中的制度性话语权与大宗商品的定价权优势固化机会垄断,同时,放弃世界经济体系原有的多边大集团互动模式,转而通过各种名义的贸易壁垒培养局限于发达国家内部的双边小集团互动模式。这种"隔离"直接造成了全球贸易量的大幅萎缩。[①] 此外,民粹主

[①] 虽然2017年全球贸易量得到增长,但主要是亚洲地区在北美地区的出货量于2016年停滞后出现的反弹,随着贸易保护主义的抬头,贸易受阻的现象将会持续。

义的兴起使霸权国愈发倾向于与现有的全球化模式进行"隔离"。

第二，制造"责任真空"。霸权国在全球性事务中不再坚持大国担当与国际责任，而是倾向于重新转向"孤立主义"来制造责任真空。事实上，2008年全球金融危机以来，霸权国逐步强化了推动责任转移的力度，这无疑会增加新兴大国参与经济全球化的门槛和成本。尤其在权力转移初期，霸权国在全球治理问题上的不作为，不仅会导致现有的机制无法正常有效运行，还会导致全球化中许多新问题和新领域面临"治理真空"的局面。比如自2008年全球金融危机爆发以来，美国外交政策便开始出现了"孤立主义"回潮倾向，即为了避免美国海外承诺可能出现的战略过载而主动进行战略收缩，或通过构造"责任真空"与治理缺位加剧全球化的风险。这种战略调整表明美国在国际事务中更加倾向于按照国家利益采取单边主义行动，而忽视人类整体的长远发展与互惠合作。

基于霸权国的上述倾向，全球化转型至少面临以下两种风险：第一种风险在于，霸权国推行责任转移，导致新兴大国不愿也无力在短期内承接原有的国际责任，在国际体系无政府状态下，可能因集体行动逻辑困境造成"金德尔伯格陷阱"。[①] 第二种风险在于，面对霸权国推行责任转移，新兴大国在短期内承接了远超过其自身能力的国际责任而引发的国力透支。这种因错误估计自身实力而引发的战略失当，可能造成新兴大国在责任转移中面临滑入"责任陷阱"的风险。

当然，霸权国的全面卸责和新兴大国全面担责仅可被视为责任转移进程中可能存在的一种理论假设。第一，霸权国不可能放弃所有责任，而仅仅是减少那些在国家利益排序中并非十分重要的责任

---

① Joseph S. Nye, "The Kindleberger Trap," Jan.9, 2017, https://www.project-syndicate.org/commentary/trump-china-kindleberger-trap-by-joseph-s-nye-2017-01?barrier-accessreg, March2, 2018；外交部长王毅2017年3月20日在中国发展高层论坛2017年年会上表示，当今世界事务已如此丰富多样，不可能仅靠一个国家承担所有国际公共产品的责任，唯有开展国际合作才是可行选择，中美关系不会面临"金德尔伯格陷阱"。参见王毅《以历史纵深感和未来穿透力，共同设计今后50年中美关系》，2017年3月20日，https://news.xinhuanet.com/2017-03/20/c_1120661719.htm, 2018年3月2日。

（参见表 2）；第二，新兴大国也不可能无条件承担其所无力承担的所有责任。这就可能带来责任共担的冲突与摩擦。典型的案例是气候治理的责任。长期以来，美国经历了自身发展高峰期的大量减排之后，要求处于不同发展阶段的其他国家承担与之相同的减排责任。而当发展中国家承担这一责任后，美国却又试图推卸相关责任和义务。在国际政治实践中，新旧大国博弈的结果更可能出现的是在相互协调基础上的责任共担。但"责任共担"从来都不是可以自发实现的。

表2 美国国家利益排序[1]

	美国国家利益	排序	责任承担
1	本土防御	生死攸关利益	全面担责
2	欧亚大陆间的深度和平	高度重要利益	部分卸责
3	波斯湾石油通道安全，原油价格稳定	高度重要利益	部分卸责
4	经济全球化、国际经济开放	重要利益	卸责
5	民主、人权问题	重要利益	卸责
6	气候变化	重要利益	全面卸责

新兴大国虽然国力迅速提升，但庞大的人口基数导致其人均GDP仍远低于发达国家。这就意味着新兴大国国力向全球影响力的转换效率偏低。同时，中低端产业结构与外向型经济模式也使得新兴大国在对冲全球化转型风险的问题上具有比发达国家更高的敏感性与脆弱性。因此，在责任转移过程中，新兴大国并不占有与霸权国对等的博弈筹码。如果霸权国拒绝承认多边主义的经济全球化国际准则，并通过责任转移在全球治理问题上积极构造"责任真空"，那么单凭新兴大国既无力承接全球治理的重担，也无法通过对霸权

---

[1] 罗伯特·阿特：《美国大战略》，郭树勇译，北京：北京大学出版社，2006年版，第57页。

国的道义谴责与政治说教迫使其重新回到承担国际责任的轨道上来。只有当行为者将自己的决策调整到同样也适合其他行为者偏好时，或者当一国政府实施的政策被其他国家政府视作能够促进它们自身目标时，基于合作共赢的利益共同体才会出现。

具体而言，新兴大国与霸权国之间的根本分歧在于霸权国从霸权护持的逻辑出发，倾向于根据"权利增量划分责任"。而新兴大国从获取正当权利的需求出发，倾向于根据"责任增量来确认权利"。霸权国认为，不论同自身历史的纵向比较，还是与同期的发达国家相比，新兴大国都是经济全球化机制框架下最大的受益者。因此，他们应当基于利益增量而承担更多的国际责任。与此相对，新兴大国认为，霸权国在推行责任转移的同时，却拒绝让渡相应的治理权利。

从现实主义角度出发，承认博弈筹码不平等基础上的合作共赢——而非平等互惠基础上的合作共赢——并积极推动带有选择性激励特征的"担责让利"，这是新兴大国实现责任共担最现实和有效的路径。具体来讲，"积极担责"就是要积极分担与自身权利增量所占权重相符的国际责任。这将有助于实现一定程度和范围的责任共担，减缓和迟滞全球化向局部化演进的步伐。而"增量转移"主要分为国家层面的"联系性支付"和社会层面的"补偿性支付"两种。在国家层面的"联系性支付"，即通过做大利益增量和扩大开放力度反哺全球市场，同时，深度利用国际体系的利益交互系统功能，在某项议程中给予其特定激励以换取对方在其他领域的合作。在社会层面的"补偿性支付"，即以资本输出与海外投资的形式建立起全球产业转移背景下对霸权国受损利益群体的补偿机制。这样做的根本逻辑就是只有能够提供排他性有效副产品的大集团才会克服集体行动逻辑的困境。[①] 只有这样才有可能与霸权国扩大利益共识，进而打开责任共担的新局面。

---

① 曼瑟尔·奥尔森：《集体行动的逻辑》，陈郁等译，上海：上海人民出版社，1995年版，第38—41页。

三、中国的战略选择

针对霸权国责任转移可能造成的全球公共产品供给匮乏及其对全球治理产生的冲击,中国至少应从以下四个方面斟酌应对。

首先,在权利与责任相合性较强的领域内,中国可以继续奉行建设性参与战略争取责任共担。在权利与责任非相合但有助于人类发展的领域,中国应积极承担相应的责任。如在国际安全领域,由于霸权国需要更多大国的合作与协调,存在着分担责任的可能性和必要性。这就为包括中国在内的新兴大国在增加责任的同时谋求更大影响力提供了条件。而对于霸权国为了维护其权利而过当延揽的消极责任则应通过多边机制加以限制和取缔,比如对发展中国家的种种错误干预、干涉和在规则机制制定上的不合理责任安排等。鉴于构建新的制度框架可能造成新旧大国间在国际机制主导权问题上陷入更为激烈的竞争,同时"另起炉灶"去构建新的制度框架需要新兴大国承担高昂的沉淀成本,新兴大国应避免陷入"务虚名而弃实利"的窠臼。继续维护现有机制框架是有效实现责任共担而不是独揽不当责任的关键所在。这就意味着在可以实现责任共担的框架内,新兴大国的目标应该限定为在现有机制框架内获取更多的决策权和影响力,以开放的心态在现有机制平台下更多采取共建、共治、共担的做法。

另外,在跨国传染病防治、全球气候治理等公共治理领域,霸权国推卸责任和实施责任转移的意图日益明显。对此,中国可以量力而行,循序渐进,积极发挥更大的责任。鉴于联合国的公信力,其机制中的权利与责任往往有着高度一致的伴生性,以中国为代表的新兴大国亦可以通过积极参与而实现责任、权利和影响力的同步扩大。近年来,随着中国在联合国机制框架内积极承担国际责任,其在联合国大会、联合国教科文组织、世界卫生组织、联合国人权理事会等国际组织中正在获得更加有利的国际地位和影响力。

在责任与权利具有非相合性、霸权国急于转移责任的领域，中国可甄别考虑主动承担。如美国采取经济保守主义，主动放弃了一部分"引领"经济全球化的责任。在此背景下，如果新兴大国能够承担起更大的国际责任，则有可能在现有的机制框架内积聚起更多的话语权和影响力，使之成为弥补新兴大国软实力短板的重要机遇。一旦以中国为代表的新兴大国在国际道义与物质实力两个层面实现同步提升，就可能产生基于物质实力、主导性观念，以及将物质实力与主导性观念相融合的制度话语三位一体的战略新势能。当然，对中国而言，承担责任的同时也应谋求更多的话语权、规则和议题设置权，使得经济全球化能够朝着更加普惠、均衡的方向发展。

其次，在国际机制缺失与空白的新领域，或是权利与责任相合性不强且霸权国拒绝让渡相应权利的领域，中国可以通过创造性变革的"谋势"战略，通过构造平行补缺类机制框架扩展权利增量，再造相合性均衡。中国通过G20平台和金砖平台以及"一带一路"合作倡议将对现有全球治理机制形成有效的补充、丰富与完善。此外，中国倡导的"降低经济一体化准入门槛"的主张不仅使更多发展中国家参与并享受经济一体化的成果，还将为霸权国留有谋求经济增长的包容性空间。

再次，为了推动经济全球化的进一步发展，中国可以通过分阶段取得实质性成果的"三步走"策略，逐步推进全球化转型的良性发展。第一，自我完善。深耕国内产业结构升级与经济体制改革，构建更加公正、开放、合作与共享的国内市场。在积极承担与本国发展水平相适应的大国责任基础上，为国际社会提供更大的消费市场与更高效的机制框架。第二，由己惠人。通过"一带一路""亚投行""金砖国家""上合组织""丝路基金"等"选择性激励"方式优先支持与我国建立伙伴关系的国家和愿意一道推动全球化发展的国家。第三，兼济天下。中国倡导的全球化是构建海纳百川、包容并蓄的人类命运共同体的全球化。中国及其伙伴国家将通过构建互利共赢的"新型合作观"来升级或重塑现有的国际秩序架构。中国模式并非适合于所有国家和地区，但公平正义、彼此尊重与互利共赢的发展路径却符合所有国家的基本利益。中国可以通过联系性支付、补偿性激励、重塑国际体系权利与责任相合性等方式来展现新时代的大国外交。

最后，中国仍是世界上最大的发展中国家，中国在展现大国担当、推动责任共担的进程中应量力而行，中国还要避免因战线过长、实力误判、承诺过多、重点分散等战略失当而滑入可能诱发战略透支的"责任陷阱"。

结　语

责任转移现象将伴随新旧大国关系变化的整个进程。随着国际体系交往密度和交往力度的日渐提升，全球化转型所引发的系统效应将更具复杂性和多变性，值得未来进一步思考和探索。霸权国的责任转移会引发全球治理失序以及新兴大国与霸权国之间的经济战与贸易战，进而造成经济全球化发展的局部萎缩。在此背景下，中国若能够及时回应国际社会的重大期待，在外交上努力完成推动构建新型国际关系和推动构建人类命运共同体的两大历史性使命，则不仅能够彰显其当今国际秩序的维护者的身份，也有助于破除霸权国长期从道义上对中国所谓"参与不足"的无端指责，更能够向国际社会展现中国为人类谋福祉的大国风范。

改革开放近四十年来，中国的国家利益已经深嵌到全球化的每一项议程和机制之中。这就意味着中国自身的发展同经济全球化的发展相辅相成、息息相关、互为表里、休戚与共。为此，中国将同多数国家一道，重塑多边主义、促进互利共赢，推动经济全球化的可持续增长与包容性发展。通过积极提供责任共担的中国方案，借以避免全球化转型和责任转移所引发的治理真空局面的恶化。为确保经济全球化的深入发展、全球治理的责任共担以及国际秩序的和平稳定贡献中国智慧。

改革开放以来中国国际关系理论发展
——话语、实践与创新*

外交学院副院长　孙吉胜

内容提要　改革开放以来,中国的国际关系理论研究经历了40年的发展,取得了很大进步。但是,目前还没有一个被国际学界普遍认可的中国国际关系理论或中国学派。然而,学术研究和理论构建本身也是一种实践。根据实践理论,话语促进实践,实践会强化或弱化话语,话语与实践一起促进形成某个实践共同体,影响知识的生产和传播,进而影响未来行为体的话语与实践。中国学者的国际关系理论创新实践也受所在实践共同体的影响。因此,研究实践共同体内的话语与实践具有重要意义。中国的国际关系理论创新经历了发展中国特色国际关系理论、发展中国国际关系理论的中国学派以及如何来发展中国学派的话语转变和实践转变。中国学者普遍认为,中国的传统文化、中国的国际实践是理论创新的重要资源,同时,需要重读西方国际关系理论,思考中国学派的核心问题以及如何建立理论关联。中国学者也需要思考国外学者对中国国际关系理论创新的主要评判,如中国学者对"理论"所持的标准、中国国际关系理论的普适性、发展中国国际关系理论的挑战与困难等,从

---

* 本文为笔者主持的国家社科基金专项项目"中国传统文化、中国外交战略与中国外交话语体系构建"(项目编号:16ZZD029)的阶段性成果。感谢《世界经济与政治》杂志匿名评审专家的意见和建议。文中错漏由笔者负责。

中为进一步创新中国国际关系理论获得启示。

关键词 话语 实践 中国国际关系理论 中国特色 中国学派

国际关系学科自1919年创立后发展已近百年。国际关系理论作为国际关系研究的重要组成部分不断为人们描述、解释和预测国际关系发挥着重要作用。但是，多年来国际关系理论由西方国际关系理论所主导的局面一直没有改变，尽管从2007年开始，阿米塔夫·阿查亚（Amitav Acharya）和巴里·布赞（Barry Buzan）就研究了"为什么没有西方国际关系理论"这一具体问题。[1] 2014年，阿查亚明确提出需要发展全球国际关系（Global IR），[2] 以使这个领域更加包容、多元、多样。与西方国际关系理论研究相比，中国的国际关系理论研究起步更晚，真正开始研究是从改革开放以后，尽管之前中国也有一些零散的关于国际关系理论的教学与研究。[3] 从改革开放到今年整整40年，尽管中国国际关系学界创新的努力一直没有停止，但是目前还没有一个被国际学界普遍认可的中国国际关系理论或中国学派。为什么会出现这种现象？中国的国际关系研究在创新方面存在哪些问题？如何解决？笔者受国际关系实践理论的启发认为：行为体的行为受话语的影响，话语本身也是一种社会实践，直接影响知识的生产与传播，实践反过来也影响话语。具有相似话语与实践的人们会产生共有知识，形成一个实践共同体。这样的实践共同体反过来会进一步影响未来共同体成员的话语与实践。对于学术研究而言，这种逻辑同样存在。对于中国学界，围绕某个问题所形成的学术共同体所建构的话语环境同样会影响学者的

---

[1] Amitav Acharya and Barry Buzan, "Why Is There No Non-Western International Relations Theory? An In-troduction," International Relations of the Asia-Pacific, Vol.7, No.3, 2007, pp.287-312.

[2] Amitav Acharya, "Advancing Global IR: Challenges, Contentions, and Contribution," International Studies Review, Vol.18, No.1, 2016, pp.4-15.

[3] 洪远：《中国国际关系理论研究历程述要》，《历史教学》，1989年第11期，第34页。

相关实践、理论发展以及知识演进。那么中国学界持怎样的国际关系理论创新话语,经历了哪些实践?外国学者又如何评价?他们的话语与中国学者的是否相同?从中我们可以得到什么启发?鉴于此,下文首先探讨话语、实践、实践共同体之间的理论关联。之后,系统梳理中国的国际关系理论创新实践。在此基础上,对比中国国内和国外关于中国国际关系理论创新的主导话语,并提出未来中国国际关系理论创新以及发展中国学派的一些思考和建议。

一、话语、实践、实践共同体与知识传播

话语是分析社会过程、实践和知识生产的一个重要因素。话语促进实践,实践反过来也会强化或弱化某些话语。话语与实践一起会促进形成某个实践共同体,影响知识的生产和传播,不仅仅形成表象性知识(representational knowledge),也建构背景知识(background knowledge)。学术研究是一种实践,研究某个具体领域的学者形成一个具体的实践共同体,学者的话语与实践受共同体的影响,同时也建构共同体本身。也正因如此,共同体外的声音有时会被忽略。对于创新性或创造性研究而言,跳出共同体之外,倾听共同体之外的声音,尤其是一些不同的评论和批评,观察和反思共同体之外的评价具有重要意义。

首先,话语促进实践。话语是具有社会意义的言语行动,话语决定了具有社会意义的事情是否有效。① 如果没有沟通和话语,人们就无法区分行为与实践。语言传达意义,是把实践转化为社会行动的枢纽和引擎。语言自身是以"话语实践"的形式展现行动或是实施行动。不同的言辞与行为方式能够创造相互依赖的路径。后结

---

① 伊曼纽尔·阿德勒、文森特·波略特著,秦亚青、孙吉胜、魏玲等译:《国际实践》,上海:上海世纪出版集团,2015年版,第15页。

构主义甚至认为话语起核心作用，因为不可能在话语外思考实践。按照米歇尔·福柯（Michel Foucault）的观点，话语本身应该被视为实践，它可以产生一系列语言结构。这样的结构对我们"谈论客体"是必要的，比如命名、分析、分类以及解释在社会世界和物质世界所发生的一切。一方面，话语不仅仅是一种经验性工具，同时也是一种社会现象，是"使用中的语言"。[①] 话语促进实践，既强化实践，也指导实践。话语本身是实践形成过程的一部分。话语把一个领域建构为具有特殊政治认知特点的领域，诸如法律、政治、艺术、宗教、意识形态以及道德等。[②] 另一方面，实践也经常是话语性的，经常伴随言语行为发生，而不是发生在话语实践之外。[③] 实践可以被理解为一种语言表述形式，或者按照福柯的观点是一种声明（statement），它不是一个简单的话语文本，而是行动中的话语。话语作为在空间、关系、社会语境或是场域中所使用的意义结构能够建构社会实践，强化或弱化某些行为实践，尤其是知识和权力的实践。也就是说，话语是行为体生产知识和传播知识的重要媒介，同时也建构社会结构，产生观念倾向和权力效应。

其次，实践反过来会强化或弱化某些话语。实践把话语世界与物质世界联系在一起，并使话语和制度具体化。实践启动了某种话语的生成，塑造了某种能指结构。话语尤其强调与行为在社会语境下的内在关系。实践依赖于背景知识，知识如同意象、信念等一样，先于实践。同时，背景知识也是实践性的，背景知识引导行动。[④] 实践不仅实施行动，同时也包含和展现背景知识和话语，并

[①] Jutta Weldes and Diana Saco, "Making State Action Possible: The United States and the Discursive Con-struction of the Cuban Problem, 1960–1994," Millennium: Journal of International Studies, Vol.25, No.2, 1996, p.373.

[②] 伊曼纽尔·阿德勒、文森特·波略特：《国际实践》，第220页。

[③] Iver B. Neumann, "Returning Practice to the Linguistic Turn," Millennium: Journal of International Studies, Vol.31, No.3, 2002, p.628.

[④] 伊曼纽尔·阿德勒、文森特·波略特：《国际实践》，第8页。

物化这样的知识和话语。① 话语依赖重复的行动或是"常规",否则就会逐渐消失,因为话语是社会的,是在一个共有知识或是想当然的背景下"发挥作用"。荷兰语言学家特奥·范莱文(Theo van Leeuwen)把社会实践定义为社会规范做事的方式,② 实践推动世界向前,并把世界联系在一起。如果说话语形成或是建构常规实践的话,那么实践本身也会促成话语的形成和话语的固化。正如西奥多·沙茨基(Theodore Schatzki)所言,话语是存在(being),实践是成为(becoming),是话语的来源以及话语的最终归属。③ 通过实践,人们会形成特定的实践知识,实践知识反过来会强化或弱化某些话语。

再次,话语与实践一起可以形成一个实践共同体,实践共同体会继续影响未来成员的话语与行为,行为体在实践过程中会形成共同的利益、知识、话语和认同。伊曼纽尔·阿德勒(Emmanuel Adler)把实践共同体定义为一些思维相近的实践者,他们由于学习和应用某些实践的兴趣非正式或是在某个语境下聚合在一起。④ 在一个领域的知识建构了人们的思维相似性,即在这个共同体中的人创造了一种学习的社会结构和一种共享实践,形成该共同体发展、共享和保持的知识。⑤ 社会知识是由实践共同体产生,由话语和行为体的各式行动所构成。这些知识作为实践者共同努力的一个方向的背景知识会指导未来实践,实践共同体因此为行动提供了规范和认识基础。理性不仅存在于人脑之中,而且存在于这种不断积

---

① 伊曼纽尔·阿德勒、文森特·波略特:《国际实践》,第6页。

② Theo van Leeuwen, Discourse and Practice: New Tools for Critical Discourse Analysis, New York: Oxford University Press, 2008, p.6.

③ Karin Knorr Cetina, Theodore R. Schatzki and Eike von Savigny, The Practice Turn in Contemporary The-ory, New York: Routledge, 2001, p.44.

④ Emmanuel Adler, "The Spread of Security Communities: Communities of Practice, Self-Restraint and NATO's Post-Cold War Transformation," European Journal of International Relations, Vol.14, No.2, 2008, p.199.

⑤ Etienne Wenger, Richard McDermott and William M. Snyder, A Guide to Making Knowledge: Cultivating Communities of Practice, Boston: Harvard Business School Press, 2002, pp.28-29.

累起来的背景知识中，而理性思维和理性行为的能力首先来自背景知识。具体而言，实践共同体由施动者构成，他们通过各种网络渠道、跨越不同的地域和知识流派，通过知识和权力对政治、经济和社会事件产生影响。

最后，学术研究本身也是一种特殊的实践，会构建实践共同体，影响知识的生产与传播。学者们围绕某个具体问题思考、交流、研讨、写作、发表。通过这样的学术实践活动，形成具体的实践共同体，促使形成某些预期、研究倾向和身份。学术研究领域的实践共同体本身就包含一个学习的过程，学者总是基于一定的背景知识进行学术研究，在研究、思考后形成自己的新观点，生产新的知识，而其他学者首次接触这样的观点，会将其作为一种新的表象性知识加以学习、消化。有些表象性知识经过长时间积累，会慢慢沉淀转化为背景知识，内化为一种意识，或是形成一些习惯，甚至形成行动和认知规范的固定模式，指导和协调行为体的行为，影响其未来的研究话语与实践。当然，对于学术研究而言，实践共同体除了知识的积累和传播之外，有时也可能产生负面影响，比如产生研究的路径依赖。学者们有时会无意识地按照共同体所塑造的路径进行研究，甚至会忽视与共同体外的思想交流、忽视共同体外的意见和最新进展等，而处于自己习惯的舒适区。此外，共同体内的成员也可能会产生重复性或相似的研究。也就是说，共同体内的实践可能会自我欣赏、自我维护，导致实践的机械化。在这种情况下，跳出该实践共同体的视域非常有益，对一些创新性和创造性的研究尤其如此。

国际关系本身也是一系列话语实践，由不同的实践共同体构成。马歇尔·比尔（Marshall Bier）认为国际关系是一系列话语实践，而并非是由共同的术语、范式或是方法论聚合在一起的"独立领域（sovereign territory）"。[①] 辛西娅·韦伯（Cynthia Weber）把

[①] Beier J. Marshall, International Relations in Uncommon Places: Indigeneity, Cosmology, and the Limits of International Theory, Basingstoke: Palgrave Macmillan, 2005, pp.58-59.

国际关系理论描述为一个文化实践的场所,人们在这里编织解释世界的故事,赋予国际政治实践以意义,关于国际生活的意义被不断交流、建构和重构。① 如果把中国国际关系理论创新作为一种特殊的学术实践的话,那么从事该领域研究的学者的活动与互动构成了一个实践共同体,尽管很多时候是无意识的。该实践共同体会强化相关的知识和话语,有时也会造成学者们的研究路径依赖或是知识固化。如果要更好地创新,审视共同体内外的话语和实践尤为重要。

二、中国国际关系理论研究实践与创新的不同话语

  国际政治学作为一门学科创立于1919年,1949年后中国开始重视对国际问题的研究及对外交干部的培养。1950年中国人民大学首先成立国际关系科(外交系),1955年在外交系的基础上成立外交学院,时任外交部副部长张闻天亲自负责外交学院国际法和国际关系理论课程的建设,并要求在马克思主义的指导下建立有中国特色的国际关系理论体系。外交学院成立国际关系理论课题组,写出《国际斗争基本理论》一书。② 在1963年之前,外交学院和国际关系学院就已经开设了国际政治学和国际关系的部分专业课程,如外交学院在全国高校中率先开设的国际斗争基本理论和国际关系基本理论课。③ 这一时期的国际关系理论研究多采用宏观视角,意识形态色彩突出,如反对帝国主义、国际统一战线、批判修正主义等,④ 同时与中国当时的外交战略联系紧密。"文化大革命"期间中

---

① Cynthia Weber, International Relations Theory: A Critical Introduction, London: Routledge, 2005, p.182.
② 洪远:《中国国际关系理论研究历程述要》,《历史教学》,1989年第11期,第34页。
③ 同上书。
④ 王丽萍:《中国国际政治研究五十年审视》,《北京大学学报(哲学社会科学版)》,1999年第4期,第23页。

国的国际关系理论研究基本呈停滞状态。20世纪50年代以来，中国还是根据所处的世界环境提出了一些思想理论和战略学说，如毛泽东提出了"三个世界"和"中间地带"概念，周恩来提出了"和平共处五项原则"以及"求同存异"等理念，体现了中国观察和审视世界的独特视角，无论是对世界政治还是对中国国际关系理论研究都产生了影响。

改革开放以来，中国的国际关系理论研究才真正开始，大致分为三个阶段，不同阶段具有鲜明的话语指向和实践特色。中国学者始终在沿着两个路径进行，一方面是学习、借鉴和批判西方国际关系理论，另一方面是努力发展自己的理论，而不是全盘照搬西方理论。第一阶段是1978—1989年，该阶段重点是引进和学习西方国际关系理论，也是中国国际关系理论研究的起步阶段，"发展中国特色国际关系理论"成为一个主导话语和争论热点。第二阶段是1989—2000年，本阶段是全面学习和借鉴西方国际关系理论，同时"发展国际关系理论的中国学派"话语开始出现。第三阶段2000年至今，本阶段重点借鉴和吸收西方理论，也是中国国际关系理论努力创新与发展的时期，主导话语转变为"如何创建中国学派"。学术论文、著作出版、学术会议等一起构成了不同阶段的实践和创新路径。从各阶段主导话语的变化和实践也可以看出中国国际关系理论研究的进步和不同阶段的特点，也体现出不同的实践所塑造的关于中国国际关系理论创新的研究路径和相关知识的传播。

（一）第一阶段：引进、学习西方国际关系理论与"中国特色国际关系理论"话语的出现

1978—1989年是引进和学习西方国际关系理论的阶段，中国学者们在学习的同时，也开始思考中国的国际关系理论研究与中国国际关系学科建设，"发展中国特色国际关系理论"的话语开始出现，学者们围绕国际关系理论是否需要中国特色展开了辩论。

改革开放后，国际关系理论研究也和其他社会科学领域一样开始了新的发展。邓小平做出了关于世界和平与发展的大势判断。1979年,他强调世界政治同政治学、法学等学科的研究工作"需要赶快补课"。[①] 1980年外交学院复校后开设了《国际斗争基本理论》和《西方国际关系评介》课程,北京大学、复旦大学也开设了《国际关系理论》和《西方国际关系理论介绍》课程。[②] 1984年,《中共中央关于改革学校思想品德和政治理论课教学的通知》确定在高校开设新的政治理论课,如世界政治与经济和国际关系,国际政治学的理论学科建设进入一个新阶段。[③] 20世纪80年代,国际关系学在西方已经发展为非常活跃的领域,不少中国学者到美国、英国等国学习。同时,中国改革开放后对外关系有很大发展,需要从理论上加以论证和说明,国际关系理论研究日益得到重视。改革开放后,受各领域抓紧补课和从西方引进的浪潮的影响,中国刊出大量介绍西方国际关系学的文章,一些西方国际关系理论的经典著作也被陆续翻译出版,如斯坦利·霍夫曼(Stanley Hoffmann)的《当代国际关系理论》、汉斯·摩根索(Hans J. Morgenthau)的《国家间政治》、肯尼思·沃尔兹(Kenneth N. Waltz)的《人、国家与战争》、莫顿·卡普兰(Morton A. Kaplan)的《国际政治的系统与过程》、卡尔·多伊奇(Karl W. Deutsch)的《国际关系分析》等,改变了20世纪60—70年代避免与西方思想接触的现象。中国学者的理论研究成果开始涌现。陈乐民1981年撰写了中国第一篇介绍西方国际关系理论的文章:《当代西方国际关系理论简介》。[④] 倪世雄发表多篇文章,对现实主义、理想主义、行为主义、新现实主

---

① 梁守德:《国际政治学在中国——再谈国际政治学理论的"中国特色"》,载《国际政治研究》,1997年第1期,第2页。
② 洪远:《中国国际关系理论研究历程述要》,《历史教学》,1989年第11期,第35页。
③ 梁守德:《论国际政治学理论的"中国特色"》,《外交学院学报》,1997年第2期,第40—46页。
④ 陈乐民:《当代西方国际关系理论》,《国际问题研究》,1981年第2期,第55—64页。

义、博弈论、均势理论等进行了较系统的介绍。① 他和金应中主编的《当代美国国际关系理论流派文选》也于1987年出版。② 除了介绍西方国际关系理论之外,关于苏联国际关系理论的专著和理论文章也被译为中文,学者们也撰写了相关文章,体现出苏联在这一阶段对中国学者的影响。③ 在这一阶段,中国学者对世界国际关系理论的认识处于初级阶段,研究多属于零散性的学习和评介,还远未对其全面的谱系和发展脉络形成较清晰的认识。

尽管如此,在20世纪80年代末,中国特色这一话语就已经开始出现,学者们提出了建立有中国特色的国际关系学和国际关系理论问题。王建伟等人在1986年就撰文,提出了发展中国特色政治学的必要性。④ 王沪宁1987年撰文,强调要建立中国特色政治学,并提出了五点具体建议。⑤ 当然这里是指大的政治学学科的概念,也包含国际政治学。李石生讨论了中国国际关系理论研究应该包含的范围,并指出积极创建中国自己的国际关系理论已成为实践中刻不容缓的任务。⑥ 学界开始了关于是否需要强调中国特色以及如何体现中国特色的辩论。持肯定观点的人认为理论都是相对的,相对性实际上就是特色,中国的国际关系理论研究已经具备了一些特色,如中国的传统文化、三个世界理论、革命战争理论等。而持反面观点的人则认为提中国特色本身不科学,中国特色是一个意识形

---

① 倪世雄:《西方国际关系理论主要流派》,《复旦学报(社会科学版)》,1986年第4期,第107—110页;倪世雄:《西方主要国际关系理论学派简介》,载《世界经济与政治内参》,1987年第5期,第26—32页。

② 倪世雄、金应中主编:《当代美国国际关系理论流派文选》,上海:学林出版社,1987年版。

③ 赵华胜:《当代苏联国际关系理论简介》(上、下),《国际展望》,1987年第2期,第24—25页;赵华胜:《国际展望》,1987年第3期,第26—27页;杨闯:《苏联关于国际关系理论的研究对象及其对国际关系体系的构想》,《世界经济与政治》,1987年第9期,第37—38页;冯绍雷:《苏联国际关系理论的发展与现状》,《世界经济与政治》,1989年第3期,第39、55—60页。

④ 王建伟、林至敏、赵玉梁:《努力创建我国自己的国际关系理论体系》,《世界经济与政治内参》,1986年9期,第1—7页。

⑤ 详见王沪宁:《中国政治学研究的新趋向(1980—1986)》,《政治学研究》,1987年第2期,第50页。

⑥ 李石生:《关于创建国际关系理论体系的几点看法》,载《国际政治研究》,1988年第2期,第31—32页。

态概念等。① 与此同时，也展开了关于世界是依然处于战争和革命年代还是已经进入了和平发展时代的辩论，② 这个辩论主题也与中国的形势发展相关。此外，本阶段的理论研究依然保持了一定的意识形态色彩，如认为国际关系理论除了强调主权国家外，还必须重视被压迫民族和人民群众在国际关系中的作用，认为这是马克思国际关系理论与西方国际关系学根本不同的特点，要建立以马克思主义、毛泽东思想为指导的国际关系理论，③ 要把马克思主义的认识论和方法论用于指导国际关系理论的研究。④

学术会议方面也开始体现出对理论探讨的重视。在1986年11月和1987年12月国际关系史研究会北京分会的两次年会上，学者们围绕理论进行了热烈讨论。⑤1987年上海国际问题研究所在上海专门召开了国际关系理论研讨会，这也是中国第一次针对理论研究的全国性学术讨论，此次会议被认为是中国国际关系理论研究的一个重要节点，与会者提出了创建具有中国特色的国际关系理论的初步设想。⑥会议还重点讨论了国际关系理论的研究对象和框架结构，探讨行为体、体系格局等具体问题，创建中国特色的国际关系理论体系成为会议的核心议题。⑦

---

① 倪世雄、许嘉：《中国国际关系理论研究——历史回顾与思考》，载《欧洲》，1997年第6期，第15页。

② Qin Yaqing, "Development of International Relations Theory in China," International Studies, Vol.46, No.1 & 2, 2009, p.187.

③ 李石生：《关于创建国际关系理论体系的几点看法》，载《国际政治研究》，1988年第2期，第30、33页。

④ 陈乐民：《西方现代国际关系的基本理论》，《西欧研究》，1985年第5期，第20页。

⑤ 洪远：《中国国际关系理论研究历程述要》，《历史教学》，1989年第11期，第35页。

⑥ 倪世雄：《中国国际关系理论研究——历史回顾与思考》，《欧洲》，1997年第6期，第12页。

⑦ 详见赵玉梁、赵晓春、楚树龙：《关于建立有中国特色的国际关系学体系——上海国际关系理论讨论会纪要》，《现代国际关系》，1987年第5期，第3—6页；田志立：《国际关系理论讨论会综述》，载《政治学研究》，1987年第12期，第55—59页。

（二）第二阶段：学习和借鉴西方理论与体现国际政治学中国特色的主导话语

1989—1999年是第二阶段，相关学者继续学习、借鉴和批判西方国际关系理论，同时学界开始进一步总结和反思中国的国际关系理论研究，话语集中在如何体现国际关系理论的中国特色。

进入20世纪90年代以后，中国学者对西方国际关系理论的跟进和研究进一步深入。更多的西方国际关系理论的经典著作被译为中文，如《国际政治理论》《现代世界体系》《权力与相互依赖》等，中国学者对西方国际关系理论的认知不再仅仅局限于现实主义，对西方理论的新发展开始较快跟进。例如，亚历山大·温特（Alexander Wendt）的《国际政治的社会理论》①英文版出版于1999年，2000年秦亚青就将其翻译出版。②中文版的出版带动了中国建构主义理论研究的高潮，袁正清的《国际政治理论的社会学转向》，③郭树勇的《建构主义与国际政治》④都对建构主义进行了系统研究。中国学者对西方国际关系理论的认知更加全面。西方国际关系理论由于主流理论未能预测冷战的悄然结束而在20世纪90年代进入了多元发展时期，英国学派、女性主义、后现代主义、文明冲突、哥本哈根学派、规范研究等也都很快在90年代末进入了中国学者的研究视域，无论是研究内容还是研究视角都更加多元。

随着对西方国际关系理论认识的深入，在20世纪90年代末中国学者开始体现出较强的总结和反思意识。学者们撰写了多篇回顾和反思中国国际关系理论研究的论文，如《中国的国际关系理论研

---

① Alexander Wendt, Social Theory of International Politics, Cambridge: Cambridge University Press, 1999.

② 亚历山大·温特著，秦亚青译：《国际政治的社会理论》，上海：上海人民出版社，2000年版。

③ 袁正清：《国际政治理论的社会学转向》，北京：中国社会科学院研究生院2002年博士学位论文，第1—133页。

④ 郭树勇：《建构主义与国际政治》，北京：长征出版社，2001年版。

究——历史回顾与思考》①《政治学与政治发展：中国政治学发展20年》②《中国国际关系的战略转型与理论研究20年》③《中国国际政治研究五十年审视》④《新中国国际问题研究50年》⑤等。在研究理论本身的同时，学者们也把理论用于分析中国的政策。对于中国领导人如毛泽东、周恩来、邓小平等人的外交思想及其对国际关系理论影响的研究也不断深入。⑥同时，中国传统文化在中国的外交思想和理念中也得到进一步强调。1995年，上海人民出版社开始出版"当代国际政治丛书"系列，目前已经出版了近30本，集中体现了中国国际关系理论研究的进步以及中国学者的创新努力。一些聚焦国际关系理论的出版物相继问世，如王逸舟的《西方国际政治学：历史与理论》、《当代国际政治析论》，王缉思主编的《文明与国际政治》论文集等。

学术研讨会更加聚焦理论研究。1991年，北京大学召开"跨世纪的挑战——中国国际关系学科的发展"国际研讨会，重点讨论国际关系学科中的基本概念、新问题以及中国国际关系学科发展。⑦1994年，北京大学召开"21世纪的中国与世界"国际学术研讨会，讨论变化中的世界与中国以及中国国际政治学理论学科建设等问题。1994年5月，中国国际关系史研究会与北大召开"建设有

---

① 林尚力:《政治学与政治发展：中国政治学发展20年》,《政治学研究》,1998年第2期, 第1—11页。

② 倪世雄、许嘉:《中国国际关系理论研究——历史回顾与思考》,《欧洲》,1997年第6期, 第11—15页。

③ 俞正梁、陈玉刚:《中国国际关系的战略转型与理论研究20年》,《复旦学报（社会科学版）》, 1999年1期, 第12—17、122页。

④ 王丽萍:《中国国际政治研究50年审视》,《北京大学学报（哲学社会科学版）》,1999年第4期, 第23—32页。

⑤ 李琮、刘国平、谭秀英:《新中国国际问题研究50年》,《世界经济与政治》,1999年第12期, 第5—12页。

⑥ 如张历历:《试论邓小平的国际关系理论体系》,载《外交评论》,1998年第12期, 第37—41页; 李石生:《深入钻研邓小平理论推进国际关系理论的研究与建设》,《国际政治研究》,1999年第1期, 第36—40页。

⑦ 曹泳鑫:《全国国际关系理论讨论会纪要》,《毛泽东邓小平理论研究》,1998年第6期, 第122—123页。

中国特色的国际关系理论"学术研讨会,围绕中国特色问题进行了热烈讨论。①1998年,复旦大学和中国国际关系史研究会(继1987年的首届之后)召开第二届"全国国际关系理论讨论会",总结改革开放以来有关国际关系理论研究和学科发展的成果,讨论中国的国际关系理论研究与发展中国特色的国际关系理论的差距,指出中国应该发展自己的国际关系理论,而加强基础研究是最为迫切的任务之一。②

在这段时间,关于建设"中国特色国际关系理论"论争掀起一个小高潮。如何建立国际关系理论的"中国视角"和"中国风格"作为一个迫切问题被提上了研究议程。③学者之间围绕中国国际关系理论是否需要中国特色以及如何体现中国特色展开了辩论。④梁守德多次撰文强调"国际政治的中国特色",认为中国特色是立足中国,面向改革开放以来中国国际关系理论发展世界,是相对与绝对、个性与共性、继承与发展的统一。⑤发展中国特色国际关系理论成为一个主要的辩论问题,也成为20世纪90年代中国国际关系领域的一个主要话语。支持者们认为社会科学理论不可避免地要同本国文化传统与实际相结合,中国的传统文化、三个世界理论、革命战争理论等都是中国特色的促因。⑥而另一些学者则认为强调突出中国特色是一个意识形态概念,会削弱理论的学术性,特色形成

---

① 梁守德:《国际政治学在中国——再谈国际政治学理论的"中国特色"》,《国际政治研究》,1997第1期,第2页。

② 曹泳鑫:《全国国际关系理论讨论会纪要》,《毛泽东邓小平理论研究》,1998年第6期,第122页;唐贤兴:《新时期中国国际关系理论研究——全国国际关系理论讨论会综述》,《外交学院学报》,1999年第1期,第82页。

③ 陈岳、李永成:《国际关系学:进展与问题》,《教学与研究》,2003年第12期。第42—43页。

④ 阎小骏:《必须建立有中国特色的国际政治学理论》,《国际政治研究》,2000年第1期,第58页。

⑤ 梁守德:《论国际政治学的"中国特色"》,《外交学院学报》,1997年第2期,第40—46页;梁守德:《论国际政治学的中国特色》,《国际政治研究》,1994年第2期,第15—21页;梁守德:《国际政治学在中国——再谈国际政治学理论的"中国特色"》,《国际政治研究》,1997年第1期,第1—9页。

⑥ 袁明主编:《跨世纪的挑战——中国国际关系学科的发展》,重庆:重庆出版社1992年版;倪世雄、许嘉:《中国国际关系理论研究——历史回顾与思考》,《欧洲》,1997年第6期,第15页。

不能预先设计。①

（三）第三阶段：借鉴和吸收西方理论与建立国际关系理论中国学派

从2000年开始至今是全面借鉴和吸收西方国际关系理论的第三阶段，同时也是中国国际关系理论的努力创新阶段，主导话语转变为建立中国学派以及如何建立中国学派。

随着更多的西方国际关系理论论著被译为中文，西方主流国际关系理论和非主流国际关系理论不仅先后进入中国学者的研究视野，研究也更加深入、系统。中国学者在关注美国国际关系理论的同时，欧洲的研究视角也得到重视，所研究的范围既包含对理论本身的探讨，也涉及对国际关系理论方法论的研究。西方理论中涉及的理论流派几乎在中国学者的研究中都有所体现，无论是宏观的大理论，还是中观和微观层面的理论。一些跨学科的国际关系理论研究也有了新的发展，如国际政治经济学、国际政治心理学、国际政治语言学、国际关系伦理学、国际法与国际关系理论等。西方理论中一些最新的研究领域，如情感、实践、习惯、叙事、认识、视觉等，中国学者也都进行了探讨。从这个角度讲，中国的国际关系理论研究与西方的国际关系理论研究差距已经不大，缺少的是真正的创新性原创研究。

对西方国际关系理论的全面认识和消化以及中国学者的理论自觉进一步推动了中国学者理论创新的努力。英国学派也启发了中国学者的理论创新，认为中国也同样可以建立自己的学派。同时，中国在实践中提出的新理念和新概念，如和平崛起、和谐世界等也进一步激励了中国学者的创新。2000年，梅然在其论文中提出，中国的国际政治理论研究应力求体现出创造性和独立性，以求建立"国

---

① 倪世雄、许嘉：《中国国际关系理论研究——历史回顾与思考》，《欧洲》，1997年第6期，第15页。

际政治学的中国学派",① 这是学界首次使用中国学派一词。之后,其他一些学者如秦亚青、王逸舟、任晓等也都倾向于中国学派,而非中国特色。2002年9月,秦亚青在北京大学出版社的"国际关系理论前沿译丛"的总序中提出:"希望中国国际关系学界的同仁通过借鉴、思考和批判,提出原创性国际关系理论,建立国际关系理论体系中的中国学派。"② 王逸舟等学者认为,"中国特色"意识形态色彩太重,应用中国视角,建立自己的观察角度和风格。③ 任晓认为中国特色多少是"建设中国特色社会主义"的套用,赞成使用"中国学派的国际关系理论"。④

2004年是本阶段创建中国学派的一个重要节点。学者们的研究议题和讨论议题开始聚焦如何构建中国学派这一具体问题。2004年,上海交通大学召开"构建中国国际关系理论,建构中国学派"研讨会,强调中国学派应该彰显本土文化意识,挖掘传统的国际关系思想和战略文化,要有中国传统文化、当代中国国情以及全球化时代的国际政治三重视野,提出建设中国学派要树立问题意识。⑤ 同年,中国国际关系学会第七届年会上,国际关系理论的中国学派和本土化是学者们关心的一个核心问题。⑥ 之后,秦亚青发表《国际理论的核心问题与中国学派的建构》⑦ 以及《中国学派的可能性和必然

---

① 梅然:《该不该有国际政治理论的中国学派——兼评美国的国际政治理论》,《东南亚研究》,2000年第1期,第63页。

② 秦亚青:《总序》,见"国际关系理论前沿译丛"各书,北京:北京大学出版社。

③ 王逸舟:《"国际关系理论与中国:比较与借鉴研讨会"发研选登》,《世界经济与政治》,2003年第4期,11页。

④ 任晓:《理论与国际关系理论》,《欧洲》,2000年第4期,第24页。

⑤ 郭树勇:《创建中国学派的呼吁——国际关系研讨会综述》,《现代国际关系》,2005年第2期,第59页。

⑥ 彭云:《中国国际关系学会第七届年会学术研讨综述》,《国际政治研究》,2004年第4期,第11—17页。

⑦ 秦亚青:《国际关系理论的核心问题与中国学派的生成》,《中国社会科学》,2005年第3期,第165—页。

性》两篇论文,① 指出了发展中国学派的主要问题和路径,这也是中国关于中国学派最有影响的两篇论文,前者在知网下载量截至 2018 年 7 月 6 日高达 5313 次,引用 179 次,后者下载量 3083 次,引用 110 次。与此同时,中国学者也更加意识到中国的文化传统和历史是构建中国学派的重要资源,开始更加系统地研究中国的文化传统、中国理念,梳理中国的对外实践,并把它们用于理论建构中。秦亚青的系列研究成果,如《关系与过程建构:把中国理念植入国际关系理论》、《关系与过程:中国国际关系理论的文化建构》、《世界政治的关系理论》等聚焦中国文化中重要的关系概念和中国哲学中的中庸辩证法,对西方理论的很多核心概念,如权力、合作、治理等提供了新的阐释和理论构建,成为构建中国学派最具代表性的研究。② 2011 年,赵汀阳提出的天下体系为国际关系研究提供了一个新的哲学视角,也为研究世界政治提供了一个新范式,③ 引起关注。阎学通通过探索中国历史尤其是春秋战国时期的历史,发展了道义现实主义。④ 一些上海学者把自己的理论称为共生理论。⑤

除了出版和发表的成果之外,这段时间的很多学术活动也关注如何发展中国学派。中国社会科学院世界经济与政治研究所以及《世界经济与政治》杂志编辑部多次举办国际关系理论研讨会,讨论的主题也显示出对国际关系理论研究日益增强的系统性和多元性,如 2002 年的"国际关系理论与中国:比较与借鉴"研讨会、2004 年的"国际关系主流理论及其批评"研讨会、2005 年的"国

---

① 秦亚青:《国际关系理论中国学派生成的可能和必然》,《世界经济与政治》,2006 年第 3 期,第 7—13 页。

② 秦亚青:《关系本位与过程建构:将中国理念植入国际关系理论》,《中国社会科学》,2009 年第 3 期,第 68—86 页;秦亚青:《关系与过程:中国国际关系理论的文化建构》,上海:上海人民出版社,2012 年版;Qin Yaqing, A Relational Theory of World Politics, Cambridge: Cambridge University Press, 2018.

③ 赵汀阳:《天下体系》,南京:江苏教育出版社,2005 年版;赵汀阳:《天下的当代性:世界秩序的实践与想象》,北京:中信出版社,2016 年版。

④ 阎学通:《世界权力的转移:政治领导与战略竞争》,北京:北京大学出版社,2015 年版。

⑤ 任晓:《共生:上海学派的兴起》,上海:上海译文出版社,2015 年版。

际关系理论非主流学派"研讨会等。2009年,中国国际关系学会在新中国成立60周年之际召开"新中国60年:中国国际关系理论构建"研讨会。2011年,复旦大学召开"中国国际关系的理论自觉与中国学派"。2012年,上海市国际关系学会与复旦大学主办"构建中国国际关系理论体系"学术讨论会,围绕理论的本土化或是中国特色、中国学派的国际关系理论进行了广泛讨论。2013年,北京大学国际关系学院召开"核心概念的创造与中国国际关系理论的发展"研讨会,围绕中国学派的核心概念进行了探讨,提出了一些具体办法。① 2017年,中国国际关系学理事会暨上海国际关系理论研讨会30周年纪念会——"中国国际关系理论创新与中国特色大国外交理论发展"在上海召开,对中国国际关系理论的发展进行了全面总结,并将近三十年来中国国际关系理论研究的代表性论文集结出版。② 2018年,外交学院召开了"全球国际关系和非西方国际关系理论"国际研讨会,从过去探讨为何没有非西方国际关系理论转为探讨如何来构建非西方国际关系理论,并就中国学派的建立进行了深入探讨。这些学术实践反映出本阶段中国的国际关系理论研究不仅关注西方国际关系理论的方方面面,也聚焦如何创建中国理论和中国学派,指向更加明确。

三、中国国际关系理论创新的主导话语

根据弗雷德·哈利迪(Fred Halliday)与布莱恩·施密特(Brian C. Schmidt)的研究,国际关系作为一个学科的发展受以下三个因

---

① 超出二元对立思维,中国概念与既有知识体系的嫁接,如用朝贡代替等级、用天下代替无政府,接受既有概念并赋予其新的含义,如王道与霸道,增加修饰性和限定性语汇对原有的概念进行改造等,如治理分为礼治、人治和法制等,或关系性治理和规则性治理等。详见宋伟:《"核心概念的创造与中国国际关系理论的发展"研讨会综述》,《国际政治研究》,2013年第4期,第175—177页。

② 郭树勇等主编:《国际关系理论的中国探索》,上海:上海人民出版社,2018年版。

素的影响：一是内部辩论变化和辩论本身；二是社会科学领域其他学科新理念的影响；三是世界发展变化的影响。① 学者之间的辩论本身是影响学科演进的重要因素。辩论过程不仅产生知识，同时也形成主导话语，影响学术共同体的实践。因此，理清关于中国学派的主导话语可以帮助更好地理解这一领域的知识和实践渊源。笔者对所收集的关于中国国际关系理论创新方面的论文进行内容分析，找出了最主要话语。

第一，中国传统与文化是进行中国国际关系理论创新的资源。多数学者认为中国悠远的文化传统给国际关系理论的中国学派建设提供了深厚的文化底蕴和学术营养，必须通过深入挖掘中国传统文化的精髓，结合中国实际改造西方国际关系理论，创造自己的研究话语，推动国际关系理论中国学派的建设，尤其是推动"研究理论的理论"。② 具体而言，第一个方面是中国传统哲学。中国哲学使中国审视世界和国际事务的视角与西方国家不同。例如，俞正梁指出，要把构建全球和谐社会作为中国国际关系理论追求的最高目标，用和谐原则来化解矛盾、对立和冲突，利用"中""和"建立一个和谐发展的社会。构建和谐社会，关键是运用好中庸之道，具体化为全球共治，和而不同，和必中节。③ 第二个方面是中国的传统政治思想。一些学者强调中国国际关系理论缺少思想，而西方国际关系理论受修昔底德、霍布斯、康德、洛克、格劳秀斯、罗素等人思想的影响，他们的理念也对创建西方国际关系理论产生了影响。同时，西方国际关系理论很大程度上依赖西方的历史，尤其是17世纪以来的欧洲历史和哲学史。④ 中国需要传承好中国传统思想

---

① Hun Joon Kim, "Will Theory with Chinese Characteristics Be a Powerful Alternative?" The Chinese Journal of International Politics, Vol.9, No.1, 2016, pp.59-79.

② 陈岳、李永成：《国际关系学：进展与问题》，《教学与研究》，2003年第12期，第45页。

③ 俞正梁：《建构中国国际关系理论创建中国学派》，《上海交通大学学报（哲学社会科学版）》，2000年4期，第7页。

④ 王帆：《关于中国国际关系理论构建的几点思考》，《国际论坛》，2008年第3期，第51页。

文化的优秀遗产。中国学派要体现中国古代传统政治思想，彰显本土文化意识。世界政治哲学、世界观以及道德差异一起塑造了不同的世界政治观。中国在这些方面都与西方国家不同。第三个方面是中国人的思维方式。中国人的思维方式与西方不同，这些将影响理论的构建过程。改革开放以来中国国际关系理论发展环境、历史记忆和成长经历深刻影响中国人的方方面面，有时甚至是以潜意识的方式。例如，西方观念中的敌我二分、西方重视差异、中国重视共性和共享概念等。① 第四个方面是中国传统文化中的概念，② 如"天下""天下体系""王道"。不少学者强调要发掘东方历史、文化和哲学思想的传统，超越西方主义经验论，强调"中国本体论"。③ 第五个方面是中国的传统实践。中国崇尚独立，反对侵略和战争；热爱和平，提倡中庸，厌恶极端，追求大同盛世等。④ 这样的实践也对发展中国学派产生了影响。

第二，中国的国际实践为建构自己的国际关系理论提供了宝贵资源。许多学者认为要构建中国国际关系理论的中国学派，必须系统总结和分析中国的国际实践。⑤ 一是总结中国独特的发展道路、特色问题和主要问题。中国的历史事实至少可以作为一部分经验基础，当然中国经验不是唯一经验。⑥ 二是中国领导人在不同时期提出的政治理念和政治思想。它们一起形成了中国的集体国际政治思想，如反对霸权主义、反对强权政治，重视国际合作，强调国家利益和人类利益的结合，始终坚持推动国际政治经济秩序的完善和发

---

① 王卓宇：《构建"中国学派"的观念困境：基于比较视野的分析》，《当代亚太》，2012年第2期，第75页。

② 秦亚青：《中国国际关系理论研究的进步与问题》，《世界经济与政治》，2008年第11期，第21页。

③ 张建新：《西方国际关系理论范式的终结与"中国学派"成长的困惑》，《国际观察》，2009年第5期，第12页。

④ 梁守德：《国际政治学在中国——再谈国际政治学理论的"中国特色"》，《国际政治研究》，1997年第1期，第20—21页。

⑤ 唐贤兴：《新时期中国国际关系理论研究——全国国际关系理论讨论会综述》，《外交学院学报》，1999年第1期，第83页。

⑥ 唐世平：《寻求国际关系理论突破：将中国作为一个支点》，《中国社会科学报》，2012年1月11日。

展,既强调国家利益,也强调人类的所有利益,为国际社会做出中国贡献。①

第三,重读西方国际关系理论。多位学者认为建立中国学派需要对西方国际关系理论的知识谱系有全面深刻的了解,认识其优点与局限,而全面解读西方国际关系理论的重要方法之一就是对其进行双重阅读。② 在学习和批判西方国际关系理论的基础上,可以借鉴西方国际关系理论,形成自己的哲学传统、社会本体论和实践本体论,提出反映中国传统哲学思想和价值观的理论命题或是核心概念。中国国际关系理论只有这样才能够不仅仅满足西方的理论标准,同时也把中国理念和实践融入"主流"理论,使理论更具普遍意义。总结中国的实践,特别是改革开放中国逐渐融入国际体系的实践,必然要以相应的中国理论来指导,③ 而提炼过程本身也有助于理论的进一步升华。

第四,发展学派的关键一步是发现核心问题,提出核心概念,形成相互关联和理论逻辑。学者们认为建立学派始于理论,而理论始于核心问题和问题意识。理论定然生成于特定的问题意识。秦亚青指出,中国国际关系要想产生重要的理论学派,建构理论的核心问题是必不可少的条件。④ 他认为上升大国的和平社会化,大国如何融入国际社会是一个具有重大意义的实际问题和知识问题。2006年,他论述"国际关系理论中国学派生成的可能和必然"时,认为建立理论学派要有核心理论问题,之后要有可证伪的因果关系。⑤ 在如何提出核心概念方面,创造新概念、对既有概念进行重新定义

---

① 门洪华:《从中国特色到中国学派——关于中国国际政治理论构建的思考》,《国际观察》,2016年第2期,第7页。

② 王庆忠:《从双重阅读到自我建构:国际关系理论"中国学派"生成的思考》,《天府新论》,2009年第6期,第16页。

③ 同上书。

④ 秦亚青:《国际关系理论的核心问题与中国学派的生成》,《中国社会科学》,2005年第3期,第165页。

⑤ 秦亚青:《国际关系理论中国学派生成的可能和必然》,《世界经济与政治》,2006年第3期,第7页。

及跨学科引进概念被认为是三种重要路径。把中国概念引入中国国际关系理论的构建过程中,有两类概念可以选择:一是把表述中国历史与现实经验的概念引入,如朝贡体系;二是表示中国思想家和政治家理念、思想和学说的概念,如关系、王道、霸道等。[①] 也有学者提出应该建立正确的范式来进行理论创新,如世界秩序范式、世界格局范式等。中国学者可以以世界秩序、世界格局等为基石构建中国特色的理论范式。

第五,一些人认为发展中国理论应该以马克思主义为指导,马克思主义国际思想是发展中国学派的源泉和理论基础。当努力发展中国学派时,要正确处理马克思主义和国际关系理论的关系,[②] 坚持把辩证唯物主义和历史唯物主义作为哲学基础。除了以上这些主要话语之外,中国在官方层面也一直号召加强理论创新。中国共产党第十八次全国代表大会后,中国政府日益重视话语影响和话语权,2013年被认为是中国提升国际话语权的关键之年。[③] 2013年8月,习近平在全国宣传思想工作会议上强调,要改善中国的软实力和中国的话语权,要讲好中国故事,传播中国声音。[④] 2013年9月,中国政府号召要加强中国的宣传能力,改进中国的国际话语体系,这也是从政府层面首次聚焦话语体系。2016年5月,在哲学社会科学工作座谈会上,习近平强调提升中国的软实力和中国的国际话语权,哲学社会科学应该发挥更好的作用,要着力构建中国特色哲学社会科学,在指导思想、学科体系、学术体系、话语体系等方

---

① 刘丰:《概念生成与国际关系理论创新》,《国际政治研究》,2014年第4期,第36页。

② 倪世雄、许嘉:《中国国际关系理论研究——历史回顾与思考》,《欧洲》,1997年第6期,第14页。

③ Naoko Eto, "China's Quest for Huayu Quan: Can Xi Jinping Change the Terms of International Discourse?" http://www.Tokyofoundation.org/en/articles/2017/china2019s-quest-for-huayu-quan-can-xi-jinping-change-the-terms-of-international-discourse,访问时间:2018年5月4日。

④ 习近平:《胸怀大局把握大势着眼大事努力把宣传思想工作做得更好》,2013年8月21日,http://jhsjk.People.cn/article/22636876,访问时间:2018年5月4日。

面充分体现中国特色、中国风格、中国气派。①这也要求中国学者必须有自己的理论自觉和创新意识。国际关系也是社会科学的一个重要组成部分,与中国的国际实践密切相关。中国到目前为止,还没有广为世界接受的外交理论和国际关系理论,人们经常用西方国际关系理论来解释中国外交,基于西方经验的一些概念也经常被用来解释中国具体的外交政策,如用"修昔底德陷阱"来分析中美关系,用"马歇尔计划"来类比"一带一路"倡议,经常引起误解和错误认知。这也是为什么中国从政府层面一直强调和鼓励发展中国理论的一个原因。对于外交理论,2016年中国外交部在《求是》杂志发文,提出中国已经形成了中国外交理论的基本框架。②这些也为学者们发展中国国际关系理论与外交理论提供了有益的社会话语环境。

四、中国国际关系理论创新的外部主导话语

从事中国国际关系理论研究的中国学者实际上是处于一个实践共同体当中,而跳出该共同体之外,审视共同体之外是如何评价中国学者进行国际关系理论创新的努力,有益于获得一些新理念和新视角。通过外国学者这方面研究的内容,可以看出他们的主要话语如下。

第一,国际关系理论一直由西方理论所主导,可以通过发展各国的国际关系理论学派改善这一状况。学者们认为,国际关系一直保持"美国的社会科学"以及"由英美主导"这一形象,大多数国

---

① 习近平:《习近平在哲学社会科学工作座谈会上的讲话》,2016年5月19日,http://jhsjk.people.cn/arti-cle/28361550,访问时间:2018年4月4日。

② 根据这一理论框架,中国外交的追求目标是实现民族复兴和打造人类命运共同体,基本途径是坚持和平发展,核心原则是合作共赢,主要手段是建设伙伴关系,价值取向是践行正确义利观。参见外交部党委:《党的十八大以来中国特色大国外交理论与实践》,载《求是》,2016年第3期,第20—22页。

际关系理论源于西方世界,具有西方印记。林赛·坎宁安—克罗斯(Linsay Cunningham-Cross)认为,当前的国际关系理论实际上只是人们对世界多种理解的一种,但却被误认为是唯一的可能。① 如果要克服国际关系的这种狭隘认识,使国际关系理论真正成为全球性理论,后实证主义可以更好地为发展非西方世界理论发挥作用。② 因此,发展具有国别特点的国际关系学派并非新鲜事物。正如金洪珠(Hun Joon Kim)所说,"关于具有国别特色的国际关系理论话语确实存在,并且经常会很有影响力,需要更深层次的思考和检验。中国的努力既不新,也不是第一次,中国的努力是国际关系理论摆脱英美影响、创建本国的非西方国际关系理论的一个重要部分"。③ 此外,有学者认为,目前的国际关系理论也需要新的发展动力。进入21世纪以来,西方国际关系理论界并没有太大的发展,《欧洲国际关系研究》杂志2012年还专门发了一期特刊,集中讨论"国际关系理论的终结"。④ 因此,学者们认为发展不同的国家学派可以弥补和改进当前国际关系理论的现状。中国被认为是发展中国学派的一个重要可能。例如,有学者认为,发展独立的国家学派,最有可能的很明显是中国,尽管目前中国几乎还没有独立的理论。⑤ 张勇进强调,中国深厚丰富的文化是探索新的世界秩序的重要途径。⑥ 内莱·诺赛尔特(Nele Noesselt)认为中国对国际关系辩论的贡献在于把独立的国际关系术语(terminology)引入国际

---

① Linsay Cunningham-Cross, "Re-Imagining the World through Chinese Eyes: The Search for a 'Chinese School' of International Relations Theory," Review of International Studies, Vol.40, No.4, 2014, p.5.

② Nele Noesselt, "Is There a 'Chinese School' of IR," GIGA Working Papers, No.188, March 2012.

③ Hun Joon Kim, "Will Theory with Chinese Characteristics Be a Powerful Alternative?" pp.59-79.

④ European Journal of International Relations in April 2012 organized a special issue, discussing "The End of IR Theories."

⑤ Ole Waever, "The Sociology of a Not So International Discipline: American and European Developments in International Relations," International Organization, Vol.52, No.4, 1998, p.696.

⑥ Zhang Yongjin, "System, Empire and State in Chinese International Relations," Review of International Studies, Vol.27, No.5, 2001, p, 696.

关系中，对国际关系的发展提供了另一种解释。①

第二，不少学者支持建立中国学派的努力。诺赛尔特认为，中国经常被认为是理论的检测地或是作为一般性国际关系理论本体扩展的一个潜在资源。② 学者们认为中国应该发展自己的理论。埃姆雷·杰米尔（Emre Demir）认为："建构中国的国际关系理论以及可能发展的中国学派是对以西方为中心的国际关系知识生产的挑战，会进一步使理论建构多样化和地方化。"③ 推·多（Thuy T. Do）也持类似观点，认为："尽管中国的民族主义话语存在一些陷阱，但这应该被视为一种反映自我反思的学术运动，它将丰富以西方为中心的国际关系学科的社会视角。"④ 持此类观点的学者认为中国融入国际体系与传统西方大国不同，和平崛起就是一个例子。中国的崛起和发展并没有带来冲突和战争，也没有破坏当前的国际体系。诺赛尔特认为："中国特色已不是一个空洞的口号，本土的框架正在建构过程中。"⑤

第三，中国传统文化在建构中国学派的过程中可以发挥作用。学者们认为，西方国际关系理论是基于西方文化和政治经验，对国际政治只能提供部分解释。⑥ 阿查亚和布赞强调，对于国际关系理论来说，历史总是非常重要，丰富的历史和知识是发展非西方国际关系理论的基础。⑦ 大多数人认为中国的传统和文化孕育了丰富的国际关系理念和思想，是发展国际关系理论的资源，这也可以帮助

---

① Nele Noesselt, "Is There a 'Chinese School' of IR," p.10.

② Ibid., p.8.

③ Emre Demir, "The Chinese School of International Relations: Myth or Reality?" All Azimuth, Vol.6, No.2, 2017, p.103.

④ Thuy T Do, "China's Rise and the 'Chinese Dream' in International Relations Theory," Global Change, Peace and Security, Vol.27, No.1, 2015, pp.37-38.

⑤ Nele Noesselt, "Is There a 'Chinese School' of IR," p.22.

⑥ Gustaaf Geeraerts and Men Jing, "International Relations Theory in China," Global Society, Vol.15, No.3, 2010, p.252.

⑦ Amitav Archarya and Barry Buzan, "Why Is There No-Western International Relations Theory? An Intro-duction," p.292.

弥补西方国际关系理论的不足。古斯塔夫·吉尔拉耶茨（Gustaaf Geeraerts）和景门（Men Jing）指出："中国人重视文化，作为中国历史的中国文化将继续对中国的方方面面产生深远影响。因此，总结关于国家和国家间关系所建构的不同哲学流派非常重要。"① 诺赛尔特认为，传统的中国哲学与辩证法和历史唯物主义一起构成了中国国际关系理论的基础。② 中国的阴阳哲学、道家、佛教以及其他宗教与国际关系紧密相关，儒家思想非常重视和平与和谐，这一点可以帮助解释中国的和平发展道路。③ 此外，中国的天下体系概念与西方的国际关系体系不同，从这个视角进行研究也是一种创新，对于塑造当前的国际体系有一定意义。④

第四，中国国际关系理论的出现与中国崛起相联系，中国目前具有发展中国学派的优势。马蒂哈·阿拉加帕（Muthiah Alagappa）指出，一个崛起的全球性大国需要完整的国际关系理论的知识，这样可以预测其他行为体可能的反应和行动，以制定自己的对外战略。崛起国可以从自己的哲学历史传统中汲取营养，创建自己的国际关系理论，定义和构建未来的世界秩序。⑤ 人们还注意到中国的崛起与中国国际关系理论研究的崛起密切联系。例如，2007年以来，中国学者进行了大量关于软实力、和平转换、多边主义的研究，这些也反映了中国外交的一些重点。⑥ 金洪珠列举了建立中国国际关系理论与实践相关的三个重要原因："首先，中国国际关系

---

① Gustaaf Geeraerts and Men Jing, "International Relations Theory in China," Global Society, Vol.15, No.3, 2001, p.260.

② Nele Noesselt, "Is There a 'Chinese School' of IR," p.10.

③ Rosita Dellios, "International Relations Theory and Chinese Philosophy, "in Brett McCormick and Jona-than H. Ping, eds., Chinese Engagements: Regional Issues with Global Implications, Gold Coast: Bond University Press, 2011.

④ Bettina Hückel, "Theory of International Relations with Chinese Characteristics: The Tian-Xia System from a Metatheoretical Perspective," p.37.

⑤ Muthiah Alagappa, "Dialogue and Discovery: In Search of International Relations Theory Beyond the West," Millennium, Vol.3, No.3, 2011, p.622.

⑥ Hun Joon Kim, "Will Theory with Chinese Characteristics Be a Powerful Alternative?" p.60.

理论最近的发展与由于中国的崛起而导致的世界的变化紧密相关。其次，在中国的国际关系中对历史的正确使用和误用将会对历史和国际关系理论关系的理解产生影响。最后，中国国际关系不仅与中国的崛起相关，也与西方的衰落以及国际关系学科内部的反思有关。"①彼得·克里斯滕（Peter M. Kristen）与拉斯·尼尔森（Ras T. Nielsen）认为，中国的经济增长、预算支持的增加以及经费支持的多样化是影响中国国际关系理论创新的一个外部因素。②

除了以上积极认知之外，外部对于发展中国学派也存在一些质疑。

首先，对于中国的"理论"这一术语本身的质疑。持此类观点的人认为，中国的理论与西方世界的理论不同。③根据西方认识论，理论用来描述、解释和预测。④一些学者认为，在中国语境下，"理论"有其独特内涵。例如，吉尔拉耶茨与景门指出："中国意义的理论必须为社会主义革命和建设服务，强调意识形态方面的内容以及正确指引实践的有效性……这样的定义使中国在构建理论时在关于为政策决策提供指导和价值方面受实用主义驱动。"⑤诺赛尔特指出，"必须要区分狭义和广义的'理论'概念，要清楚中国的辩论并不一定要效仿'西方'的国际关系理论定义"。⑥此外，人们认为，中国主要用中国化的马克思主义和重新改造的儒家思想指导理论和政策。诺赛尔特质疑说，马克思主义本身就属于"西方"理论

---

① Hun Joon Kim, "Will Theory with Chinese Characteristics Be a Powerful Alternative?"p.64.

② Peter M. Kristen and Ras T. Nielsen, "Constructing a Chinese International Relations Theory: A Sociological Approach to Intellectual Innovation,"International Political Sociology, Vol.7, 2013, p.33.

③ 不少学者持此观点，详见 Gerald Chan, Chinese Perspectives on International Relations, New York: St.Martin's Press, Inc., 1999, p.xii; Bettina Hückel, "Theory of International Relations with Chinese Characteristics: The Tian-Xia System from a Metatheoretical Perspective," p.37。

④ Steve Smith, "Introduction: Diversity and Disciplinarity in International Relations Theory," in Tim Dunne, ed., International Relations Theories: Disciplines and Diversity, New York: Oxford University Press, 2007, pp.1-12.

⑤ Gustaaf Geeraerts and Men Jing, "International Relations Theory in China," pp.252-253.

⑥ Nele Noesselt, "Is There a 'Chinese School'of IR," p.10.

的范畴,认为中国的理论创新展示了与西方不同的另一种可能,这种说法缺乏坚实基础。① 威廉·卡拉汉(William A. Callahan)也认为中国的国际关系理论受意识形态、政策导向研究等的限制。②

其次,关于中国国际关系理论的普适性也存在一些疑问。持此类观点的人认为目前的西方国际关系理论是普适性的理论,但是中国的国际关系理论的目的在很大程度上是解释中国或是为非西方世界服务。对于西方世界这些理论能解释多少呢?有学者认为中国国际关系理论不可能是普适性的,因为它们具有更多的中国特色,而不是可以适用于全球的纯理论。一些学者也承认中国因素很重要,值得学习研究,可以把它们融入西方理论中。但是,这并不能被视为创新。也有学者认为没有必要创建一个中国学派,因为对于中国学派、日本学派、非洲学派而言,它们都始于当地文化与逻辑,这种努力只是以独特性之名来强调自身的优越性,把自己与主流国际关系理论区别开来。③

再次,共同体外部学者也分析了建立中国学派的困难与挑战。此类学者支持建立中国学派,也相信是可能的。但是,他们同时也指出在这个目标实现之前要克服一些困难和挑战。例如,阿查亚认为,发展中国学派的原则与促进全球国际关系学的原则相同,是实现全球国际关系学的重要步骤。但是,在这个过程中,需要考虑中国学派在中国有多少影响力?普适性如何?④ 他同时也强调,在亚

---

① Nele Noesselt, "Revisiting the Debate on Constructing a Theory of International Relations with Chinese Characteristics," The China Quarterly, Vol.222, 2015, p.433.

② William A. Callahan, "China and the Globalization of IR Theory: Discussion of Building International Re-lations Theory with Chinese Characteristics," Journal of Contemporary China, Vol.26, No.10, 2001, pp.75-88.

③ Josuke Ikeda, "The Post-Western Turn in International Theory and the English School," Ritsumeikan An-nual Review of International Studies, Vol.9, 2010, p.36.

④ 阿米塔夫·阿查亚:《全球国际关系学与国际关系理论的中国学派:两者是否兼容》,《世界经济与政治》,2015年第2期,第14—15页。

洲，中国最有可能发展出中国学派。① 关于挑战，金洪珠总结了五点：例外主义；二元性；对中国传统、文化、历史和思想的浪漫化；一个大国的自我意识之外的幻想以及直接明确地提升国家利益。② 以例外主义为例，中国国际关系理论被认为应该是"以中国的资源为基础，但又超越中国问题至上，而不是广义上既包括中国资源，也包括非中国资源；既针对中国问题，也针对非中国问题"。③

最后，对于中国理论接受度的质疑。持此类观点的学者认为其他国家的人不具备中国人的背景知识，缺乏对中国历史、文化和社会的理解，中国的理论可能不会被外国人接受。例如，对于外国人来说很难理解的道家、阴阳、佛教等，而基于类似的中国元素所构建的理论对外国人来说就更难理解。一些学者认为："关于中国学派的话语关于中国未来、关于动机的话语，也是关于理论构建、目的和意义的话语。"④ 关于中国理论在国际层面的传播，中国学者需要把中国概念、中国理论用于解释更多的全球问题上做更多的努力，使其在国际上被更好地理解和接受。

五、中国国际关系理论创新的思考与建议

通过对比中外关于中国国际关系理论创新的主导话语，尤其是从非中国学者针对中国学派所给予的评价，我们可以看出两类话语既有分歧也有共识。基于以上分析，本文认为未来中国的国际关系

---

① Amitav Acharya and Barry Buzan, Non-Western International Relations Theory Perspectives on and Beyond Asia, New York: Routledge, 2010, p.234.

② Hun Joon Kim, "Will Theory with Chinese Characteristics Be a Powerful Alternative?" p.74.

③ Zhang Feng, "Debating the 'Chinese Theory of International Relations': Toward a New Stage in China's International Studies," in Fre Dallmayr and Zhao Tingyang, eds., Contemporary Chinese Political Thought: Debates and Perspectives, Lexington: The University Press of Kentucky, 2012, pp.67-87.

④ Zhang Feng, "Debating the 'Chinese Theory of International Relations': Toward a New Stage in China's International Studies," pp.67-87.

理论创新与中国学派的发展需要重点注意五个方面。

第一，需要思考理论的定义，尽管不同的中国学者提出或发展的具体理论可能不同，如核心问题、逻辑以及表象等。正是由于对理论定义的不同以及对理论所持的不同标准，中国学者笔下的理论也给中国以外的读者造成了一些误读，例如，有时把政策性理论与知识性理论混同。这也导致其他国家学者对中国学者理论研究认识的片面性，甚至导致误解。例如，有学者认为，"关于发展国际关系'中国学派'的辩论不应被理解为抽象的理论讨论，而应被视为当前全球政治的变化以及对中国影响的体现"。① "中国国际关系理论的建构是受实用主义影响，要对政策制定具有指导作用"。② 但是，如果我们审视一下中国的国际关系理论创新研究就会发现很多理论都不属于此类。③ 因此，对于理论研究而言，要明确政策性理论与知识性理论的各自特点。针对理论普适性的质疑，也可以解构这种传统的认知。社会理论本身与自然理论不同，涉及更多的理解与诠释，文化是构建社会理论的重要源泉，社会理论都是在一个相关的社会环境中产生，必定带有一些地方印记，绝对、完全的普适性是不可能的。④ 对于社会理论而言，一元的普适性本身就存在局限，普适性的背后实际上是一种多元的普适性。

第二，需要加强中国国际关系理论与西方国际关系理论之间以及中国国际关系理论内部的对话。对于学术研究而言，对话本身是相互学习、相互启发、互补、互惠的过程。对话需要双方打破原有的认知定式和认知框架，打破原有认识论的束缚，以开放、包容的心态进行交流，只有这样对话才会真正起作用，否则就会形似神异。对于理论创新而言，这一点尤为重要。例如，江忆恩（Alastain

---

① Nele Noesselt, "Revisiting the Debate on Constructing a Theory of International Relations with Chinese Characteristics," p.432.

② Gustaaf Geeraerts and Men Jing, "International Relations Theory in China," p.253.

③ 如秦亚青的关系理论、赵汀阳的天下体系等。

④ Qin Yaqing, A Relational Theory of World Politics, p.18.

Iain Johnston)直接提出了"东亚可以为国际关系理论带来什么"这样的问题,指出不仅东亚的国际关系理论研究者需要更多地结合东亚经验的理论研究,西方的学者也需要更多的反思意识,把东亚考虑在他们的理论应用范围内。① 阿查亚也指出,未来关于亚洲的理论的发展,一个重要方面是进行更多的跨国、跨区域对比研究,而不仅仅局限于单个国家,这样可以更好地验证所提出的理论。② 阿拉加帕认为,亚洲的国际关系专家和后结构主义国际关系学者之间缺少直接的对话,因此,非西方世界实际上是在由西方国际关系理论的结构和基本范畴来分析和分类。只要国际关系理论的认识论继续局限于科学的西方哲学,国际关系学科的这种狭隘偏见就不会改变。③ 西方国际关系理论研究者罗西塔·德力澳斯(Rosita Dellios)指出,当国际关系理论和中国哲学在规范性的软实力以及制度建设方面发挥作用时,双方相互才能产生最好的影响。④ 因此,需要进一步加强中国哲学与西方国际关系理论之间的对话。同时,不同区域之间的对话也需要加强。彼得·克里斯滕森(Peter Marcus Kristensen)指出,近年来,尽管以美国为中心、其他区域为辅轴式的对话一直在加强,不同的区域与美国这一中心总是存在一些联系,但不同区域之间即各辅轴之间的联系却很少,如欧洲和中国之间的理论对话、融合和交流几乎没有。⑤ 中国学者在宣称西方国际关系理论不能完全解释全球的同时,也需要清楚原因,从而进一步对西方理论进行改进和修正,或是从中为建设中国国际关系理论吸取经验。当然,对话的方式有多种,如学术研讨、发表成果

---

① Alastain Iain Johnston, "What (If Anything) Does East Asia Tell Us About International Relations Theory?" The Annual Review of Political Science, Vol.15, 2012, p.69.

② Amitav Acharya, "Theorizing the International Relations of Asia: Necessity or Indulgence? Some Reflections," The Pacific Reivew, Vol.30, No.6, 2017, p.10.

③ Muthiah Alagappa, "Relations Studies in Asia: Distinctive Trajectories," pp.193-230.

④ Rosita Dellios, "International Relations theory and Chinese philosophy," p.86.

⑤ Peter Marcus Kristensen, "International Relations in China and Europe: The Case for Interregional Dia-logue in a Hegemonic Discipline," The Pacific Review, Vol.28, No.2 2015, pp.161-187.

等。本文在梳理文献过程中也发现，尽管中国学者在中国期刊发表了大量关于国际关系理论创新的论文，但是在国外期刊发表的此类文章非常有限，这种状况不仅影响了中国理论的国际化过程和结果，也直接影响中国国际关系理论的国际话语权。在西方理论已经长期主导国际关系理论界的情况下，中国理论在被接受方面所面临的挑战就更大，英国学派在其发展过程中也受到很多美国学者认为其不是真正理论的质疑。中国学者除了与国外学者进行对话之外，也需要加强中国共同体内部的对话。尽管中国学者近年来在创新概念、核心问题甚至是体系理论方面都取得了一些突破，但是要把这些理论发展为一个广为世界接受的理论或学派，共同体内部的对话也需要加强。一个学派不仅需要核心问题、核心理论，同时也需要一批学者来共同推动，使其具有可持续性。从个体和个体理论到发展成为学派之间还存在一定距离，形成一个学派还需要多方努力。

第三，需要构建良好的学术环境，加强个人学术训练。理论化过程无论是对学术训练还是个人创造性都有很高的要求。尽管影响理论创新的因素很多，如社会环境、创造性思维、学术训练以及主观意愿等，但最后还是依赖于学者个人本身的学养。以结构现实主义的提出为例，尽管有行为主义与现实主义之间辩论的积累作为学术背景，但最后还是由华尔兹本人发展了结构现实主义，并使国际关系理论研究进入了更加简约、更加科学的阶段。一位优秀的学者需要在理论、方法论和经验研究层面都受过良好的训练，同时也要经过长期的学术积累和学术付出。对于发展中国学派而言同样如此。对于国际关系理论创新而言，学者不仅需要扎实的国际关系理论功底，同时也需要系统的国际关系史、政治思想史、方法论以及哲学等方面的训练。如果中国历史、传统和文化被视为发展中国学派的主要资源的话，那么在这些方面的知识、技能和学术背景也与学者所具备的国际关系领域的知识和训练同样重要，而这恰恰是很多学者所欠缺的。尽管早在20世纪80年代就有学者提出中国的传统文化是理论构建的重要资源，但是这些年来真正能对中国传统文化进行系统研究并将其运用到国际关系理论构建过程中的学者少之又少。此外，近年来尽管学界鼓励跨学科创新研究，但是真正接受过跨学科训练的学者数量也极少，以至于很多此类的研究只能止步于表面或是零散性研究，无法系统深入。除了个体层面，社会学术环境也是影响理论创新的一个客观条件。学术环境可以包括政策导向、学术辩论、学科本身发展、学术资助和学术时间等，这些将直接影响学者的主观努力和客观条件。

第四，需要进一步解释当前世界变化，凝练中国经验，完成从特殊到一般的理论化过程。对于国际关系理论创新而言，国际形势的变化为激发创新理论和完善现有理论提供了经验基础。一些大的转型、新的困惑、理念变化和新现象等都会激发理论思考和创新。回顾国际关系理论的发展轨迹，我们可以清楚地看到这一点。世界的转型会迫使人们思考背后的原因以及未来的发展方向，原有的理论就会被质疑，新的视角就会被引入，冷战的悄然解体导致的20世纪90年代后国际关系理论的多元发展就是一个典型的例子。对国际舞台上出现的新现象和新行为的解释会引发更多的理论思考，尤其是对那些非正常现象。如果审视当今世界，许多新变化、新挑战还需要新的解释。为何"伊斯兰国"能在短时间内异军突起？为何世界似乎越来越碎片化和逆全球化？对于世界而言，中国也同样是一个重要的研究点。例如，在历史上中国塑造了与西方完全不同的国际体系或是一种地区性的世界秩序，西方学者也对此类问题进行了探讨，[①] 而中国学者更需要从理论层面思考这些问题。有些学者在评论中国理论研究时指出中国的理论主要是为解释中国的政策，为中国政策服务。尽管这样的判断并不准确，但至少反映了一个问题，即关于理论的一些内涵被误解。例如，天下体系被认为是要代替当前的现代体系，被贴上了"二元对立思维"的标签，认为

---

① Eric Ringmar, "Performing International Systems: Two East-Asian Alternatives to the Westphalian Order," International Organization, Vol.66, No.1, 2012, pp.1-25.

是强调中国的例外论。一些学者认为中国的国际关系理论是为了解决中国的和平发展，认为这就是中国国际关系理论的核心问题。很显然，这些实践并没有被很好地总结和讲述。理论源于实践，同时理论也要具有高度的概括性，要概念化，要经历从特殊到普遍的凝练过程，理论和政策的阐述和解释本身也是叙述的过程，叙述的好坏将直接影响接受度。例如，有学者专门研究美国历届总统如何叙述自己的安全政策，如何讲故事，具体分析哪些成功、哪些不成功以及背后具体的原因。[1] 弗洛里安·施耐德（Florian Schneider）强调，中国的国际关系理论研究会挑战西方的理论，但同时也需要更多的经验验证以及与现有国际关系理论的融合。[2] 中国共产党第十八次全国代表大会以来，中国外交提出了一系列新理念、新概念和新政策，有些甚至与西方理论的逻辑相悖，与西方国家的传统做法相异，如新型大国关系、伙伴关系、"一带一路"倡议等，要把这些转变为理论并非易事，中国当前作为一个世界大国在这方面所面临的挑战更大。丰富的外交实践是针对理论进行经验性研究的重要资源，但是如果凝练和叙述不恰当，很容易被贴上民族主义、例外主义、狭隘主义、至上主义等标签，它们就很难对理论构建产生积极影响。

第五，需要克服固化思维。对于学术研究、学术交流来说，互文性无所不在，学者相互学习、相互借鉴，形成一个学术实践共同体。学术共同体积极的方面是产生新的知识，促进了知识和信息的生产与传播，使相关的知识很快完成社会化过程。但是，在一个共同体内，当某些观点或知识由新的表象性知识内化为背景知识时，也会产生一些固化思维，导致相似的实践，体现了这个共同体对研究的限定作用。笔者在研究过程中发现这个问题非常普遍。例如，

---

[1] Ronald R. Krebs, Narrative and the Making of US National Security, Cambridge: Cambridge University Press, 2015.

[2] Florian Schneider, "Reconceptualizing World Order: Chinese Political Thought and Its Challenge to Inter-national Relations Theory," Review of International Studies, Vol.40, No.4, 2014, pp.683-703.

中国学者在发展理论过程中经常强调儒家思想,但是其他思想基本被忽略。同时,人们对于一些解释不了的"不正常"现象则简单忽略。例如,在谈到发展理论需要总结中国外交实践对理论的影响时,很多学者都提到了这个观点,但是真正总结的并不多。本文在分析关于中国国际关系理论研究的文献过程中也发现存在大量重复性研究设计和重复性研究。

中国的国际关系理论研究经历了40年的发展,在向西方国际关系理论学习、借鉴和批判的过程中,中国学者也在努力创新,发展自己的国际关系理论和国际关系理论的中国学派。回顾中国国际关系理论创新的40年努力,中国学者还是取得了不小的进步。相关的话语也从发展中国特色国际关系理论转变为创建国际关系理论的中国学派和如何来创建中国学派。通过这样一个话语和实践变化过程,中国学者也形成一个实践共同体,这个共同体又反过来会影响未来行为体的话语与实践。其他国家学者也对中国学者的努力进行了不少研究。他们对这些努力的评析也反映出中国学者所忽略的一些问题。通过对比,可以进一步明晰国际关系理论创新与发展中国学派的路径,如进一步明确理论的内涵和标准,明确核心问题与概念,在加强内外对话和区域间对话的基础上发展出逻辑的理论关系,挖掘中国的传统与文化,更好地总结中国实践,尤其是随着中国与世界关系发生的变化而提出的新理念、新政策和新行动等。经过过去40年的积累,中国学者更加自信,具备了更强的理论自觉,也具有了更强的文化意识与历史意识。简言之,40年间无论是主观意愿还是客观条件都发生了变化,中国学者围绕中国传统、中国文化、中国经验、中国概念等进行的理论创新已经引起国际学界的关注和辩论。未来中国国际关系理论在继续加强与外界对话的同时,需要继续从中国传统和中国经验中汲取营养,同时也要关注其他国家与区域,既要解释中国的特性,也要思考解释世界的普遍性。只有这样,中国国际关系或中国学派的理论才会被广泛接受。它将拓宽和补充现有的国际关系理论,使其更加国际化、更具全球性。

改革开放40年中国外交的历程与启示

外交学院院长助理　高　飞

内容提要　改革开放以来，中国成功从国际体系的边缘日益走近世界舞台的中央，实现了从高度集中的计划经济体制到充满活力的社会主义市场经济体制，从封闭半封闭到全方位开放的伟大历史性转折。在这一转折过程中，中国外交始终坚持维护国家的主权、安全和发展利益，为改革开放的成功做出了历史性贡献。改革开放40年来中国外交的发展历程和成功经验，对探索新时代的中国外交具有重要的启示意义。

关键词　改革开放　中国外交　新时代　人类命运共同体

改革开放是当代中国最鲜明的时代特点。这场人类历史上从未有过的大变革、大开放极大地激发了古老中国的内在潜能，使中国成功地从国际体系的边缘日益走近世界舞台的中央，实现了从高度集中的计划经济体制到充满活力的社会主义市场经济体制，从封闭半封闭到全方位开放的伟大历史性转折和跨越。在这一转折过程中，中国外交始终坚持维护国家的主权、安全和发展利益，为改革开放的成功做出了历史性贡献。

改革开放以来中国外交的发展历程

从改革开放到党的十八大,中国外交发展经历了三个阶段。第一个阶段,20世纪70年代末特别是党的十一届三中全会到80年代末——"独立自主""不结盟"。随着全党工作重心的转移,邓小平同志对中国外交战略和策略进行了重大调整,提出了"坚持独立自主的和平外交政策"。20世纪80年代以前,中国一直以"战争与革命"作为时代主题,中国的对外战略长期以进行革命斗争和建立国际统一战线为指导思想。20世纪70年代末,邓小平同志改变了关于世界战争不可避免而且迫在眉睫的提法。1987年党的十三大报告明确提出"和平与发展是时代主题"。伴随对时代主题认识的变化,中国外交的主要目标从"支持世界革命"变成"为国内建设营造一个良好的国际环境"。对外开放成为中国社会主义现代化建设的一项基本国策。中国外交战略的模式也从结盟对抗转变为独立自主和不结盟,在处理对外关系时以国家利益为出发点,超越社会制度和意识形态,按照和平共处五项原则同所有国家建立和发展友好关系,推动建立和平稳定、公正合理的国际政治经济新秩序。在这种思想指导下,中美两国于1979年1月1日正式建立外交关系,同时本着"结束过去,开辟未来"的精神,于1989年5月实现了中苏两国关系正常化。在香港、澳门问题上先后与英国和葡萄牙达成了协议,推进祖国的统一大业。

第二个阶段,20世纪80年代末至90年代末——"韬光养晦,有所作为"。从20世纪80年代末至90年代初,中国外交经受了东欧剧变、苏联解体、两极格局瓦解的激烈动荡与巨大考验。依据和平与发展依然是时代主题的判断,中国积极参与经济全球化、推动世界多极化,主张协调对话,不搞对抗,共同维护世界和平、稳定与发展。在十分困难和极其复杂的情况下,中国坚持韬光养晦,妥善处理危机事件,维护了国家稳定和发展大局。根据尊重各国人民自主选择的原则,实现了中苏关系向中俄关系的顺利过渡,并同原苏联各加盟共和国及东欧国家建立和发展友好关系,克服了亚洲金融危机的不利影响,香港、澳门顺利回归祖国,中国与周边国家的睦邻友好关系不断改善,更加巩固。

第三个阶段,20世纪90年代末至党的十八大——"和平发展""互利共赢"。世纪之交,经济全球化深入发展,科技革命加速前进,国与国相互依存日益紧密。从全球来看,世界仍然很不安宁。霸权主义和强权政治依然存在,恐怖主义蔓延,经济发展失衡,世界和平与发展面临诸多难题和挑战。从中国来看,国家的综合国力大为加强,国际地位日益提高,与世界的联系也更加紧密。面对新形势和新问题,中国提出坚定不移地走和平发展道路,统筹国际、国内两个大局,积极营造和平稳定的国际环境、睦邻友好的周边环境、平等互利的合作环境、互信协作的安全环境、客观友善的舆论环境,坚持互利共赢的开放战略,以合作谋和平,以合作促发展,以合作解争端。在安全领域,中国本着互谅互让、公平合理的原则,通过磋商与谈判,与俄、哈、吉、塔、越等国全面解决了历史遗留的边界问题。在经济发展领域,2001年中国成为世界贸易组织正式成员,中国提出"走出去"战略,推动中国经济进一步参与国际合作。在人文社会领域,中国大力开展文化外交,加深了与世界各国人民之间的理解和信任。

改革开放助推中国发展进入新时代

经过近四十年的改革开放,中国经济取得了举世瞩目的成就。中国已经成为世界第二大经济体、第一大工业国、第一大货物贸易国、第一大外汇储备国。2016年,中国GDP超过11万亿美元,占世界经济总量的14.84%,进出口总额达到3.69万亿美元,是世界近130个国家或地区最大的贸易伙伴和世界最快成长的进口市场，外汇储备超过3万亿美元。这一系列发展成就和历史性进步，不仅从根本上改变了中国长期贫穷落后的面貌，实现了从站起来、富起来到强起来的伟大飞跃，还使中国与世界的关系正站在新的历史起点上。党的十九大明确提出中国特色社会主义进入了新时代。新时代的中国外交积极倡导构建人类命运共同体，努力构建新型国际关系，"全面推进中国特色大国外交，形成全方位、多层次、立体化的外交布局，为我国发展营造了良好外部条件"。[①]

首先，中国积极构建总体稳定、均衡发展的大国关系框架。2012年5月，时任国家副主席习近平访美时提出，努力把两国合作伙伴关系塑造成21世纪的新型大国关系。按照新型大国关系的内涵——"不冲突不对抗、相互尊重、合作共赢"，强调在追求自身利益时兼顾对方利益，在寻求自身发展时促进共同发展，管控分歧，不断深化利益交融格局，确保了中美关系始终沿着正确轨道向前发展。中俄全面战略协作伙伴关系保持高水平运行，双方建立了高度的政治和战略互信、健全的高层交往和各领域合作机制，各自的发展战略实现对接，两国合作成为地区合作的重要引擎。在中欧合作过程中，双方致力于打造和平、增长、改革、文明四大伙伴体系，以中欧班列为代表的中国—中东欧"16+1合作"驶入升级加速的快车道。

其次，按照与邻为善、以邻为伴方针，深化同周边国家关系。中国践行"亲诚惠容"的理念，致力于全面有效执行《落实中国—东盟面向和平与繁荣的战略伙伴关系联合宣言行动计划（2016—2020）》，与东盟的互利合作取得新进展。随着基础设施等方面合作的加强，中国扩大了南亚"朋友圈"。此外，中国同所有中亚国家建立了战略伙伴关系，中亚各国都已成为"一带一路"倡议的响应者和建设者。随着印度、巴基斯坦两个新成员加入，上海合作组

[①] 习近平：《决胜全面建成小康社会夺取新时代中国特色社会主义伟大胜利——在中国共产党第十九次全国代表大会上的报告》，北京：人民出版社，2017年版，第7页。

织已经成为世界上面积最大、覆盖人口最多的区域合作组织，中国同上合组织成员国的合作也迈上了新台阶。

再次，秉持正确义利观，推动同发展中国家合作提质升级。根据"真实亲诚"的对非工作方针，中国出资600亿美元用于支持中非十大合作计划，中非关系由"新型战略伙伴关系"提升为"全面战略合作伙伴关系"，中非合作达到新高度。中国同拉丁美洲国家创立中拉论坛，通过多种形式构建中拉关系"五位一体"新格局。中国和阿拉伯国家建立全面合作、共同发展的战略合作关系，中阿合作进入新阶段。

最后，遵循共商、共建、共享原则，拓展全球治理平台。随着综合国力的不断提高，中国日益走近世界舞台中央，世界期待中国在全球治理中发挥更大作用。通过成功举办首届"一带一路"国际合作高峰论坛、亚太经合组织领导人非正式会议、二十国集团领导人杭州峰会、金砖国家领导人厦门会晤、亚信峰会等多场重要国际会议，中国为解决世界面临的难题提供了中国方案，有力地发出了中国声音，在国际体系中的影响力、感召力、塑造力进一步提升。

新时代的中国外交成功打造出多层次的全球伙伴关系网络。截至2017年底，与中国建交的国家已达175个。中国共产党与世界上160多个国家的400多个政党和政治组织保持着经常性的联络。全国人大对外交往工作积极开展，人民政协在世界各国广交朋友、广结善缘。军事外交的影响也日益扩大，维和、护航等正在成为中国负责任大国的新名片。地方交往层面，中国有31个省、自治区、直辖市和478个城市与五大洲135个国家的513个省和1607个城市建立了2470对友好城市（省州）关系。

改革开放以来中国外交的启示

首先，必须坚持中国共产党的领导，充分发挥中国政治体制的优势。中国共产党的领导是中国特色社会主义最本质的特征。改革开放以来,中国外交不断取得的累累硕果,开创出大国外交的新局面,无不是在党的正确领导下取得的。把党的领导贯彻到外交工作的方方面面,"就是要坚持以毛泽东思想、邓小平理论和'三个代表'重要思想为指导,深入贯彻落实科学发展观,把思想认识统一到中央对国际形势的判断上来,统一到中央提出的对外大政方针和战略部署上来,坚决贯彻中央制定的各项对外方针政策"。①习近平新时代中国特色大国外交思想,明确提出要推动构建新型国际关系,推动构建人类命运共同体。党的十九大报告将实践与理论创新紧密结合,创造性地提出了有关中国对外关系、国际秩序、全球治理等一系列重大政策主张,全面丰富发展了中国特色大国外交的理论内涵和思想体系,有着鲜明的时代性、创新性和先进性,为我们做好新时代的外交工作提供了行动指南。②外交工作是一项系统工程,外交决策大权在中央。当代外交工作日益成为涵盖政治、经济、科技、文化、安全等各个领域的一项系统工程,这些都决定了中国坚持和加强党对外交工作绝对领导和统筹规划的必然性、必要性和重要性。在新的历史条件下,只有在党的绝对统一领导下,统筹国际国内两个大局,统筹发展与安全两件大事,统筹中央和地方、政府和民间多个层次,各方有机联动,打出有效的"组合拳",形成维护国家核心利益,服务国家发展大局的整体合力,中国外交才能够始终行进在正确的道路上,从胜利走向胜利,不断取得成功。这是中国外交的制度保障和制度优势,必须坚定不移,始终运用和发挥好这个优势。

其次,中国外交的成功实践离不开实事求是,与时俱进,准确把握时代的特征。只有正确认识时代的特征,准确把握国际关

---

① 杨洁篪:《改革开放以来的中国外交》,http://www.fmprc.gov.cn/chn/gxh/wzb/zxxx/t512782.htm。
② 王毅:《以习近平新时代中国特色社会主义思想引领中国外交开辟新境界》,《人民日报》,2017年12月19日。

系的复杂多变和主要矛盾,深刻理解中国的基本国情,才能观大势、谋大局,加强顶层设计和战略谋划,树立底线思维,牢牢把握主动权,制定出正确的外交方针和政策。改革开放以后,邓小平同志全面深入地分析了世界上的各种矛盾及其相互关系,提出了和平与发展是当今时代主题的判断,为中国调整国家战略、坚持独立自主的和平外交路线提供了重要的理论指导。党的十八大以来,习近平总书记根据深刻变化的国际局势和中国日益提高的国际地位,提出建设有中国特色的大国外交。党的十九大报告中提出:"中国特色社会主义进入了新时代。"这些是对中国发展新的国家定位和历史方位的科学判断,为中国外交的未来发展指明了方向。"中国共产党是为中国人民谋幸福的政党,也是为人类进步事业而奋斗的政党。中国共产党始终把为人类做出新的更大的贡献作为自己的使命"。① 构建新型国际关系、构建人类命运共同体,服务中华民族的伟大复兴,是时代要求,更是新时代中国外交的任务目标。

再次,超越意识形态处理国家间关系,奉行独立自主的和平外交政策,努力构建人类命运共同体。不同社会制度、不同意识形态的国家将在世界上长期存在,这是一个客观现实。面对苏东变局,邓小平同志指出:"要坚持同所有国家都来往,对苏联对美国都要加强来往。不管苏联怎么变化,我们都要同它在和平共处五项原则的基础上从容地发展关系,包括政治关系,不搞意识形态的争论。"② 超越意识形态处理国家关系,就是要在外交中坚持独立自主,对于一切国际事务,都从中国人民和世界人民的根本利益出发,根据事情本身的是非曲直,决定自己的立场和政策;就是要坚持走和平发展道路,通过和平发展自己,同时通过自身的发展维护世界和平;就是要构建人类命运共同体,建设持久和平、普遍安

---

① 习近平:《决胜全面建成小康社会 夺取新时代中国特色社会主义伟大胜利——在中国共产党第十九次全国代表大会上的报告》,北京:人民出版社,2017年版,第57—58页。

② 《邓小平文选》第3卷,北京:人民出版社,1993年版,第353页。

全、共同繁荣、开放包容、清洁美丽的世界。中国共产党是为中国人民谋幸福的政党,也是为人类进步事业而奋斗的政党。中国共产党始终把为人类做出新的更大的贡献作为自己的使命。人类命运共同体的理念,就是超越意识形态,把中国的发展与世界各国人民的共同利益结合起来,主张各国人民同心协力,共同应对挑战,实现共同发展和进步。

最后,解放思想、开拓创新,走和平发展道路,坚持互利共赢的开放战略。20世纪80年代以来,随着全球化的加速发展,国际形势发生了持续深刻的变化。在新形势下,中国外交与时俱进,应对挑战。冷战结束以后,西方社会对中国与外部世界的关系做出过各种各样的预测。基于现实主义权力平衡和权力转型理论的学者,预测中国必然采取抗衡美国的政策,结果是中美必有一战;信奉自由主义的西方学者,认为经济市场化的中国必然完全照搬西方的政治模式,最终将演变成一个西方式的国家;建构主义学者则从观念结构的角度,认为中国的身份受意识形态、传统文化的影响,难以融入西方民主国家共同体。但是在实践中,中国既抛弃了美苏冷战关系模式,也没有像自由主义预期的那样发生根本的身份转变,而是创造性地走上了符合本国国情的和平发展道路,坚持对外开放的基本国策,坚持打开国门搞建设。正如习近平主席所说,"开放带来进步,封闭必然落后。中国开放的大门不会关闭,只会越开越大"。[①] 中国将大力建设共同发展的对外开放格局,推进亚太自由贸易区建设和区域全面经济伙伴关系协定谈判,构建面向全球的自由贸易区网络。不是搞排他性、碎片化的小圈子,不会通过人民币贬值提升贸易竞争力,更不会主动打货币战和贸易战。以"一带一路"建设为重点,坚持引进来和走出去并重,遵循共商共建共享原则,与世界各国共同坚持和平发展,在开放合作中实现互利共赢。

[①] 习近平:《决胜全面建成小康社会 夺取新时代中国特色社会主义伟大胜利——在中国共产党第十九次全国代表大会上的报告》,北京:人民出版社,2017年版,第34页。

改革开放以来的中国外交为国家的发展创造了有利的国际环境,新时代的中国外交面临新的使命和任务。坚持顶层设计、底线思维、主动谋划、奋发有为,中国外交必将为服务中华民族的伟大复兴,构建人类命运共同体,构建新型国际关系,做出新的更大的贡献。

改革开放史视野下的外交史研究

外交学与外事管理系 樊 超

长期以来,关于改革开放的历史研究相对滞后,而改革开放时期的外交史研究则几乎处于初始阶段。这既是由外交史研究者的学术能力所决定,也受到"当代人不修当代史"传统思想的影响。因为研究者需要与研究对象保持较长的时空距离,以便进行冷静、客观和全面的观察,获得相对宽松的研究环境和更为丰富的史料。新世纪以来,相关历史文献的正式出版、外国外交档案的解密以及史料搜集方法的多样化运用,为改革开放时期的外交史研究提供了新的机遇和动力,可望从外交史领域为继续深化改革开放史研究提供较为独特的学术资源。

一、外交史研究是改革开放史研究的新增长点

作为改革开放的重要组成部分,对外开放的历史及其诸多命题和疑问,需要在外交史的视角下得到梳理和解答。首先,对外开放史的研究之所以能够被置于外交史的研究范畴,是因为二者的研究命题与对象在一定程度上是重合的。尽管史学与外交学的关注点和叙事方式会有差异,但二者寻求的基本史实具有跨学科的相通性,所以两个学科所贡献的新事实、新视角,都是对改革开放史研究的

促进。

其次，外交史研究有助于深化对改革开放的理解。外交是内政的延伸，外交决策本质上是内政议题的解决方案在涉外维度上的体现。改革开放时期的中国外交具有重要而特殊的地位：一方面，改革开放时代的内政与外交是相伴而生、互为条件的，外交为改革开放塑造了必要的国际环境，本身又是改革开放的重要组成部分；另一方面，改革开放使对外政策和外交实践所涉及的议题迅速拓展，内容得到极大丰富，对外需求和政策的根本性变革使外交的战略、策略、决策思路和行为方式都发生了巨变。从这个意义上讲，无论研究外交命题还是研究改革开放的任何命题，都需要以外交史研究作为背景和补充。简言之，外交史既是改革开放史的组成部分，又是在涉外维度上透视改革开放进程的新视角和有效途径。就外交史研究对改革开放史研究而言，具有史料和方法论意义上的双重价值。

再次，外交史研究是可以获得较快发展的领域。新的史料和新的视角是决定学术进展的关键要素。由于当前距离改革开放的时间较近，解密档案的匮乏成为改革开放史研究的重要障碍，但外交史的史料搜集与整理出现了新的机遇。国外的外交档案尤其是20世纪70年代末到80年代中期的涉及中外双边会谈的档案陆续被解密。它们间接反映出当时中国外交决策的意图和具体实施过程，从而帮助外交史学者勾画、还原出改革开放的很多政策意图、问题的解决方案以及整体性思考。外国外交档案的解密，有利于多方档案资料的比对和验证，既有助于辨别史料的真伪，也有利于克服自我诠释模式，从而提供更加客观和全面的视角来分析问题。此外，亲历对外开放进程的一批领导人、高级官员和外交官已经进入暮年，他们的回忆和接受的访谈，也能在一定程度上弥补史料的匮乏。

当然，这些机遇或便利性并不必然带来高质量的研究成果。许多涉及改革开放时期的外交史研究多是从现实角度论述对外政策，

"重策论而轻学术、重诠释而轻批判、重描述而轻思辨",[①]且仍有很多议题尚处于理清基本事实的初级研究阶段。要推动外交史的学术研究,就需要系统、规范和科学的理论与方法。

二、改革开放时期外交史研究的理论路径

规范的学术研究需要学术理论的指导。尽管大多数的学术成果不会专门陈述自己的指导理论,但其发现新事物、提炼新观点的路径和方法,无不体现着学术理论的指导作用。科学的理论指导是关乎外交史研究质量的关键因素。

外交史应以梳理史实作为基本内容。外交史的跨学科属性使其频繁涉及史学理论和国际关系理论,处理好二者的指导作用是做好外交史研究的前提。国际政治学者在涉足外交史命题时,习惯套用国际关系的理论加以解读,较少质疑所用案例的可靠性和真实性。但改革开放以来的诸多重大外交命题,其发生、发展的原理和内在逻辑,远非西方国际关系理论提供的逻辑那样简单。这导致在国际关系理论指导下得出的逻辑链条的可靠性受到严峻挑战。历史是一切学科研究的起点,任何学科的理论建设都依赖可靠的史实。没有可靠事实的支撑,国际关系、外交学等学科的理论都将成为无源之水、无本之木。因而外交史研究要重视史学理论的指导作用,在不摒弃国际政治的叙事方式和语言体系的前提下,坚持史实的主体性地位。只有发掘出更真实的历史世界,才有更可靠的理论阐述。

外交史研究要重视连续性的叙事框架,克服只关注重大事件的孤立叙事路径。外交史研究长期受史料匮乏的限制和传统叙事方式的影响,侧重研究重大外交事件,忽视重大事件之间的流变过程,只围绕既有的事件和陈旧的叙事框架,进行低水平地重复建设,既

[①] 牛军:《世界的中国:21世纪初的中国外交研究》,《国际政治研究》,2006年第1期。

无新事实,更无新视角。历史是一系列关联事件形成的连续进程,只关注和巩固对孤立事件的认识,无法描画出真实的历史进程和事件发生、发展的原理,在此基础上只能得出虚假的理论提纯或规律总结。例如,中美关系史的研究经常从1979年中美建交直接跳跃到1982年"八一七公报"的出台,在一定程度上忽视了中美关于对台军售问题的持续博弈与处置方法,更无法客观估价美方在双边关系发展中所发挥的作用。

外交史研究需要克服理性依赖的研究思路。西方国际关系理论常以简化的模型和视角解释中国的外交决策,在引导学者进行逻辑反推时,常表现出两种线索倾向。第一种是将本国的外交决策视作决策者为利益最大化而做出的理性活动,外交进程都是决策层严密把控、精心推进的。但事实上,外交决策进程大都是决策者逐渐明确决策意图、不断完善决策方案的漫长过程,并非遵循一蹴而就的全面理性模式。例如改革开放初期,外交战略由"一条线"调整为独立自主的外交政策,从1979年发端至1982年中共十二大完成,历时两年多。缓慢的原因在于决策者的决策意图和目标是在解决中美纠纷的具体进程中逐步清晰、明确的,决策所需的情报信息也是逐步到位的。第二种研究倾向则把外交纠纷或难题视作外国敌视中国的阴谋举措,是将别国政策视作极度理性乃至"阴谋论"的解释路径。外交是一国与别国或多国的互动过程,外交进程中的因果关系是由各个参与方交替互动、相互影响而塑造的。因此,外交史需涵盖互动进程中的每一个参与方,忽视研究任何参与方的行为,都将打乱真实的因果链条。例如中美关系中的纠纷,大多是双方客观差异造成的调适磨合,"在历史的长镜头下考察双边关系可以看到,中国国内政治的重大转折,能够直接影响甚至扭转中美关系,而美国国内政治则起不到这种作用"。[①] 理论是基于事实的总结,克服理性依赖的方法在于坚持先有事实发掘后有理论总结的工作顺序。

---

① 何迪、徐家宁主编:《中美关系200年》,中华书局(香港)有限公司,2016年版,第4页。

外交史研究应该兼顾宏大、多元的叙事框架。外交史多以双边关系的专题展开研究，其优势是双边的互动关系和线索较为明晰，各方的参与主体少而可控，兼而方便行文。但随着越来越丰富的国际关系背景被勾画出来之后，双边关系的叙事框架反而限制了研究者的视野。在地区层次和全球层次的叙事框架下，改革开放以来的诸多外交事件被赋予了更广泛和更重大的意义。例如，在双边叙事框架下，反苏统一战线对国防安全和现代化的影响以及对中美军事和战略合作的作用更受关注。而从地区或全球层次看，反苏战略"把苏联势力几乎是彻底地排挤出亚太地区……使市场经济在东亚地区变成主流，东亚整体地进入到世界体系、加入到全球化进程中"。[1] 从这个意义上讲，改革开放以来的中国外交典型地代表了"改变自己、影响世界"的共赢经验。因此，外交史的研究呼唤更多元、更多层次的叙事框架和观察视角，这既有利于发掘更加丰富的外交实践和内涵，也能更好地反映中国外交在双边、地区和全球层次与世界产生的互动和影响。

与此同时，改革开放时期外交史的研究又具有鲜明的特殊性。改革开放的历史进程对中国外交的影响涉及各个层面和领域，中国的对外交往不再仅限于政府间关系，社会层次和个人层次的对外互动使中国外交的内涵更加丰富和复杂。改革催生的新阶层、新团体对内政和外交的决策都发挥着日益明显的影响与作用，它们与外交形成的复杂互动关系是中国历史上不曾有过的新事物，亟待事实层次上的发掘和思想理论上的解读。这意味着许多依据西方案例或经验成熟起来的社会学、政治学乃至心理学理论，对中国外交也富有一定程度的解释力，可以为近乎空白的改革开放时期外交史研究提供有益线索。相比之前仅依赖历史学方法和马克思主义理论的局面，改革开放时期的外交史研究可借助的理论资源出现了极大丰富

---

[1] 王尔德、吕泓霖：《专访北大国际关系学院牛军教授———东亚繁荣：冷战的一个非预期遗产》，《21世纪经济报道》，2013年10月28日。

的景象。

三、改革开放时期外交史研究的方法技巧

科学的方法是学术研究的根本保证。外交史研究具有跨学科特性、独特的时代特征和中国特色。所以,深化外交史研究,既要依托历史学的研究方法,也要借鉴社会科学的研究方法论,同时需兼顾中国国情和中国外交的特殊性。外交史研究需要突出决策研究的决定性作用。突出决策研究,就是重点发掘决策过程尤其是决策者的决策意图。决策是外交政策的灵魂与核心,它关乎外交事件时间维度上的因果演变,以及空间维度上的部门协调、配合,是串联事件各个维度、阶段、环节的重要线索。所以,研究决策过程有利于展现与决策者相连接的各类、各级参与者及其相互间的复杂互动关系,有利于勾画一个更趋完整的事件拼图,可以将以往学界视作孤立的外交事件勾连成一体,克服以单一部门为叙事单元和孤立叙事的缺陷。例如,只有了解中国在"八一七公报"谈判中的意图,才能发现中国解决美国售台武器问题与中国外交战略调整之间的因果联系。此外,决策意图与政策执行过程、政策监测评估进程的对比,也可以拓展认识外交事件的视角。例如,早在1978年访日期间,邓小平就定下了终止《中苏友好同盟互助条约》的决策目标,但1979年正要付诸实施时,驻苏使馆反而趁机开启了对苏缓和的进程,这导致决策层花费了大半年时间才再次中止对苏缓和。[①] 这种对比有利于发现决策层与执行层之间不仅存在着传统意义上的上下级服从关系,而且存在着执行层影响甚至诱导决策层的现象。

研究决策意图不能止步于描述决策者对具体外交议题的处理方案,还要解答其背后的深层次动因或逻辑。中国外交决策的独特性

---

① 樊超:《1979年中国对美政策讨论与中美互动》,《国际政治研究》,2015年第3期。

在于决策者处理内政的思路,会对外交议题的处置思路、方案产生重大影响,甚至某些外交决策就是处理内政议题而产生的副产品。改革开放之初,决策层在发展中美关系还是开启中苏缓和之间的权衡,实质上是在美国和苏联之间选择现代化的借鉴对象,是经济现代化与意识形态等内政议题综合作用的结果。①

外交史研究需要重视史料搜集的多样化与鉴别。改革开放以来的档案尚未解密,少量已经出版的正式文献大都是对档案的零星摘编,无法反映档案等史料的全貌,因而史料搜集的多样化变得十分必要,其突破口在于挖掘当事人的回忆录和口述史。口述史料有很强的线索作用,但又有相当的主观色彩。受访者的陈述会因为时间跨度,在时间、细节上出现模糊、错漏等情况,对亲历事件的自豪感、荣誉感可能导致陈述集中在自我和局部的视角。有些受访者会因兴趣点或工作习惯等原因,遗忘事件甚至拒绝访谈。这决定了口述史料搜集的难度和严谨鉴别的必要性。研究者既要掌握访谈技巧又需多方的史料对比,既辨别事件的真伪和精确度也要破除口述史料的主观性缺陷,让口述事件在整体的叙事框架中找到真实合理的位置。例如,围绕1982年中苏关系缓和的决策会议,相关文献都提供了"夏天""7月、8月间"这种模糊的时间表述,②一直令相关研究者疑惑为何中美"八一七公报"谈判进入关键阶段,却只出现了中苏关系的决策会议。直至与新出版的回忆录比对,才澄清了当时会议的主题是讨论对美政策,对苏政策是中途添加的新议题。③

外交史研究需要更新史料解读的方法。外交史涉及各级领导人和各类职能部门,围绕它们所形成的史料,带有极强的个人语言风格与行业术语特点,增加了解读难度。相关研究常常存在两种相反的解读趋势:一种是依赖政治话语体系摘抄和汇编史料,无法形成

---

① 马叙生:《我亲历的中苏关系正常化过程》,《百年潮》,1999年第4期。
② 钱其琛:《外交十记》,世界知识出版社,2003年版,第6页;《邓小平年谱(1975—1997)》下册,中央文献出版社,2004年版,第835页。
③ 《战略对话:戴秉国回忆录》,人民出版社,2016年版,第39页。

独立的学术解读,要么成为政策宣讲的注脚,要么只能巩固既有的解释,缺乏足够的学术创新;一种是过分解读史料中的细节,将决策者或职能部门的常规行为视作精心安排的布局,从而陷入全面理性模式的解读。要避免这些误区,需要在研究技巧上遵循一般性与特殊性的统一原则。所谓一般性是指,中国外交是中共领导下涉外工作的分支,其理念和行为的根本逻辑只能在党史的范畴内得到解答。这要求研究者要系统了解中国决策层的职责分工、工作流程以及领导人的决策兴趣、思维方式和语言风格。例如,邓小平常以"打牌"比喻中美苏"大三角"关系,其本意是强调中美关系关乎国家的安全战略与现代化战略,因而是战略定位。若刻意按照桥牌规则强加解读,则会扭曲决策者的实际用意。唯其如此,才能将政治话语体系转换成大众语言或学术语言。所谓特殊性是指,改革开放开启了外交工作的职业化进程,外交职能部门的功能和业务极大拓展,制度规范逐步创新,共同构成了外交史研究在微观层次的诸多新课题。这要求研究者对职业外交有专门的知识储备,并经常性地借助外交学、行政学或管理学的理论,解读外交职能部门的工作职责、运作方式与规范、工作技巧、风格和术语。例如,领事保护作为中国外交的新生事物和新课题,就涉及撤侨机制、海外司法援助等新的术语和新的行政制度的研究。对此类微观层次的史料解读,需要借助多种社会科学的理论与方法。

外交史研究应重视发掘微观细节。中国的外交史研究存在一种路径倾向,即将外交部的工作等同于国家的全部外交行为,这在常识上就无法实现自洽。外交不仅涉及纵向的决策机构、协调机构、执行机构等,还包括横向的情报系统、国防军事系统、经济文化教育系统等。忽视社会、政治结构的复杂性,就无法总结出外交决策和国际关系的根本规律,得出的逻辑在解释现实时,经常遭遇"集体性失明"的尴尬。[①] 所以,外交史研究要破除概略化、简单化的

---

① 牛新春:《集体性失明:反思中国学界对伊战、阿战的预测》,《现代国际关系》,2014年第4期。

解释模式,重视对事件复杂性的研究,突破"国家"这个模糊的宏观概念,以微观史学的视角揭示外交的多层次、宽领域,以规避单一视角下将历史简单化的风险。① 建交以来的中美关系史证明,中国对美政策并非完全是"国家"的理性思考,而是决策层讨论、博弈的结果。②

改革开放史蕴含着丰富的内政与外交议题,二者间的复杂互动和相辅相成的关系,对全面深化改革开放具有重要的借鉴和指导意义。近年来,"新档案派"③ 学者依据出版的档案和文献,结合国外的解密档案,突破了旧的政治叙事话语,贡献了大量的新事实和新解释,纠正了因缺乏史料而造成的误读和误判。这些学者在研究中展现的学术风格、理论与方法技巧,具有教科书式的示范意义。这些高质量的研究关乎中国与世界的未来,毕竟中国与世界相处的理念、原则和方法都是由外交史知识决定的。所以,外交史研究不仅是知识的储备,而且在实务层次为透视改革开放的历史进程提供重要借鉴。

---

① 邓京力:《微观史学的理论视野》,《天津社会科学》,2016年第1期。
② 《徐向前年谱》下卷,解放军出版社,2016年版,第537页。
③ 王栋、贾子方:《论中国外交研究的三大传统》,《外交评论》,2010年第4期。

"一带一路"倡议实施中的中印关系[*]

外交学与外事管理系　雷建锋
中央财经大学金融学院　范尧天

内容提要 "一带一路"倡议本质上是解决中国和沿线国家发展问题的经济合作倡议，不能根本解决安全问题，自然也不能迅速解决中印领土问题和战略竞争问题，至多为中印关系中存在的问题创造了解决的条件。洞朗事件表明"一带一路"倡议的成功推进，短期内印度对华警惕和疑惧之心有可能更加强烈；长远观之，只有当中国实力远超印度，使其没有信心将中国作为竞争对手，并能从"一带一路"倡议获取收益时，其对华态度才能改变。因此，中国应利用国际机制与印度沟通和交流，增信释疑；创造民间交流与合作的平台与渠道，增进彼此了解。同时，中国也应增强战略威慑力量，增加印度与其他大国联合遏制中国之成本，使"一带一路"倡议与中印关系相互为用，互为表里。

关键词 中印关系　"一带一路"倡议　地缘政治　地缘经济

中印两国相邻，同为世界最大的发展中国家，也是金砖国家成员，是正在崛起的新兴经济体，两国人口共25亿，占世界人口总

---

[*] 基金项目：本文获得中央高校基本科研业务费专项资金科研创新项目重点项目"'一带一路'背景下中国之周边大国外交战略研究"资助。

量的三分之一,因此,中印关系对亚洲和世界的和平与发展意义重大。中国倡导的"一带一路"需要沿线国家,特别是像印度这样的大国参与和支持。那么,作为中国对外战略之一,"一带一路"倡议对中印关系有什么影响,如何实现"一带一路"倡议与中印关系的良性互动关系,并使二者相互促进,无疑对当代中国周边外交和"一带一路"倡议的顺利实施具有非常重要的理论和现实意义。

一、中印关系的发展与问题

要探索"一带一路"倡议对中印关系的影响,首先需要回顾中印关系的发展现状及存在的问题,然后再看这种状态下的关系在"一带一路"倡议提出后有没有变化。从2004年辛格政府上台到2014年莫迪政府执政,此间印度内政外交均发生重大变化,印度外交中的实力政治和民族主义色彩趋浓,进取性日益突出。影响两国关系的内生动力和外部因素更趋多元。中印关系有多种特性,一方面印度和中国同为新兴经济体,又与中国有领土争端;另一方面,印度希望借助美日力量平衡中国优势,但又不甘心当对方的小伙伴。因此,中印关系变得日益复杂。

(一)中印关系的发展

中印两国均是文明古国,近代又有相似的被西方列强侵略、沦为殖民地和半殖民地的历史遭遇。新中国成立初期,两国政治关系发展良好,两国领导人提出和平共处五项原则,产生了重要的国际影响。然而,1962年中印边境冲突使两国关系受到很大影响,关系趋冷。20世纪80年代后中印关系日益改善。在当今国际体系中,两国同属新兴市场国家,共同面对发达国家的发展优势的压力,在气候变化和全球贸易等问题上有很多共同利益和立场,中印同为金砖国家成员的事实就表明了两国有很多共同利益,需要合作共赢,共同发展。近年来两国已经建立了"面向和平与繁荣的战略合作伙伴关系"。仅2016年中印就签署了50多项协议。这些政府间协议涵盖了包括空间合作、地震工程、海洋科学、采矿、铁路、技能发展、教育、文化、瑜伽、旅游以及其他很多领域。

然而,印度在自身实力不济的情况下,努力联合域外国家以抵消中国发展的优势。印度升级其亚太战略,"向东看"转向"向东拓展"。2014年初,印度与日本在安全战略、海上合作、经贸投资等方面达成重要协议,其"东向"与日本的"南下"遥相呼应。此外,印度还努力拓展与蒙古、韩国、缅甸的经贸合作,介入南海争议海域油气区块勘探作业;与澳大利亚、印尼签署国防合作框架协议,等等。

中印关系发展最为顺利的应是双边经贸关系。过去六年里(2010—2016),中印贸易从2000—2001年的20亿元增加到2016年的700亿美元。中国已经成为印度最大贸易伙伴(参见表1)。

表1　2013—2016年印度主要贸易伙伴(%)

	印度贸易的主要出口伙伴				印度贸易的主要进口伙伴			
年份	2016	2015	2014	2013	2016	2015	2014	2013
1	美国15.8	美国15.1	美国13.3	美国12.4	中国16.9	中国15.6	中国12.7	中国11.1
2	阿联酋11.7	阿联酋11.5	阿联酋10.4	阿联酋10.2	美国6.0	瑞士5.4	沙特7.1	沙特7.8
3	香港5.0	香港4.6	香港4.3	中国4.7	阿联酋5.4	沙特5.4	阿联酋5.9	阿联酋7.1
年份	2012	2011	2010	2009	2012	2011	2010	2009
1	美国12.8	–	阿联酋13.2	阿联酋12.6	中国11.1	–	中国11.6	中国11.5
2	阿联酋12.4	–	美国10.6	美国11.1	阿联酋7.7	–	阿联酋7.9	阿联酋6.1
3	中国5.1	–	中国7.8	中国6.0	沙特6.7	–	沙特阿拉伯	美国5.9

资料来源：根据中华人民共和国商务部网站提供数据整理：http://www.mofcom.gov.cn/，-表示该年数据网站没有提供，为保持数据一致性，本研究未使用不同出处的数据来弥补商务部网站上这一数据缺失。

由表1可见，近七年来印度一直将中国作为第一大进口来源国，显然发展中印经济关系对中印双方均有利，特别使中国获益更多；七年间，中国商品在印度进口商品中的比例不断提高，说明中国产品有很强的竞争力，适合印度人的需要。表1也显示，在七年来的多数年份里，美国是印度的主要商品出口市场，即使2009和2010年，美国不是第一出口市场，但依然保持了第二出口市场地位。表1还显示，中国香港也是印度商品的主要出口地之一，考虑到香港是中国的一部分，因此可见印度商品对中国市场的依赖性很强。综合表1提供信息，可以认为，作为印度商品的主要出口地的美国对印度经济出口具有重要影响，美印经济关系密切，因为出口市场的问题，印度对美国市场有较强的依赖关系，这种关系可以转化为美国对印度的权力。数据显示2009年到2012年间，中国曾经是印度商品的第三大出口地，但是从2012年之后，中国退出了第三大出口地的位置，说明自2013年"一带一路"倡议提出后，印度没有利用，或者没有能力利用这一契机，扩大或保持住中国这一个重要商品出口市场。总之，作为两个大国，中国和美国对印经济发展均有重大影响，而美国作为印度的主要出口地，印度对其经济依赖要大于中国。因此，印度从本国利益出发，以为发展和巩固印美关系从经济角度看有坚实基础，而且比发展中印关系具有更大的重要性和迫切性。

（二）中印关系存在的问题

1. 中印两国自身原因导致的两国关系发展问题。印度对自己有很高的定位："与印尼不同，印度正处在把自己确立为一个大国的过程之中，并把自己视为一个潜在的全球性角色。印度还认为自己是中国的竞争对手。"印度一直希望自己是一个有声有色的大国,印度独立初期和新中国成立初期的国家实力基本处于同一水平,中国随之也就成为其发展的主要参照系。1962年印度在中印边境冲突中的失败,使印度的大国雄心受挫,印度一直希望能够一雪前耻,超过中国。但自身实力不逮之时,印度更需要借重外部力量增强对中国竞争的筹码。

2. 外部因素对中印关系的影响。中印关系受外部因素影响很大,特别是冷战后的单极体系下,美国为了防止欧亚大陆上的国家之一的中国崛起导致欧亚大陆权力格局的改变,就借重印度制衡中国。中国的崛起会威胁到欧美,动摇欧洲怡然自得的尊位,挑战美国在国际秩序中的权威。印度则相反,很少引起西方的这种疑虑。第二次世界大战之后,美国维护亚洲"隔岸平衡手"地位的手段之一就是以日本牵制中国,但是,当美国近年来发现日本已经不足以遏制中国时,就开始拉拢印度。印度迅速增长的经济和军事实力也让美国看重。

近年来,印度经济年增长迅速,有些年份GDP甚至超过中国,2016年印度GDP总量稳居世界第七位。如果按现在每年7%左右的经济增长率,专家预计印度到2020年将超过英国,位居世界第五;2040年将成为世界第三大经济体,无论从其发展速度、人口、幅员还是核拥有国家地位看,印度正在崛起之路上。加之,印度是"民主"国家,在国际社会更能得到西方的认同。"世界各国竞相向印度示好,各国领导人云集到这片曾经被视为穷乡僻壤的土地上,信誓旦旦地表示要强化和加强与印度的双边关系。这在印度历史上是前所未有的。"随着中国的崛起,西方,特别是美国,希望能够将印度发展成为制衡中国的一个棋子。布热津斯基在为美国继续保持全球首要地位而设计的欧亚大陆地缘政治战略中,对印度制衡中国的作用给予了充分重视,他认为:印度的潜在作用应该受到重视,因为它是能加强平衡作用的大国,特别是当中国的地缘政治地位越来越突出时。

3. 中印在地区层面的竞争。中国的"一带一路"倡议意在打造陆海内外联动、东西双向开放的全面开放新格局,对印度的南亚地区雄心提出了"挑战"。印度也提出了自己的地区整合方案:"次大陆国家经济合作协议""季风计划""西联政策"等,也积极推动与其他南亚国家的经济走廊建设。中印在东南亚、南亚、中亚、波斯湾、印度洋都有明显竞争。印度一直将南亚视为自己的势力范围,唯恐其他大国,特别是邻邦中国"侵入"其中。印度学者的表述就体现了印度的地区雄心和对外部力量介入南亚事务的排斥态度,认为:印度在担当南亚地区的增长引擎以及努力实现一个稳定的南亚这两方面起到了非常重要的作用,无论如何都不应被破坏。印度还未充分认识"一带一路"对它的效用。印度政府和民间对中国倡导的"一带一路"既展望也存在疑虑,对我国与巴基斯坦的紧密关系非常戒备。很多印度人对"一带一路"的战略意图不是很清楚,对印度有哪些好处也不了解。

二、"一带一路"背景下中印关系的可变因素和不变因素

一个国家的地缘环境分为自然地理环境和地缘政治经济环境。前者是由客观地理因素决定的,后者则是由人为建构的。分析中印关系的现状和未来需要考察未来五到十年内,中印关系中不变因素和可变因素,这样才能看出"一带一路"倡议的正反两方面影响。

(一)中印关系中的不变因素

印中关系中短期内不能改变的因素首先是双方的领土纠纷。因为中印同为发展中大国,又都拥有核武器,虽然印度经济和军事实力与中国有很大差距,但是中国向西南方向的补给过长,军事斗争成本高昂这一问题短期内也不能根本改变;加之,领土问题上各国

政府都很难让步，因此，横亘在中印关系发展中的领土纠纷就是两国关系顺利发展最难克服的困难。"一带一路"倡议提出的四年时间里，沿线国家大多积极响应中国的倡议，而日本与印度则表现比较冷漠，其重要原因之一就是他们与中国的领海和领土有纠纷。国际政治中的安全困境问题对相邻国家都有影响，而对有主权纠纷的国家尤其重大。

除了中印实力对比短期难以改变外，印度对华认知与国际定位也不会短期内改变。自1962年中印边境自卫反击战之后，印度对中国的战略疑惧和防范心理一直没有改变。在印度精英和普通民众看来，中国是追赶的目标，自然是最大的竞争对手；同时，让新德里颇为担忧的是，印度国家安全的威胁也在同步增长，中国是其最大的安全威胁所在。与辛格政府相比，莫迪政府在以中国为最大的竞争对手，是印度必须防范和警惕的对象这一点上没有根本改变，只是手段更加务实和灵活。莫迪政府上台以来的另一个不变的特征，就是自尼赫鲁以来印度对大国地位的渴望。一方面印度实力不及中国，但是印度近年来经济的不俗表现以及各种国际机构对其有望超中赶美的预测使印度以为，赶上中国只是时间问题。因此，印度时刻警惕中国在南亚的"权力扩张"以及"侵入"印度的势力范围。2017年洞朗事件就是这种心态的突出表现。在"一带一路"倡议提出之前，印度对华疑虑主要关注中巴全天候战略伙伴关系的发展；"一带一路"倡议提出后，印度则担心"一带一路"的发展使中国影响扩大到南亚，影响了印度在南亚的支配地位。

中印关系发展中的另一个不变的因素是短期内单极世界的性质不会有根本的改变，美国的军事实力令中国在未来10—20年仍无法匹敌。因此，美国的亚太地缘政治战略不会有根本改变。自第二次世界大战以来，防止欧亚大陆支配性大国崛起一直是美国战略。二战前美国担心德国崛起，二战后防止苏联统治欧亚大陆，冷战后则遏制中俄，重点防范中国。这种情况下，美国需要联合中国周边国家，特别是大国来遏制中国。中国周边国家中，中俄关系稳步发展,俄罗斯领导人也意识到稳固的中俄关系符合其利益,不易受美国利诱加入反华之列。日本则是美国的盟友,近年一直充当美国亚太再平衡战略的急先锋角色,但是中国经济超过日本之后美国意识到必须增加新筹码抵消中国崛起导致的地区权力格局变化。因此,一个经济迅速发展、军力显著增强的印度就被美国看重,发展与印度的关系就显得更加重要。这为印度在中美之间左右逢源提供了契机,印度这种以美遏华的战略短期不会改变,甚至随着中国的快速崛起而加强。

(二)中印关系中的可变因素

未来5—10年中印关系中最大的可变因素有三个方面:一是中印实力差距进一步扩大,二是印度对华认知和政策方面出现重大变化,最后,地缘经济竞争将比地缘政治竞争更显优势。

第一个方面,中印两国建国初期国力水平基本相同,但发展到目前,中国经济实力是印度的五倍,军事实力也强于印度,这一事实表明,中国政府比印度政府更有效率,更能凝聚社会力量,组织生产。在《变化社会中的政治秩序》一书中,亨廷顿开宗明义地提出:"各国之间最重要的政治分野,不在于它们政府的形式,而在于它们政府的有效程度。"未来中印差距将会越来越大,而不是越来越小,因为中国政府比印度政府更有效率。

第二个方面,在与中国差距更加扩大的情况下,美国更会借重印度制衡中国,印度在看到和平超越中国无望时,印度的大国雄心和实力不济之间的张力会更加突出。这个时期西方也会更加渲染中国的实力和威胁。因为这个世界到目前为止还是西方主导的世界,西方希望通过话语建构中国形象及其与外部世界的关系。印度可能会改变在中美之间搞平衡的政策,会更加偏向美国。冷战期间,中美联手制衡印度的局面可能会被印美联手制衡中国所取代。

第三个方面,自二战以来,大国之间全面战争不再会有真正的胜利者,核武器的出现改变了战争的性质,冷战后这种情势更加明显。此种情况下，作为同时拥有核武器的中印两国，均不可能从军事上胜过对方，地缘政治较量将更多地让位给地缘经济较量。这一情况决定了中印边界问题不可能短期解决，印度对华疑惧不可能很快消失。

综合以上不变因素和可变因素，显而易见，"一带一路"倡议在短期内可能会激化印中关系发展中的不利因素，长期观之，当中国实力完全超过印度，和美国比肩之时，"一带一路"倡议也许会成为培养中印利益增长点的杠杆。

三、实现"一带一路"倡议与中印关系发展相互为用

2014年9月，习近平主席在印度发表演讲时表示："中印两国要做更加紧密的发展伙伴，携手推动亚洲繁荣振兴；中印两国要做战略协作的全球伙伴，推动国际秩序朝着更加公正合理的方向发展。"2017年9月4日在金砖国家领导人会晤时，习近平又指出："事实证明，金砖合作契合我们五国发展共同需要，顺应历史大势。尽管我们五国国情不同，但我们对伙伴关系、繁荣发展的追求是共同的，这使我们能够超越差异和分歧，努力实现互利共赢。"习总书记的讲话体现了中国领导人对化解中印双方分歧和矛盾暨发展两国关系的信心。

因此，能否通过"一带一路"倡议为中印关系发展创造新的利益增长点，以双边关系的稳步发展优化"一带一路"顺利展开的沿线环境，形成中印关系发展与"一带一路"推进的良性互动关系，应该成为当前和今后很长时间内中国对印战略的努力方向。

（一）依靠"一带一路"倡议增进共同利益

"一带一路"倡议顺利推进的基础是中国国力的持续增强和沿

线国家的积极参与。能够真正从"一带一路"中获益,则是沿线国家主动参与的动力,印度也不例外。表1显示,虽然中国是印度的第一进口方,但是美国却是印度的主要出口市场。2009—2013年的大多数年份里,中国是印度第三大出口市场,然而2013年之后的几年里中国失去了第三大出口市场地位。而且,中印贸易中,印度一直处于逆差地位。据印度商业信息统计署与印度商务部统计,2017年1—6月,印度与中国双边货物进出口额为395.9亿美元,增长21.2%。其中,印度对中国出口58.5亿美元,增长42.5%;自中国进口337.4亿美元,增长18.1%。印度与中国的贸易逆差278.9亿美元,增长14.0%,而美国与印度的贸易中,印度一直处于顺差地位。印度的顺差主要来自美国、阿联酋、孟加拉国、斯里兰卡等国,逆差国主要来自中国、瑞士、印尼、伊拉克等国。可见,如果印度对华贸易一直处于逆差,则印度会担心"一带一路"的推进使其对华贸易更加处于不利地位。

表2 2015年中、印、美三国出口商品构成(%)

	中国		印度		美国	
1	工业品	94.3	工业品	68.4	工业品	74.8
2	农产品	3.2	农产品	13.2	农产品	10.7
3	能源与矿业产品	2.4	能源与矿业产品	15.7	能源与矿业产品	9.4
4	其他	0.1	其他	2.7	其他	5.1

资料来源:根据世界贸易组织网站提供数据整理。

然而,中、印、美三国出口商品构成显示,中印商品有很强的互补性,但是美国作为印度商品的主要出口市场的现实表明,中印商品存在竞争性,中国商品更具竞争优势,美国与印度商品的互补性要高于中印两国商品的互补性。因此,"一带一路"是否有利于印度发展关键不在"一带一路"本身,其基础在于中国产业结构的升级换代。只有中国商品有同美国商品同样的高附加值，有更强的不可替代性，与印度的工业制成品不在同一个层次竞争，才能消除两国出口商品的竞争性，也能消除印度对中国产品的担心。短期内，中国能做的是扩大在印投资，建立工业园区，扩大印度就业，促进印度经济增长，带动其参与"一带一路"建设的热情。

（二）创造有利于"一带一路"发展的外部环境

中国与周边大国关系的稳步发展是"一带一路"顺利推进的基础，而就"海上丝绸之路"而言，中印关系则是其成功的关键。虽然印度与中国存在领土争端、战略分歧，但是中印两国利益冲突还没有达到使印度完全投入到与中国对抗的阵营中去的程度，印度的历史和文化传统决定了印度更希望自由行事，自主外交，而不甘当美、欧、日的小伙伴。印度教的人生信条是"自己活也让别人活"。因此，印度不愿为国家的基本战略而承担公开和有约束力的义务；印度也不会甘愿充当美国在亚洲的"主要盟友"，也不愿与美国建立什么新型"特殊关系"。印度不愿公然而明确地界定敌友，这种情感具有明显的亚洲属性。作为文明型国家，中国不谋求对印度的优势和支配，与西方完全不同。中国的历史表明，汉族没有过度的侵略性。当前的中国不像斯大林的苏联和希特勒的德国那样，认为本国的未来就在于将自身的价值强加于世界，而是努力学习适应成为世界的一部分。中印两国有相似的历史遭际、相同的国际身份、共同的发展任务、地缘经济合作优势，两个国家有理由携手前进，而不是互相对抗和互相遏制。

中印关系的发展，主动权在中国一方，而非印度，中国对此应有基本自信。国际政治中的权力关系产生需要两个基本要素：一是有超越对方的实力，二是有实现权力的坚定意志和战略。无论从哪一个方面看，印度均不具有对中国实现权力意志的条件，印度综合国力在可预见的时期内无法超过中国；印度也没有结盟遏制中国的强烈欲望；中印双方的利益冲突没有达到必须对抗的程度。2017年的洞朗事件前后的事实表明,印度对中印实力差距有清醒的认识;印度也没有与中国对抗的决心和条件;印度认同金砖国家身份,希望与中国合作是主流,领土问题可以通过和平谈判解决。诚如中国外交部长王毅所言:"当前中印边界谈判正处于变量的积累当中。有如登山,虽然辛苦,但走的是上坡路。"如果中国政策适当,印度不至于完全反华。目前,中国应推动"一带一路"与"季风计划""东向行动"对接,加快推动中孟印缅经济走廊建设。通过上海合作组织和金砖机制以及中国、印度和俄罗斯的对话机制,加强两国的对话和沟通,增强两国的战略互信。

作为在中印关系中实力较强的一方,中国要掌握中印关系上的主动权,因此要不断增强实力,形成有效战略威慑力,但不仅是向印度展示实力和使用实力,而应更多地通过经济、政治、文化往来,增强信任,降低国际政治无政府性导致的安全两难困境。国际无政府状态的现实使各国虽然都希望维持现状,但都害怕被排除在外的风险,所以宁愿扩大自己的地盘。自我安全的愿望还可能使国家试图削弱潜在对手的实力,这样的行动可以造成国家本来希望避免的威胁。以目前态势观之,中印差距不会缩小,而会更加扩大。域外大国借重印度(其实对俄罗斯而言也是如此)遏制中国的冲动会日益强烈。但是中国应该有足够的自信,相信只要本着和平共处五项基本原则的精神,尊重印度的合理关切和利益,印度应该不会成为遏制中国联盟中的铁杆盟友,因为一则这样做不符合印度利益,与中国和平共处更符合印度利益:可以减少或遏制对印度领土完整的外部威胁;二则防止中巴轴心(China-Pakistan Axis)的可能发展,该轴心的出现不仅会使次大陆的力量平衡对巴基斯坦有利,而且会加剧对印度的外部威胁;三则向超级大国表明印度不应被忽视,能够为印度外交提供了足够灵活性以塑造外交姿态和政策差别。以洞朗事件前后印度的表现看,印度不愿意走到公开与中国对抗的道路上去,印度还是希望在中美之间保持平衡,利用金砖机制与中国合作,谋取最大利益。因此,以"一带一路"建设为契机,扩大中印利益共同点，实现良好的中印关系与"一带一路"的顺利推进之间良性互动关系是可能的。

四、结语

"一带一路"本质上是一个经济合作倡议，解决的是发展问题，而非安全问题。因此，"一带一路"倡议至多是加强中印经济联系，而本文研究表明：第一，"一带一路"倡议推进的几年里，中印经济联系非但没有加强，而且有弱化的趋势；另外，即使双边经济联系的增强，与双边政治关系的改善不存在因果关系，因为中印存在领土问题，这是两国政府都难以妥协的问题。第二，印度希望借助对华强硬态度，赢得与中国有战略利益冲突的美日支持，也就不急于改善对华关系。第三，印度存在与中国竞争的心态，它不希望中国因为"一带一路"强大，"一带一路"倡议的稳步推进事实上使印度倍感压力，更刺激了印度的大国雄心和与中国竞争的心态。在这种情况下，中印战略分歧可能会因为"一带一路"的稳步推进而加强，洞朗事件就是印度这种紧张心态的反映。第四，中国应该加强与印度民间智库的沟通和交流，让印度了解一个真实的中国，明确"一带一路"倡议的目的和性质。最后，中国需要加强军事实力，增强自身战略威慑力，为"一带一路"创造良好的安全环境。当"一带一路"倡议得到越来越多的国家的参与和支持，并使参与国赢得实实在在的好处时，印度才会有更多的发展中印关系的热情，"一带一路"倡议与中印关系的发展才能相互为用，互为表里。

参考文献

1. 蓝建学：《新时期印度外交与中印关系》，《国际问题研究》，2015年第3期，第51、54页。

2. [印度]维诺德·阿南德：《南亚的地缘战略演变和中印关系》，《印度经济体研究》，2017年第1期，第122—125页。

3. [美] 兹比格纽·布热津斯基：《大棋局：美国的首要地位及其地缘战略》，中国国际问题研究所译，上海：上海人民出版社，2007年版，第38、167页。

4. [印度] 普勒姆·尚卡·贾：《卧虎藏龙：中国和印度能否主导21世纪》，何三宁、夏杨译，南京：文汇出版社，2012年版，第7页。

5. [美] 法里德·扎卡利亚：《后美国世界：大国崛起的经济新秩序时代》，赵广成、林民旺译，北京：中信出版社，2009年版，第129、153页。

6. 林民旺：《观察当前中印关系要有多维视角》，《世界知识》，2016年第16期，第74页。

7. 陈文玲，李锋：《从"龙象之争"迈向"龙象共舞"》，中国智库经济观察，北京：社会科学文献出版社，2016年版，第350页。

8. 朱翠萍：《印度莫迪政府对华政策的困境与战略选择》，《南亚研究》，2015年第3期，第4页。

9. [美] 塞缪尔·亨廷顿：《变化世界中的政治秩序》，王冠华译，上海：上海人民出版社，2008年版，第1页。

10. [澳] 潘成鑫：《国际政治中的知识、权力与欲望》，北京：社会科学文献出版社，2016年版，第26页。

11. 习近平：《携手追寻民族复兴之梦——在印度世界事务委员会的演讲》，《人民日报》，2014年9月19日。

12. 习近平：《深化金砖伙伴关系 开辟更加光明未来——在金砖国家领导人厦门会晤大范围会议上的讲话》，《人民日报》，2017年9月5日。

13. 中华人民共和国商务部网站〔EB/OL〕. http：//www.mofcom.gov.cn/。

14. [美] 法里德·扎卡利亚：《后美国世界：大国崛起的经济新秩序时代》，赵广成、林民旺译，北京：中信出版社，2009年版，第153页。

15. Zbigniew Brezinskin and Brent Scowcroft, *America and the World: Converstions on the Future of American Foreign Policy*, New York: Basic books, 2008, pp.114-119.

16. 王毅:《中印边界谈判有如登山虽然辛苦, 但走的是上坡路》, http://www.fmprc.gov.cn/mfa_chn/zyxw_602251/t1243619.shtml. 转引自蓝建学:《新时期印度外交与中印关系》,《国际问题研究》, 2015年第3期, 第60页。

17. [美] 罗伯特·杰维斯:《国际政治中的知觉与错误知觉》, 秦亚青译, 上海: 上海人民出版社, 2015年版, 第69页。

18. P. S. Jayramu, "Foreign Policy Behaviour of India, Afghanistan and the Himalayan Kindoms: A Blance of Power Interpretation", *The Indian Journal of Political Science*, Vol.50, No.4 (Oct.-Dec.1989), p.520.

中国的"集体对话"外交

——围绕中非合作论坛的探讨[*]

亚洲研究所 赵晨光

内容提要 "集体对话"外交是指一国通过其主导的专门机制与多国集体进行互动的外交形式,其以双边和多边外交为基础,是二者的有机整合。在实践中,"集体对话"外交具有突出的外交整合能力,机制化为其作用的发挥提供保障。中国是"集体对话"外交的重要推动者。中非"集体对话"外交有效提高了中国对非外交的战略水平,其成功实践为中国"集体对话"外交的拓展提供了经验和示范。

关键词 "集体对话"外交 双边外交 多边外交 中非合作论坛

随着国际关系的发展,一国与多国集体的外交互动逐渐增多。这种外交形式兼具双边和多边外交的特点,国内外学界多按国家数量标准,将其归入多边外交之列,并冠以"整体外交"(包含1+N、

---

[*] 本文是作者主持的2018年度北京市社科基金青年项目"中非合作论坛峰会的机制化问题研究"(项目编号:18ZGC014)和作者主持的2017年度中央高校基本科研业务费专项经费青年教师科研启动重点项目"'一带一路'在非洲的推进研究"(项目编号:3162017ZYQA01)的阶段性成果。

N+1和1+N+X)[①]的统称。但从学理角度讲,"整体外交"的概念并不明确。

2000年,中国建立起中非合作论坛,并将其定位为中国与非洲国家开展集体对话的重要平台。经过不断发展,中非合作论坛框架下的中国对非外交愈加形成有别于传统外交(双边、多边外交),且相较"整体外交"在外延和内涵上更加集中、明确的外交新类型,可称作"集体对话"外交($1+1^N$)。[②]本文围绕中非合作论坛的外交实践展开探讨,通过理论辨析和实践梳理,对"集体对话"外交的理论特性、发展进程和战略价值进行分析。

一、"集体对话"外交的理论辨析

根据杰夫·贝里奇、艾伦·詹姆斯编著的《外交辞典》,纷繁复杂的外交实践从根本上分为双边外交和多边外交两大基本类型。双边外交是指两个国家之间开展的外交互动;多边外交是指两个以上国家以会议为载体进行的外交互动。[③]而"集体对话"外交以一国为外交互动一方,以多国集体为互动的另一方,这实际上突破了传统理论的分类法,形成了一种新的外交类型。"集体对话"外交是对双边外交和多边外交的有机整合,既强调外交互动的"双方"形式,又兼顾参与主体的"多元"构成。相较"整体外交","集体对

[①] 孙德刚:《论新时期中国对中东国家的整体外交》,《国际展望》,2017年第2期。国内外其他关于"整体外交"外交(包括中国对非"整体外交")的研究可参见,张辉:《中国对发展中国家整体外交与新南南合作——基于中非和中拉合作论坛视角的探讨》,《国际展望》,2017年第2期。国外对整体外交的较早研究参见 Tal, Lawrence, "Euro-Arab Relations: A Study in Collective Diplomacy", *International Affairs*, V69, No.n3, 1993 July.

[②] "外交"概念的外延十分丰富,可以指外交思想、外交实践、外交手段和外交形式等,本文研究的"集体对话"外交主要涉及形式问题,即着重从(新)形式的角度对"集体对话"外交的理论特性、形成动因和战略价值等方面进行分析。

[③] 参见杰夫·贝里奇、艾伦·詹姆斯编著,高飞译:《外交辞典》,北京大学出版社,2008年,第188页。

话"外交具有更加清晰、明确的内涵和外延，主要表现在以下三个方面：

第一，较强的地区性。"集体对话"外交中的多国一方具有共同的地区属性。尽管从理论上讲"集体对话"外交中的多国一方可以是具备任何共同属性的国家集体，但根据既有外交实践，地区属性与"集体对话"外交的相关度最高。其原因在于，现代国际关系以主权国家为基础，而主权以固定、明确的领土为前提。国际关系的这种地缘属性决定了地区是一国开展"集体对话"外交的优先对象。特别是在地区一体化背景下，地区具备了更多参与外交互动的价值和利益。相较之下，语言、文化、宗教、意识形态等属性的外交整合作用逐渐弱化。

以英联邦为例，其建立初期的外交实践一定程度上具有"集体对话"外交的性质。英联邦外交以英国为一方，以共享所谓"帝国荣耀"的前殖民地国家为另一方，旨在维系英国对分散在全球各地的前殖民地国家的影响。但英联邦外交的弱化表明，建立在"非地区"属性基础上的集体对话难以在多国一方维持较高程度的协调和整合，从而形成真正意义上的"集体对话"外交。

第二，高度的机制性。"集体对话"外交的开展高度依赖国际机制。一方面，"集体对话"外交以专门的国际机制为载体，在一国与地区多国之间建立外交联系。另一方面，"集体对话"外交中的地区多国，亦需要较高水平的机制整合，以地区集体身份协调一致的参与外交互动。可见，"集体对话"外交并非一国针对地区国家开展的一系列双边外交的总和或统称，而是集中、统一的机制性外交进程。

因此，"整体外交"涵盖的"1+N"外交形式不属于"集体对话"外交。再以英联邦为例，尽管英国主导建立起英联邦这一专门机制，但由于前殖民地多国一方缺乏有效的机制整合，随着前殖民地国家自主意识的不断增强，以及英国相对实力的衰落，前殖民地多国在英联邦中的协调、整合程度持续下降，一些国家甚至主动选择退出。目前，英联邦已基本泛化为多边机制。

第三，互动的倾向性。在"集体对话"外交中，单独构成互动一方的国家多为外交进程的"召集国"，其在专门机制的建设、议程的设置等方面具有更大的主导权或发言权，并相应承担更大责任。因此，"集体对话"外交在互动进程上更多体现出召集国一方针对地区多国一方的政策倾向。

所以，"整体外交"涵盖的"N+1"外交不属于"集体对话"外交。此类外交实践一般以地区多国为一方，以某一域外国家为另一方，地区一方主导外交进程。其与"集体对话"外交在形式上比较接近，但不能在二者之间画等号。一方面，此类外交实践主要以地区机制为载体，将单独构成互动一方的域外国家作为特别成员或对话国，纳入地区机制框架。因此，从形式上讲，地区主导的"N+1"外交更接近多边外交。另一方面，在涉及利益分歧特别是重大"高政治"问题时，此类外交实践并不稳定。地区国家对参与"对话"的域外国家较难实现完全一致或高度协调，从而使外交进程转化为一系列双边外交或泛化为多边外交。相较之下，在"集体对话"外交中，召集国在议题设定上占据主动。在分歧严重的"高政治"问题上，召集国通常采取回避策略，或通过其他外交形式（主要是双边外交）谋求突破。以东盟开展的域外外交为例，其对话合作机制由最初的"10+1"到"10+3"、"10+6"、"10+8"的演进历程证明其多边外交的性质。另外，具体到东盟与中国开展的"10+1"对话进程，在涉及南海问题时，东盟的一致程度显著下降。在此问题上，中国坚持"直接有关的主权国家通过友好磋商和谈判解决"的原则，[①] 有效排除了个别地区国家通过东盟整体向中国施压的可能。可见，地区主导的N+1外交或是多边性质更强或是整合程度较弱，难以形成持续有效的集体对话。

---

① 钟声：《谈判协商是解决南海问题的唯一出路——南海仲裁案不过是场政治闹剧》，《人民日报》，2016年7月14日3版。

另外需要说明的是,"集体对话"外交在互动上的倾向性特点并不违背现代外交秉承的对等(平等)原则。一方面,参与"集体对话"的地区多国一般为中小国家,其参与此类外交的目的在于通过地区整合与域外召集国在更加对等的基础上开展外交互动、谋求国家利益,这是一种自主的外交选择;另一方面,"集体对话"外交本身即体现了召集国对特定地区国家及其一体化的重视和尊重。

综上,"集体对话"外交可定义为:一国通过其主导的专门机制与地区多国集体进行互动的外交类型。"集体对话"外交具有突出的外交整合能力,其通过外交进程的机制化将双边外交和多边外交有机整合在一起,形成了新的$1+1^N$外交互动形式。

二、中非"集体对话"外交的发展

"集体对话"外交的发展寓于其机制化进程中。作为目前世界上规模最大、成效最好的南南合作平台,[①]中非合作论坛框架下的中国对非外交,堪称"集体对话"外交的典范。自"论坛"建立以来,中非"集体对话"外交的机制化水平不断提升,主要表现为以下三个方面:

第一,对话共识的凝聚。新世纪前夕,中非整体合作的条件逐渐成熟,非洲国家倡议与中国建立集体对话关系。1995年,马达加斯加外长莉拉·拉齐凡德里哈马纳纳(Lila Ratsifandrihamanana)来华访问,建议成立一个"中国—非洲论坛"。[②] 1997年,贝宁计划、经济调整和促进就业部长阿尔贝·特沃杰雷(Albert Tevoedjre)也提出了类似倡议。1998年,一些参加(中国)外交学院"非洲法

[①] "王毅谈中非合作论坛北京峰会:共建'一带一路',推动中非互利合作迈上新台阶",载中国外交部网站,2018年1月13日,http://www.fmprc.gov.cn/web/wjbzhd/t1525573.shtml,访问日期:2018年3月1日。

[②] 唐家璇:《劲雨煦风》,世界知识出版社,2009年,第433页。

语国家司局级外交官研修班"的非洲外交官提议中非建立一种"一国对多边的伙伴关系"(one to multi-partnership)。① 1999年，马达加斯加外长拉齐凡德里亚马纳纳访华，再次提出建立"论坛"的建议。当时，中国对来自非洲的上述建议比较谨慎，将其认定为"不易操作"的多边合作范畴。② 中非合作论坛建立后，中国对上述认识做出调整，中非加强对话的共识不断凝聚。第一届部长级会议召开后，中非合作论坛被确定为中非开展集体对话的重要平台。

第二，专门机制的建设。中非合作论坛是中非"集体对话"外交的专门机制。"论坛"前三届部长级会议的机制化成果为中非"集体对话"外交奠定了基本的制度架构。其中，部长级会议是"论坛"的主体，每三年举行一届；高官后续会议和高官预备会为部长级会议做准备，分别在部长级会议前一年和前数日各举行一次；非洲驻华使节与中方后续行动委员会秘书处会议负责推进"论坛"成果的落实，每年至少举行两次会议。2006年，中非在"论坛"框架下建立了外交部长定期政治磋商机制，在历届部长级会议第二年的联合国大会期间举行会议，就共同关心的重大问题交换意见。此外，2006年，中非合作论坛启动了峰会模式，其机制化正得到稳步推进。

特别值得注意的是"论坛"后续机制的建设。2000年10月，中非合作论坛第一届部长级会议召开，中非双方同意建立后续机制，对"论坛"成果的落实进行定期评估。该年12月，"论坛"中方后续行动委员会成立。2001年7月，"论坛"部长级磋商会在赞比亚首都卢萨卡举行，会议通过了《中非合作论坛后续机制程序》。2002年4月，后续机制程序正式生效。中非合作论坛（中方）后续机制是中国对非外交的重要特色和优势，其建立和运行为"论

---

① 参见李安山：《论中非合作论坛的起源——兼谈对中国非洲战略的思考》，《外交评论》，2012年第3期，第23—24页。

② 张忠祥：《中非合作论坛研究》，世界知识出版社，2012年，第77页。

坛"成果的高效落实提供了机制保障。①

第三，多国集体的参与。随着非洲一体化的持续推进，中国对非外交的"集体对话"水平不断提升。2008年11月，中国与非盟建立了战略对话机制。2012年7月，中非合作论坛第五届部长级会议在北京召开，非盟委员会成为"论坛"正式成员。非洲国家由此作为一个整体，更加有机地参与到中非"集体对话"外交进程中。这最直观地反映在中非合作论坛的官方表述中。自"论坛"建立以来，历届部长级会议发布的官方文件②使用"双方"定位中非关系的次数逐渐增多，特别是2012年后，这一趋势更加明显，从前四届部长级会议的50次左右，快速上升到90次左右。相应地，"论坛"在规划中非合作时更多涉及非盟及其地区发展战略。据统计，前四届部长级会议所发布的官方文件提及"非盟（非统）"均未超过8次。2012年后，这一数字显著增长，其中，第五届部长级会议官方文件提到"非盟"20次，第六届的数字为28次。随着中非合作论坛的不断机制化，中非"集体对话"外交快速走向成熟，其战略价值愈加凸显。

表1 中非"集体对话外交"数据统计

会议届别	关系定位	集体参与
2000年北京第一届部长级会议	使用"双方"称谓32次	提到"非统"2次
2003年亚的斯亚贝巴第二届部长级会议	使用"双方"称谓46次	提到"非盟"6次、NEPAD5次
2006年北京峰会暨第三届部长级会议	使用"双方"称谓59次	提到"非盟"8次、NEPAD3次

---

① Ian Taylor, *The Forum in China-Africa Cooperation (FOCAC)*, London and New York: Routledge, 2011, pp. 91-92.

② 包括历届部长级会议以及峰会发布的《宣言》《行动计划》以及《中国对非洲政策文件》等文件。

续表

会议届别	关系定位	集体参与
2009年沙姆沙伊赫第四届部长级会议	使用"双方"称谓51次	提到"非盟"8次、NEPAD3次
2012年北京第五届部长级会议	使用"双方"称谓84次	提到"非盟"20次、NEPAD6次
2015年约翰内斯堡峰会暨第六届部长级会议	使用"双方"称谓91次	提到"非盟"28次、NEPAD3次、"2063议程"3次

表格说明：中非合作论坛首届部长级会议发布了《北京宣言》和《中非经济和社会发展合作纲领》；第二届部长级会议发表了《亚的斯亚贝巴行动计划》，未发表"宣言"。此后历届会议均发表"宣言"和"行动计划"。2006年北京峰会和2015年约翰内斯堡峰会分别发布了两版《中国对非洲政策文件》。

资料来源：本文作者根据上述文件统计。

三、"集体对话"外交的战略价值

"集体对话"外交是对传统外交类型的有机"整合"，其$1+1^N$的外交互动形式决定"集体对话"外交在实践中具有重要的战略价值。[①] 具体到中非关系，尽管中国的对非外交历经了从"建交"外交到"援助"外交再到"务实"外交的转变，但总的来说，主要以国家间双边交往为基础的中国对非外交，整体性或战略性并不突出。新时期，在中非"集体对话"外交的推动下，中国对非外交的战略水平不断提升。

---

① 战略是一种对确定现实和特定目标的共识，并由此对行动提供统一指导，建立在整合基础上的"整体性"是战略的重要特征。参见，James A. Baker III, The politics of Diplomacy, New York: G. P Putnam' Sons, 1995, pp. 39-40。

（一）战略环境的营造

2013年，习近平主席就任国家元首后将首次出访选在非洲，提出了"真实亲诚""正确义利观"、中非"命运共同体"等重要理念，发出了中国特色大国外交的先声。这些重要理念首先针对非洲提出，随后不断发展为新时期中国外交的宏观规范。这一方面表明中非关系的重要性、典型性和示范性，另一方面体现出中国对非外交整体性的提升。

第一，"真实亲诚"理念的提出及发展。2013年3月，习近平在坦桑尼亚发表题为"永远做可靠朋友和真诚伙伴"的重要演讲，用"真""实""亲""诚"四个字概括中非关系。2014年3月，中央外事工作会议将"真实亲诚"确定为对非工作方针。2017年，中国共产党第九次全国代表大会进一步将"真实亲诚"升级为加强中国与广大发展中国团结合作的指导规范。

第二，"正确义利观"的提出及发展。在2013年的访非行程中，习近平主席就中非合作中出现的新问题、新情况，有针对性地提出了"正确义利观"的理念。其后"正确义利观"逐步升级为指导新时期中国与发展中国家合作的基本原则。2013年10月，中国首次周边外交工作座谈会在北京召开。习近平强调："要坚持正确义利观，有原则、讲情谊、讲道义，多向发展中国家提供力所能及的帮助。"[①] 2014年4月8日，习近平在北京会见纳米比亚总理根哥布时表示："中国在对非合作中秉持正确义利观，注重授人以渔，帮助非方筑巢引凤，提升非洲国家自我发展能力。"2014年3月召开的中央外事工作会议，将"正确义利观"提升为构建"新型国际关系"特别是推进与发展中国家关系应秉持的基本理念。

第三，"命运共同体"理念的提出及发展。中非"命运共同体"是2013年习近平访非时提出的又一重要理念。2017年1月，在日内

[①] "中国观点给力世界和平"，《人民日报（海外版）》，2014年5月29日，第1版。

瓦出席"共商共筑人类命运共同体"高级别会议并发表主旨演讲时,习近平进一步向国际社会阐述了构建"人类命运共同体"的中国方案。2月,联合国社会发展委员会第55届会议一致通过"非洲发展新伙伴关系的社会层面"决议,"人类命运共同体"理念被写入其中。①10月,中国共产党第十九次全国代表大会审议通过了《党章(修正案)》,将"坚持正确义利观,推动构建人类命运共同体"写入党章,上述外交新理念的指导地位得到进一步明确和提升。11月,第七十二届联大负责裁军和国际安全事务的第一委员会召开会议,将构建"人类命运共同体"理念写入"防止外空军备竞赛进一步切实措施"和"不首先在外空放置武器"两份决议,这填补了联合国国际安全领域决议的空白,也是"人类命运共同体"理念再次写入联合国决议。②

新时期,中非合作论坛的工作在贯彻、落实上述外交新理念的同时,更注重聚焦、深化其中蕴含的"非洲针对性"或"非洲内涵"。中非合作论坛约翰内斯堡峰会"宣言"指出:"中非将本着'真实亲诚'理念和'正确义利观',建立和发展中非全面战略合作伙伴关系。"此次峰会发布的《中国对非洲政策文件》也将"坚持'正确义利观',践行'真实亲诚'对非工作方针,巩固和夯实'中非命运共同体'"明确为中国对非外交的总原则和总目标。可以说,中非"集体对话"外交为新时期中非关系的整体发展营造了战略环境。

(二)整体定位的确定

"一带一路"是新时期中国对外开放的顶层设计,是中国外交总布局的重要抓手,其宏观规划很大程度上反映了中国外交的战略

---

① United Nations Security Council, *Resolution 2274 (2016)*, Adopted by the Security Council at its 7645th meeting, on 15 March 2016.

② "'构建人类命运共同体'理念再次写入联合国决议",《人民日报》,2017年11月3日21版。

安排。尽管中非在双边层面的相关合作在广度和深度上远超许多传统沿线国家，但在"一带一路"倡议初期规划中，非洲整体定位的缺失，还是引起了非洲国家的误解和猜测。

中非合作论坛较早对"非洲定位"问题做出回应，约翰内斯堡峰会"宣言"明确指出，将积极探讨中方建设"一带一路"倡议与非洲经济一体化和实现可持续发展的对接，为促进共同发展、实现共同梦想寻找更多机遇。在峰会"行动计划（2016—2018）"中，非方表示欢迎中方推进"21世纪海上丝绸之路"，并将非洲大陆包含在内。① 此外，中非合作论坛框架下的中非"二轨"互动也就相关议题展开密切沟通，形成了一系列有政策影响力的成果。② 在中非"集体对话"外交的持续推动下，约翰内斯堡峰会后，"一带一路"倡议的"非洲定位"渐趋明确、清晰。

第一，中国官方对"非洲定位"问题进行初步回应。2015年5月，时任中国外交部非洲司司长林松添在接受采访时称，"一带一路"是中国对外开放的新举措，非洲是海上丝绸之路的延伸，把非洲纳入"一带一路"的宏伟构想当中，是可预期的方向。他进一步表示，"一带一路"未来肯定要延伸到非洲，但在还没有延伸到的时候，不能等待，而要破土动工。③

第二，中国官方肯定非洲与"一带一路"的现实联系。2016年8月，中央推进"一带一路"建设工作座谈会召开后，林松添接受媒体采访时指出，非洲特别是东部和南部非洲是海上丝绸之路的历史和自然延伸。非洲作为"一带一路"的重要节点，是共建"一带

---

① 中非合作论坛约翰内斯堡峰会"宣言""行动计划"，中非合作论坛官方网站，2016年12月25日，http://www.focac.org/chn/ltda/dwjbzzjh_1/hywj/t1327766.htm，访问日期：2018年3月20日。

② 赵晨光：《"二轨外交"助力"一带一路"倡议在非洲的推进》，《辽宁大学学报（哲学社会科学版）》，2018年第1期。

③ 林松添：一带一路肯定会延伸到非洲，中评网，2015年5月8日，http://www.CRNTT.com，访问日期：2017年5月20日。

一路"的重要方向和落脚点。①

第三,"一带一路"倡议中非洲的整体定位得到确认。2017年1月,王毅部长新年访非时表示:中国同不少非洲国家,尤其是非洲东海岸国家,就中非共建"一带一路"展开探讨,取得积极进展。5月,中国政府举办了"一带一路"国际合作高峰论坛,肯尼亚总统肯雅塔、埃塞俄比亚总理海尔马里亚姆等非洲国家元首和政府首脑来华参会。"论坛"召开期间,中国政府发布了《共建"一带一路":理念、实践与中国的贡献》。文件梳理了"一带一路"建设取得的阶段性成果,将中非"三网一化"合作列为共建"一带一路"的重要实践,并将非洲定位为共建"一带一路"的关键伙伴。②

2018年9月,作为本年度中国四大主场外交的重头戏,中非合作论坛第三次峰会在北京举行。根据中国官方发布的消息,此次峰会围绕中非共建"一带一路"主题展开。为更好发挥"论坛"集体对话平台的作用,在北京峰会召开前,中国专门任命了"中非合作论坛事务大使"。这进一步凸显了中非合作论坛框架下中国对非外交的整体定位。

(三)合作布局的构建

新时期,在中非合作论坛的引领以及中非"集体对话外交"的推动下,中国提出了一系列对非整体合作框架。"461"合作框架致力于打造中非合作升级版,"三网一化"建设明确了中非合作的关键点,而"五大支柱"和"十大合作计划"规划了中非全面合作的方向。以此为基础,中国在双边层面积累的对非合作经验和优势得以有效整合,中国对非外交的整体性、战略性大幅提升。统观上述

---

① 参见:《非洲是建设"一带一路"的重要方向和落脚点——访外交部非洲司长林松添》,中国社会科学网转载,2016年8月29日,http://ex.cssn.cn/dzyx/dzyx_kygz/201608/t20160829_3179156_1.shtml,访问日期:2018年4月2日。

② 推进"一带一路"建设工作领导小组办公室:《共建"一带一路":理念、实践与中国的贡献》,新华社授权发布,2017年5月10日,http://news.xinhuanet.com/politics/2017-05/10/c_1120951928.htm,访问日期:2017年5月12日。

整体合作框架，不难发现其具有以下几方面重要特点：

第一，以中非合作论坛为平台。"461"合作框架重视中非"集体对话"的重要作用，其中的"1"强调的即是中非合作论坛。而"三网一化"虽未直接涉及中非合作论坛，但中非双方在"论坛"框架下就"三网一化"议题始终保持着高效、务实的协调。在中非合作论坛约翰内斯堡峰会成果文件中，"三网一化"建设得到了明确体现。而"五大支柱"和"十大合作计划"直接以中非合作论坛为平台提出，是约堡峰会的重要成果。可见，新时期在发展中非全面战略合作伙伴关系的进程中，中非合作论坛的"集体对话"平台作用得到进一步确认。

第二，以整合程度增强为方向。"461"合作框架的提出标志着中国首次为中非合作布局，其整合了双边层面中国对非合作的经验和优势，被称为"中非合作升级版"。"三网一化"的提出以"461"合作框架为基础。中国与非盟签署的"三网一化"合作谅解备忘录即是对"461"合作框架重点合作内容的再确认。"五大支柱"和"十大计划"是在中非确立全面战略合作伙伴关系的背景下，中国最新提出的对非合作整体安排。其战略性更强，全面涵盖"461"合作框架和"三网一化"的基本内容，是对二者的整合和拓展。由此可见，新时期中国提出的一系列对非合作计划逻辑清晰、前后呼应，呈现出整体性不断增强的趋势和方向。

第三，以非盟为关键合作对象。非洲联盟在地区发展和一体化进程中发挥着愈加重要的作用。"2063年议程"酝酿、提出以来，非盟进一步被确定为中国开展对非合作的关键对象。新时期，中国提出的上述对非合作框架均与非盟有直接关系。具体来说，"461"合作框架在非盟总部提出，非盟是其酝酿、出台的重要见证者。中非"三网一化"建设以中国与非盟签署的"谅解备忘录"为依据和保障，非盟是其中的重要协调者。"五大支柱""十大计划"的落实直接对接中非全面战略合作伙伴关系建设和"2063年议程"，非盟是这一进程的关键参与者。

可以说，在中非"集体对话"外交的推动下，中国的对非合作已构建起以"461"合作框架为主轴、"三网一化"建设为重点、"五大支柱"和"十大计划"为方向的整体合作布局。以此为基础，在中非合作全面深化的大背景下，中非"集体对话"外交的战略作用将进一步显现。

中非"集体对话"外交的成功实践丰富了中国特色大国外交的内涵。继中非合作论坛之后，中国又先后于2004年和2014年建立了"中国-阿拉伯国家合作论坛"和"中国-拉共体论坛"。此外，中国还积极推进与太平洋岛国的整体合作，并于2006年建立了"中国-太平洋岛国经济发展合作论坛"。上述"集体对话"进程在建立伊始，即在专门机制的建设和地区国家的集体参与等方面获得了较高的发展起点，这很大程度上得益于中非"集体对话"外交的经验和示范。

2018年9月，中国将主办中非合作论坛北京峰会。此次峰会是新时代中国特色大国外交首轮主场活动中的"重头戏"，具有开篇布局的作用和意义。这进一步表明，中非"集体对话"外交的实践创新获得了历史的高度认可。新时代，在推进构建人类命运共同体的进程中，中国的"集体对话"外交将展现更加积极的战略价值。

外语教育中中国文化英文表达能力提升：现状与对策*

英语系 黄文红 付蓓

从社会发展需求来看，党的十九大报告指出，没有高度的文化自信，没有文化的繁荣兴盛，就没有中华民族伟大复兴。中国已成为世界大国，在努力践行中国特色大国外交，文化自信和文化自觉明显增强。② 在推动中国文化走向世界的征程中，学生的中国文化英文表达能力尤为重要。刚刚出台的《大学英语教学指南》提出英语教育的目标是要培养具有"国际视野"和"中国情怀"的人才。中国文化的英语表达能力即是"中国情怀"人才的重要组成部分。对外交外事人才而言，中国文化英文表达能力尤其重要，这是向外传播中国声音，表达中国立场的关键。

为此，本课题结合量化和质化研究方法，力图研究如下两方面内容：一是外交外事特色院校学生的中国文化英文表达能力现状进行调查，二是在调查研究结果的基础上，提出相应的对策建议。

---

* 本文是外交学院2018年度"教学管理及改革的研究与实践项目"《外交外事特色高校学生中国文化英文表达能力提升探究》（项目编号：JG2018-04）的阶段性成果。

② 孙吉胜：《传统文化与十八大以来中国外交话语体系构建》，《外交评论》，2017年第4期，第12页。

一、研究方法

本部分主要说明本研究所使用的调查工具和调查对象及调查程序。

（一）调查工具

本研究中采用的中国文化英文表达能力问卷包含两个部分：中国文化知识和中国文化英文表达。中国文化知识测试题包含十项选择题，要求受试从四个备选项中选出一个正确答案，为中文形式，涉及中国文化中的历史人物，风俗习惯以及价值观念和思维方式等，此选择题每题1分，答对记1分，答错记0分。中国文化英文表达包含二十道填空题，测试受试是否能够将部分关键的中国文化词汇翻译成英文。这些中国文化词汇主要涉及四个方面：1. 中国传统节日；2. 中国名胜古迹；3. 中国当前的形势与政策；4. 中国哲学思想。每个方面有五个词语，翻译完全正确得1分，错误得0分。

（二）调查对象

参加问卷调查的学生为100名，问卷由授课教师在课堂上进行发放，要求受试者匿名填写，受试者完成每份问卷的时间大约为15分钟，完成后获得一份小礼物。随后，抽取20名学生、1名大学英语教师和1名教学管理人员进行深度访谈。访谈主要围绕学生了解外国和中国文化的方式，课堂上中国文化的教学，中国文化相关课程等问题展开。最后将访谈录音进行转写，并作为质化数据分析。

二、研究结果

总体上，结果发现，外交外事院校大学生中国文化英文表达能力不强,这与课堂教学中中国文化相关内容涉及较少有关。下面将分为三部分汇报本研究结果。

首先,很多学生中国文化相关知识掌握不佳,英文表达能力不强,很难讲好中国故事,传播中国声音。本问卷中国文化部分涉及中国历史、地理、文学作品、节日风俗等方面的基础知识,并没有冷僻的问题。该部分满分为10分,结果发现100个受调查学生的平均得分为6.05,标准差为1.38。表1列举了受试有关中国文化知识回答最差的两个问题,两个问题的回答正确率均不足50%。尤其是对中国古代最大的一部百科全书的回答,只有1/4的同学能够答对,这说明亟须加强对大学生的中国文化教育。

表1 部分中国文化知识题目回答正确率

中国文化知识题目(举例)	正确率
7. 中国大部分地区属于( )气候 A. 亚热带 B. 温带 C. 海洋 D. 热带	46%
10. 我国古代最大的一部百科全书,也是世界上最早最大的一部百科全书是( ) A.《四库全书》 B.《永乐大典》 C.《梦溪笔谈》 D.《本草纲目》	25%

就中国文化相关知识的英文表达而言,该部分填空题满分为20分,平均分为10.05,标准差为1.35。这些中国文化词汇主要涉及四个方面:1. 中国传统节日;2. 中国名胜古迹;3. 中国当前的形势与政策;4. 中国哲学思想。结果发现,75%的学生不知道孔子对应的英文翻译为Confucius,76%的学生不知道《论语》的正确英文翻译为"the Analects",更有80%的学生写不出"一带一路"战略的官方正式英文翻译"One Belt One Road Initiative"。可见学生对中国文化相关内容的英文表达能力较差,很难讲好中国故事,向外传播、弘扬优秀的中华文化。教师在访谈中提到,现在有一些学生不能完整说出中国古典四大名著的名字,更有很多学生不知道这四大

名著的正式英文翻译。此次问卷调查和访谈的结果再次印证了在现实交际、在国际交往中屡屡出现的"中国文化失语症",即学生对中国文化知识掌握不够理想,而且英文表达能力较差,因而在跨文化交际中变成单向、被动的交际者,很难向外传播、弘扬优秀的中华文化。

究其原因,主要是目前我国的文化教学天平严重倾斜,过分重视了西方文化教学,但却忽视了母语文化教学。具体表现为:一是该高校开设有西方文化概论、英美文化概论、英美文化入门等校级选修课,但却仅有一门有关中国文化的课程作为全校通选课;二是英语教材中有大量有关西方文化的内容,但中国文化方面的内容却寥寥无几。因此,大学生的中国文化英文表达能力欠佳。

其次,部分学生对西方文化过分移情,而对中国本土文化缺少自信与认同。调查发现,部分学生不能批判性认识西方的文化形象,盲目崇拜西方文化,而对中国本土文化缺少自信与认同,甚至对英语国家文化的认同超越了对本国文化的认同。访谈中超过半数的学生认为西方的节日例如圣诞节和情人节比中国传统的节日有趣;大约三分之一的学生坦言更向往西方文化,原因是西方有更先进的技术,西方人的思想更加开明,等等。由此可见,迫切需要在英语教育中加强对中国文化认同的教育。

再次,外语界存在"西方中心主义"倾向,迷信西方教学法,遗忘了中国英语教育的本土语境。在英语教育中"西方中心主义"倾向表现为盲目推崇西方的教学方法,而忽略中国的国情、教情和学情。首先,引进的所谓西方先进教学法在实践中没能取得预期效果,教师对西方教学法的理解模棱两可,加之缺乏相配套的教学资源,西方先进教学法未能在我国取得较大效果。其次,盲目迷信原版英文教材,原版教材中直接体现的是西方国家的价值规范和文化规约,很少涉及或不涉及中国文化的内容,这就直接损害了学生对中国文化的认同。最后,英语教学也缺乏必要的延续性,存在"刮风"现象,今天推广一种教学方法,过不了多长时间又要推倒重来，再换成另外一种教学方法，搞得一线教师无所适从。教师在访谈中提到：有时觉得实在不知道该用哪种教学方法，因为上级教育主管部门总是一会说这个方法好，一会说那个方法好，结果我们还没有习惯一个教学方法，又来了一个新的教学方法，搞得人非常头疼。

　　导致上述问题的原因是多方面的，而根本原因在于：英语教育是一种无法超越历史和剥离地域特点的文化活动，它与一个国家的文化传统息息相关。中国的英语教学具有自己独特的语言文化背景，中国的学习者具有自己独特的生理与心理特点，因此，要解决这个问题，只能靠我们自己，扎根中国的教育和文化传统，科学规划，合理布局，构建适合中国国情的英语教学体系和规划。

三、对策建议

　　针对上述"中国文化缺失"问题，笔者提出如下五条对策建议：
　　第一，从教学目标而言，中国的英语教学不应以融入英语社会为目标，而应将立德树人作为英语教育的根本目标，把社会主义核心价值观融入英语教学。我国学生将来使用英语进行交际的场合更多地应该是在中国国内，尽管我们不能排除学生将来出国旅游、访问、深造和移民的各种可能。因此建议将立德树人作为英语教育的根本目标，把社会主义核心价值观融入英语教学。一要注重道德修养。我国的教育传统，尤其是儒家教育思想非常重视道德修养。我们同样要将英语教学与学生的人格培养结合起来，促进学生思想境界的升华与健全人格的塑造，培养高尚的道德情操；二要注重在英语教学中培育和践行社会主义核心价值观。富强、民主、文明、和谐、自由、平等、公正、法治、爱国、敬业、诚信、友善，这24个字是社会主义核心价值观的基本内容，虽然我们都可以在外语中找到类似词汇，但内涵具有很大差异。我们要加强相关研究，使用英语对这些核心概念进行阐释，构建自己的概念体系，把它们有机融合到外语教学的各个环节。①

第二，做好顶层设计，在不同阶段的英语教学大纲中，都应系统规定如何开展中国文化教学。建议国家教育部设立专门的研究课题，组织专人研究如何在大、中、小学英语教育中系统开展中国文化教学，提升学生对中国文化的认同感和自信，增强学生讲好中国故事的能力；建议各级地方教育行政部门科学规划，利用本地资源，结合自身实际，将中国文化和本地文化融入英语教学。

第三，高度重视英语教材问题，科学合理配置中国文化、英语国家文化和国际文化的内容。教育之本，在乎教材。要破除对英语教育中西方原版教材的盲目迷信，建议国家教育部门统筹编写适合中国国情的各阶段英语教材，平衡好中国文化、英语国家文化和国际文化的内容，适当增加中国文化的比例，增强学生对中国文化的认同，提升中国文化英语表达能力；建议各级地方教育行政部门结合本地实际，设立专门研究经费，开发含有本地文化的教学材料，与学生的生活经验建立关联，激发学生的学习兴趣。

第四，教学模式方面，应提炼出具有本土内源性的外语教学理论与方法，并对其进行阐发使其具有全球关联。自1862年京师同文馆成立以来，我国的外语教学已经开展了150余年，培养了大批优秀人才，也形成了自己的特色。我们应认真总结和挖掘逾百年的中国外语教学优秀传统，提炼出具有本土内源性的外语教学理论与方法，并使其形成有中国特色的外语教育理论体系；②还应坚持理论自信、道路自信与文化自信，向外输出中国的外语教学模式，为中国外语教育理论体系的建立争取更多的话语权。

第五，坚持中外文化并重，重视外语教育并不代表忽视学习者本族文化，而应把学习者本族文化和目标文化同等对待。过去人们

---

① 崔刚、黄文红：《外语教学理论中国学派建设的基本问题》，《外国语文》，2018年第1期，第135页。
② 黄文红、崔刚：《外语学习文化概念述评》，《现代外语》，2016年第1期，第135页。

似乎倾向于把本族文化与目标文化学习对立起来，顾此失彼。未来在外语教育中应鼓励生产性双语学习，在生产性双语学习中，本族文化与目标文化并非此消彼长的对立关系，而是相得益彰的互补关系。只有了解目标文化才会对本族文化有更深刻的了解，也只有懂得了本族文化，才能更好地掌握目标文化。[①] 当然，如何能够将本族文化与目标文化的学习统一到外语教育中，从课程设置、教师培训、教材编写方面将其落到实处是值得研究的重大课题。

[①] 高一虹：《跨文化交际能力的培养："跨越"与"超越"》，《外语与外语教学》，2002年第10期，第30页。

法语教学理念的嬗变与反思[*]

——基于交际教学与面向行动教学的比较

外语系 刘 晶

内容提要 自《欧洲语言共同参考框架:学习、教学、评估》提出"面向行动教学"理念以来,中国的法语教学经历了交际教学模式到行为导向教学模式的转变。作为交际教学模式的延伸与发展,面向行动教学与其在某些层面存在着异同之处。本文从教学理念、教学手段和教学流程及目的三个层次对面向行动教学与交际教学进行比较。研究发现,二者在教学理念上都主张"以学生为中心",但存在"学习者"与"社会行动者"定位的不同;在教学手段上都强调"真实情境的创设",但存在"情境范围"的差异;在教学流程上,都以语言运用为基础组织教学,但存在"目标教育"与"能力教育"的分别。基于对比,本文提出将二者有机结合,并根据我国特殊的语言环境做出相应的调整和取舍,以建立更加完善的法语教学模式。

关键词 行为导向教学法 交际教学法 法语教学 比较研究

《欧洲语言共同参考框架:学习、教学、评估》提出了面向行

---

[*] 本文受"外交学院实践教学教改项目"专项资金资助。

动教学的理念。该理念是在欧洲政治经济一体化的背景下,为顺应欧洲社会对外语学习者的能力需求而产生的。面向行动教学模式并不是对交际教学模式彻底的颠覆,而是应时代要求对后者进行的拓展和延伸。面向行动教学理念一经推出便受到了教育界的广泛关注,成为欧盟成员国外语教育体系改革与重建的指导思想和理论基石。在国内,为与国际教育接轨,汲取西方先进的语言教学理念和模式,同时满足国内教学活动的直接参与者全面、多维、不断变化的需要,外语教学界始终在积极探索与广泛实践。纵观法语教学法的发展历史,从传统教学法发展到交际教学法再到面向行动教学法,理论日益深刻,内容逐渐丰富。任何一种教学法的提出与应用都与其社会背景及使用条件密不可分,它们既有合理的部分,同时必然存在一定的局限性。面向行动教学理念作为交际教学的延伸和发展,二者必然具有部分关联。本文所要回答的问题是:交际教学与面向行动教学有何异同之处?二者的优势与劣势表现在哪些方面?在中国语境下,如何将二者有机结合,发挥各自的优势?针对上述问题,本文拟从教学理念、教学手段以及教学流程和目的三个层面考察二者的异同,然后在此对比基础之上,为中国语境下的混合式教学提供一些参考性的建议。

一、从交际教学到行为导向教学

(一)交际教学

20世纪70年代初,针对艾弗拉姆·诺姆·乔姆斯基(Avram Noam Chomsky)的"语言能力",美国的社会语言学家德尔·海姆斯(Dell Hymes)通过《论交际能力》一书提出了"交际能力"这一概念。乔姆斯基将语言看作是由语法生成的句子的无限集合,语法是人类语言的内在规则系统,认为语言能力包括语言体系知识或语法规则知识。而海姆斯认为,乔姆斯基所给的这一"语言能力"

的定义并没有考虑到在特定语言环境中语言使用者在社会文化意义上的适切性问题,即学习者的语言能力不只是在于乔姆斯基认为的能否造出合乎语法的语句,还应在于这些语句是否适当和得体,否则就会妨碍交际功能的实现。由此可见,海姆斯的"交际能力"理论强调话语发生的语境,即交际能力不仅包括语法能力(语法规则的知识),还包括使用语言的能力(语言使用规则的知识)。海姆斯的这一理论为日后交际教学法的形成提供了理论依据。此外,其他学者,如语言学家卡纳尔(Canale)和斯温(Swain)在海姆斯的"交际能力"这一概念的基础上提出了新的交际能力模式。他们将其补充概括为:语法能力、社会语言能力、语篇能力以及策略能力。卡纳尔和斯温认为,交际能力既强调语言知识以及语言运用,也强调交际过程中语言的熟练程度。因此,卡纳尔和斯温的交际能力的定义范围与海姆斯的相比又广泛了一些。英国功能语言学家韩礼德(Halliday)关于语言的功能、语言的衔接与连贯以及社会符号方面的学说也对交际教学法的形成产生了一定的影响。交际教学法形成的另一个重要推动力则是20世纪70年代欧洲经济共同体的成立。各成员国之间的交际日趋频繁,但语言隔阂却严重阻碍了这一人际交往,同时也正是这种社会需求推动了新的外语教学法的产生。

在中国,自交际教学理论于20世纪70年代末被引入起,该理念就被纳入外语教学的大纲和教材中。一系列关于交际法的文章开始出现,这些文章从不同角度就交际法的理论依据、主要特点以及与其他教学模式的异同等进行了全面的介绍和分析研究。交际法所倡导的新的外语教育理念在一定程度上给国内传统的法语教学带来了生机。然而,综观交际教学法在我国法语教学中的应用却没有达到预期的效果,除了其自身的局限之外,交际教学所需要的条件与我国的教育现状不符也是原因之一。

(二)面向行动教学

20世纪90年代,欧洲政治经济一体化进程进一步加快。为适应这一历史进程,欧盟要求通过推动欧洲各国语言的学习,加强欧洲意识,培养欧洲公民,促进全欧洲人民更加广泛的自由流动和更加有效的国际交流。与此同时,欧洲外语学界通过反思,认识到外语学习的目的不应该仅限于培养全能型的语言学习者,即要求学习者必须达到目的语国家公民的语言水平,而是为了能够融入另一个共同体,并尽可能成为其中的社会一分子。在这一背景下,欧洲理事会通过《欧洲语言共同参考框架:学习、教学、评估》(Cadre Européen Commun de Référence pour les langues: apprendre, enseigner, valuer,以下简称《共参框架》)提出了"行动导向"的概念。从某种意义上说,基于行动导向的教学是《共参框架》借鉴并吸收欧洲外语学界的研究成果,并在交际教学的基础上,提出的新的指导方针。法国学者让-皮埃尔·柯雨克(Jean-Pierre Cuq)认为,面向行动教学并不是对交际教学模式彻底的颠覆,而是应时代需求对后者进行的拓展和延伸。《共参框架》对面向行动教学理念做了如下阐释:"语言使用者和学习者作为社会人,需要在某一具体的社会行动范围内,根据特定的条件和环境,完成包括语言活动在内的各项任务。如果说言语行为是通过语言行动实现的话,语言活动本身则是社会环境作用下的产物。正是社会环境赋予了语言活动充分的含义。一个或几个行为主体策略地运用其掌握的能力,去实现某一特定的目标,这就叫行动。所以,面向行动教学理念也会重视作为社会人的学习者所拥有并运用的认知力、情商和意志力。"[①] 由此,面向行动教学的核心在于培养学习者能够运用目的语和其他不同语言文化背景的人合作共处共事(vivre avec et agir avec),完成相关任务,并最终创建一种超越本民族或本国家的语言文化共同体。法国学者皮仁(Puren)将其概括为让语言学习者学会"共同行动"(co-action)成长为"社会行动者"

---

① 欧洲理事会文化合作教育委员会:《欧洲语言共同参考框架:学习、教学、评估》,刘骏、傅荣等译,外语教学与研究出版社,2008年版,第9页。

(acteur social)，进而与他者"一起创建共性"(créer ensemble des ressemblances)。①

面向行动教学这一全新理念将欧洲的外语教育提升了一个层次。外语教学不再只是单纯地传授一种交际工具，而被看作是培养学习者对他者语言和文化的包容、接纳和开放心态的有效途径之一，诸如此类的思想亦开始对中国的外语教学产生重大的影响。因为随着我国经济的持续快速增长，社会对人才的需求日益呈现多样化，对于法语学习者来说，掌握母语之外的一门或多门外语，实现信息交换已经不再是终极目的，在掌握语言本身规律的基础上了解目的语所承载的文化内涵，运用不同的策略与异域文化的人共处共事已成为新时代的要求。而基于面向行动理念的外语教学正好符合我国经济、社会发展的需要，并同时满足法语学习者日益多样化的需求。

二、交际教学与面向行动教学之异同

《共参框架》指出，本文献的意义并不在于规定或推崇某一种全新的教学模式，而是提供一个可以思考、讨论和选择的平台。在这一层面上，基于行为导向的面向行动教学并不是独立出现的一种所谓新的教学流派，而是作为交际教学法的延伸和发展而存在。但另一方面，面向行动教学却又呈现了一种与交际教学不同的语言观和语言学习观。因为在面向行动教学理念下，外语教学不单纯是语言的教学，更是一种社会行为能力的教学。鉴于两者具有上述关联，笔者将从教学理念、教学手段以及教学流程与目的三个方面对二者进行比较。

---

① 傅荣：《欧洲语言共同参考框架要点述评及其对我国高等学校专业外语教育的借鉴意义》，《中国外语教育》，2009年8月，第三期。

（一）教学理念之比较

1. 两者都主张"以学生为中心"。与其他外语教学类似，法语教学在很长一段时间内都以传统教学为主导，即通过传统的教学方法及手段，完成教学大纲规定的内容及目标。就法语教学而言，则是建立在语音、语法、词汇等基础上的教学模式。在传统教学中，教师通常是教学活动的中心，是知识的传授者，而学生则被动接受共性知识，是知识的接受者。具体表现为教师讲解、板书为主，学生听讲记录。对于法语课堂教学，教材内容业已确定，语言练习围绕课文设计，要求学生在理解课文内容的基础上操练语言。因此，练习沦为语言操练的平台，变换的只是语言形式而已。乏味的课文内容再加上枯燥的语言操练，学生的学习兴趣势必遭到打击，语言学习也就难以坚持或只是在考试的压力下勉强维持。相比于传统教学，交际教学与面向行动教学倡导"以学习者为中心"，学生在真实的环境中体验语言习得以提高其学习积极性。在这一过程中，学生从单一的被动接受者转变为积极的参与者，进而改变了以往乏味、死板的课堂气氛以及原有教学内容与社会需求严重脱节的状况。同时，借助于外语学习，学生能够培养其智力、情感、态度以及性格等个人素质。对于教师而言，在交际教学和面向行动教学模式下，教师的角色从单一的课堂控制者，从知识的传播者和灌输者转变为学习活动的推动者、观察者以及协助者。显然，教师的角色在教学活动的过程中应该是多变的。教师在教学过程中提供必要的激励和学习经验，同时给予学生进行实践活动的空间，在必要时协助学生创设恰当的情境，激发他们的兴趣，使他们学于其中、感于其中，从而达到交际或行动的目的。

2. 两者存在"学习者"与"社会行动者"定性的不同。虽然交际教学与面向行动教学在以"学生为中心"这一理念上存在共通之处，但在学生角色的定位上却有所不同。在交际教学中，学生被定义为"学习者"，而在面向行动教学中，学生则为"社会行动者"

(acteur social)。首先,根据语言习得理论,"学习者"是经过数年内化学习进程获得了很多知识和技能的人。掌握多种语言和多种文化被看作是人自身内化的一种现象,驻存于说话者的大脑中。其次,按照语言习得理论,"学习者"这一称谓具有概念上的稳定性,意味着一个提前确定好的过程,即从初学者阶段过渡到讲本族语的人。这个过程及学习的最终目标——获得讲本族语人的语法能力,可以划分为若干等级,进行评估和测试,还可以在线性发展中进行量化的描述。[①] 然而,与之相比,"社会行动者"或"社会人"这一概念则更强调主体的偶然性、主观性以及综合能力。从交际教学中"语言学习者或使用者"到面向行动教学下"社会人"的转变强调了交际的社会活力,语言学习者或使用者作为社会一分子,需要在其学习或行动的过程中,与其他社会人合作共处共事,并最终构建自身新的知识体系与价值观。

(二)教学手段之比较

1. 两者都强调真实情境的创设。交际教学通常要求在真实的交际情境中进行,海姆斯在其关于"交际能力"的学说中已经强调了这一要素。"海姆斯的核心理念在于各种不同的知识要素相互依存,如果某种语法知识作为交际语言能力的一部分而存在时,其只能被视为一种具有可能意义的交际资源,而语境则可以为这种资源的实现提供条件"。[②] 由此,只有在某种特定的语境中,才可以判断某种表达是否得体。真实的交际在特定的情境中产生。在外语教学中,课堂作为特定的活动场所,必然有其独特的交际法则。在交际教学实践中,为实现课堂中的真实交际,需要创设相对真实的课堂话语交流情境,让学生在该情境中进行语言体验,进而更好地

[①] Geneviève Zarate, Danielle Lévy, eds., *Précis du plurilinguisme*,北京:外语教学与研究出版社,2016年版,第17页。

[②] H. G. Widdowson, Unapplied linguistics and communicative language teaching: A reaction to Keith Johnson's review of national syllabuses, International Journal of Applied Linguistics, pp. 214-220.

掌握和运用该语言。类似于交际教学，面向行动教学同样强调将真实素材导入教学的过程中，创设一种尽可能接近日常生活或与专业相关联的职业场景。因为内容贴近生活，学习者在参与活动时会带着极大的兴趣和热情，展示自身临场应变、实景操作的能力。除此之外，情境设计需要围绕《共参框架》提出的培养学生语言文化综合能力的要求进行。在法语教学中，贴近生活的场景设置，突出了法语语言学习的实用性，学习者可以感受到不是在为了学法语而学习法语，而是在仿真的环境中运用法语来处理问题、解决问题。交际教学与面向行动教学主张在真实情境下实施教学，然而，在具体的教学实践中，因环境所限，中国的外语教学缺少类似欧洲国家的多文化共存的土壤，导致我国的法语学习者缺少对文化的敏感性与洞察力，从而影响到与其他不同文化背景的人进行交际或行动。从这个角度看，文化是交际教学与面向行动教学的一个关键要素。因此，在交际教学与面向行动教学的过程中，引导学生了解目的语国家的相关文化知识，了解目的语文化与本土文化之间的关系，修正学生对目的语国家及其居民的刻板印象，这些步骤都是必不可少的。而多媒体、发表工具（线上杂志、博客、维基）及交流工具（邮件、论坛、视频会议）等教学资源的利用促进了上述目标的实现。

2. 两者存在情境范围的差异。交际教学将学生定性为"学习者"，而在面向行动教学中，学习者被视为"社会人"。因此，交际教学的过程通常在学校范围内的课堂中进行，从真实的语言材料出发，创设情境，供学生交流使用。语言材料包括真实的新闻报道、历史事件或是与学生生活密切相关、能够引起学生共鸣的话题、人物等。相比于交际教学，面向行动教学的范围从学校延伸到了社会。这一教学模式在更积极的层面建构学习者个体，承认其在社会活动中的能力、意见、身份、归属感及角色。面向行动教学中的多语言和多文化的"社会人"通常是一个跨文化的人，而以行动为导向的教学的目的就是为了进一步丰富该个体的语言和文化实践并加以拓展。①

（三）教学流程及目之比较

1. 两者都以语言运用为基础组织教学。交际教学的主要特征就是基于语言交际的信息交流。早在1976年，由欧洲现代语言教学委员会出版的《法语入门》就针对每一种语言行为注明了生活中可能应用到该语言行为的交际情境，并就完成这一交流所需掌握的语言点做了概述。传统的教学法的语言策略过分关注语言本身。与之相比，交际教学与面向行动教学皆注重通过语言达到交际或"共同行动"的目的。"策略是指语言使用者综合运用自己的资源，发挥能力、组织活动，以满足当时交际情境的需要，并根据当时的特定交际目的，以最完美、最经济的方式成功地完成交际任务而采用的手段"。② 显然，作为交际教学法的延伸和发展，面向行动教学的语言策略更加灵活，但其始终作为要素之一服务于社会化。

2. 两者存在"目标教育"与"能力教育"的区别。交际教学旨在培养语言的交际者，即借助互动的模式，学会与他者进行信息交流、施加影响。这是一种"目标教育"，即在行为主义理论的指导下，将学习分割成许多子目标，通过逐一完成这些子目标从而推动整个学习过程。而在面向行动教学下，外语学习不再以获得语言交际能力为目标，以任务为基础的社会行动不一定（或不完全）只是依赖于语言来完成，交际只是实现此过程的手段之一。在面向行动教学中，学习者作为"社会人"参与到"共同行动"中，交际要为行动服务，同时兼顾认知目标、情感目标、行为目标等的实现。这是一种"能力教育"，注重学习者具有一种完成任务的总体能力，以便尽可能成为目的语国家的社会一分子。由此可论，交际教学将

---

① Geneviève Zarate, Danielle Lévy, eds., *Précis du plurilinguisme*, 北京：外语教学与研究出版社，2016年版，第19页。

② 同上，第17页。

语言交际视为自足的、固定的系统，而面向行动教学则将语言交际看作动态的符号资源，个人可以把它和其他资源综合运用，以达到在社会中行动的目的。简言之，前者始于交际，满足于信息交流；后者始于交际，面向行动。

鉴于上述区别，在交际教学的过程中，教学的核心在于解决"信息差"，满足交际需求。所谓信息差，是指在交际过程中，当一方发出的言语信息与另一方所收到的言语信息出现不等值时产生的一种现象。[1] 有了信息差，才有了交际的需要。而这种需要作为个体在生理与心理上对某一客观事物的需求，是个体产生某些行为的重要动力，因而是交际的前提。真实的交际源自于交际双方真实的需要，这种交际需要推动双方开始交流。在现实的交际教学过程中，"信息差"的存在是交际双方进行交际的动力，在这一动力之下，双方借助各种交际手段，相互交换信息，弥补信息缺失，以实现"信息平衡"。但是这种信息平衡并不会持续太久，接下来的信息差会很快打破这一短暂的平衡，进而推动双方的交际持续进行。因此教师在该交际教学过程中的任务之一是营造这种信息差，激发学生交际的需要，使学生参与到这一真实的交际活动中。

不同于交际教学以"信息交流"为核心，面向行动教学的关键在于"行动"或"任务"。对于"任务"，《共参框架》给出的定义为：行为人因解决某个问题、履行某项义务或者实现某个目标而必须达到某一预定结果的行为。[2] 虽然上述关于"任务"的定义不甚明了，但正因为如此，这一理念下的"任务"不再局限于语言性质的范围内，它既可以是教学性的，也可以是社会性的。具体来讲，这一"任务"可以是语言性质的，也可以是话语行为之外的其他行动；对于需要解决的问题（即"任务"），学习者并没有现成的方案，而需要运用已有的语言交际、统筹规划等多项能力自主解决；在

---

[1] 王德春、陈晨：《现代修辞学》，南昌：江西教育出版社，1989年版，第86页。

[2] Cadre européen commun de référence pour les langues : apprendre, enseigner, valuer, Didier, 2001, p. 10.

完成复杂任务的过程中，学习者同时能够学习新的知识，掌握新的技能。此外，从面向行动教学的参与形式来看，"任务"或"行动"可以是个人的、双人的，也可能是小组的甚至是集体的。

三、中国语境下二者的混合式教学

交际教学与面向行动教学在上述三个层次上既包含一些共通之处，也存在不少差异。中国外语教学已经进入到一个"折中主义"的时代，我们不能完全摒弃交际教学法，而面向行动教学法也不可能完全独立于交际教学法而存在。因此，在中国这一特殊语境下，只有将面向行动教学法与交际教学法有机结合，扬长避短，才能将外语教学提升到一个更高的层次。有鉴于此，笔者提出两点针对性的建议。

（一）立足国情，调整教学情境

面向行动教学的理念是在欧洲政治经济一体化的特殊进程中产生的。然而，这种环境在中国尚未形成气候，学习者在学习或工作中与目的语国家的公民的交流通常仅限于短期接触，并非建设性地共同合作。因此，学习者在面向行动理念的指导下实施任务的动力严重不足。此外，面向行动教学理念注重从认识论和教学法的层面肯定学习者在外语学习进程中的主体地位，即学生由语言知识的被动接受者（学校要我学）转变为语言知识的主动学习者（我要学），以便尽可能地成为目的语国家的社会一分子。因此，以学生为中心的教学模式要求学习者的积极参与和全程合作。这一模式对于普遍拥有融入性学习动机的欧洲学员几乎没有任何难度，但国内高校外语专业的学生则缺少这样的学习动机。针对上述问题，在任务设计时，教师应立足国情、域情、校情，尽可能贴合实际创设自然情境，以激活学习者已习得的知识，促进知识的迁移；在任务实施的过程中，协助学生在适当的情境下开展活动；同时，设计完善的评价机制，保持学习效果评测的互动性和持续性，体现教师、组内成员的关注度，以激发学生的学习动机和维护学生之间的情感交流。

（二）弱化任务，适时加强语言交际

任务式的教学模式将学生的注意力由"语言学习"转移至"任务的达成"，可能会导致学生专注于语言学习的时间受压缩。部分学生可能因无法按时完成任务，或因执行成果和预期不符而产生挫折感，以致忽略了任务执行的目的之一也是提升语言能力。此种本末倒置的行为也会影响到学生学习的效果。特别是对于语言水平较低或学习态度被动的学生而言，任务型教学反而可能增加其学习负担。也因此，这部分学生在面向行动教学的过程中可能会表现出不愿参与或兴趣缺失的态度。为解决这一问题，教师应该在学生实施任务的过程中，有意识地弱化任务，加强语言交际。特别是对于语言程度相对差的学生，教师应当在学生互动的过程中对语言的使用给予特别的关注，采取相应的措施。如：总结任务过程中的表达方式及句型、完善不够地道的表达方式等。但需要注意的是，教师在整个过程中应扮演合作者、建构者及评价者的角色，引导学生学习并运用特定、完整的语言结构，而非只是一味地纠正学生错误，为其提示词汇、句型。而学生也能经由教师的协助，进一步巩固其语言根基。

四、结语

通过上述比较可知，面向行动教学与交际教学在教学理念、教学手段和教学流程及目的三个方面既存在共通之处，亦呈现出不少差异。二者的差异反映了各自的特点。鉴于二者皆产生于欧洲政治经济一体化的进程中，是与欧洲社会对于外语学习者的需求相适应

的。因此,中国语境下的面向行动教学在一定程度上面临着诸多挑战。为改变这一现状,我们将两种模式有机结合,发挥各自的优势,达到一加一大于二的效果。同时,随着我国综合国力的逐步提升,中国社会的发展将日益融入到世界发展的潮流中,本土语境下阻碍面向行动教学开展的因素或许会随着社会环境的改变而逐渐淡化。这就要求外语教师要进一步开拓创新,探索和尝试具有真实化和社会化的教学途径,提升法语专业学生与目的语国家公民的合作水平。

中日所有者被动句的句式结构和语义相关性分析

外语系　史兆红

内容提要　虽然所有者被动句在日文表达与中文表达之间存在着形式差异,但其实质并非表面的差异问题,而是中日表达中存在着语言表达习惯的不同所致。即,中日表达的深层结构和意义在本质上是一致的,只是在各自表达中所省略的部分有所不同从而造成了表层表达的差异。本文探讨中日语言间对日语所有者被动句表达差异的实质根源,论证了中日被动结构表层形式与深层意义之间存在的内在关联性和意义统一性。

关键词　所有者被动句　结构　意义

一

主语为有情者的日语被动句,存在两种情形。一种是由于施动者的行为使有情主语(受动者)在整体上受到了某种影响。一种是由于施动者的行为使有情主语(受动者)的一部分受到了某种影响。前者比较接近直接被动句和间接被动句(三上章的分类法)的分类法。它是根据动词的性质进行的分类,其中,直接被动句又包括他动词被动句和自动词被动句。例如:

例[1]:私は先生に叱られた。　→　主动句:?先生は私を叱った。

（译文：我被老师批评了。老师批评了我。）

例[2]：私は雨に降られた。 → 主动句：雨は降った。

（译文：我被雨淋了。？我被雨下了。雨把我浑身都淋湿了。）

例[3]：彼は人員不足に悩まされている。→ 主动句：彼は悩んでいる。

（译文：？他被人手不够所苦恼。他苦恼于人手不够。人手不够使他很苦恼。）

例句[1][2][3]的被动句均表示主语（说话人）的生理、心理、或身心方面直接受到了某种影响。所不同的是，[1][2]中文译文既可以是被动句也可以是主动句，而[3]的译文不能是被动句，而日语只能用被动句形式。另外，看一下它们相应的主动句，例[1]的主动句，违反了主语与说话人靠近的规则，句子不成立。[2][3]的主动句为自动词句，它体现不出受到某种影响或受害的结果。但不管怎样不同，这里的日语被动句与主动句之间是一种直接转换，即只要把他动词主动句中的宾语直接转换为被动句中的主语即可。自动词句因为没有宾语，需要添加一个成分，使被动句成立。虽然这种表达中文里不存在或有条件地存在（如必须后接结果补语等），但是[2][3]的译文基本不会成为被动句。即使如此，也属于施动者和受动者的互换问题（只是需要添加其中一方。）总之，这一类被动句可以通过施动者与受动者的互相转换而轻松完成主动句和被动句之间的转换问题。姑且把它称为"受动者被动句"。由此，本文不对这类被动句讨论。

后者比较接近间接被动句，可以把它看作是"所有者被动句"。这里的所有者为有情者，它表达的是所有者因为自己的所有物受到影响，从而使所有者间接受到影响。其中，所有物属于所有者的一部分，包括所有者的身体器官、所有者的家人等有情者，所有者的所有物（无情物）三种情形。

例[4]：私は足を誰かに踏まれた。 → 主动句：？誰かが私の足を踏んだ。

（译文：？我被人踩了我的脚。我的脚被人踩了。有人踩了我的脚。）

例[5]：わたしは彼に机を壊された。　→　主动句：？彼は私の机を壊した。

（译文：？我被他弄坏了我的桌子。我的桌子被他弄坏了。他弄坏了我的桌子。）

例[6]：私は弟が彼にいじめられた。　→　主动句：？彼は弟（私の）をいじめた。

（译文：？我被他欺负我弟弟了。我弟弟被他欺负了。他欺负我弟弟了。）

例句[4] [5] [6]均表示主语（说话人）由于自己身体的一部分、自己家人或者属于自己的物品受到损害，表达出主语由此间接受到影响的含义。同样，中文译文既可以是被动句也可以是主动句，而日语只能用被动句形式，这也是由于它们违反了主语与说话人靠近的规则，句子不成立。问题在于，中文译文中被动句的表达形式与日语被动句中的形式出现了差异，虽然主动句中都是「私の足」「私の机」「弟」，但是中文被动句中仍然保持主动句中的这种定语修饰形式，而日语中却发生了改变，把所有者与所有物分别放在主题和主语部分。也就是说，被动句中的主语与主动句中的宾语，在主动句转化为被动句时中日表达习惯上存在着很大的差异。

本文的目的即在于探讨这一类日语所有者被动句中，中日语言间形成表达差异的实质根源，证明中日所有者被动结构表层形式与深层意义之间存在的内在关联性和意义统一性。

二

所有者被动句中的所有物，不论是身体的一部分（某身体部位，或某身体器官），还是所拥有的有情者和非情物，因为这三种情形的状况与原理相同，限于篇幅本文着重围绕所有者的所有物受到影响的"所有者被动句"展开分析。本文中的所有者被动句沿用志波（2012）中的分类与名称（「AA持ち主型」）。①

志波（2012）指出「AA持ち主型」是铃木（1973）的「持ち主の受身」中一部分，这类被动句表示施动者A1的行为作用于作为主语的有情者A2的所有物N，使其发生变化，从而使作为所有者的有情者主语受到某种影响。而且，关于此类被动句与动词存在着很大的关联，志波（2012）按照在宾格中出现主语的所有物时动词的不同，把由知觉动词以及思考动词被动句（「後ろ姿を見られる」「過去を知られる」）分别称为AA知觉型被动句和AA知性认识型被动句，把接触动词被动句（「肩をたたかれる」）称作AA接触型被动句。强调其原因在于有情者主语与宾格名词句的分离可能性很低，由于该动作有情主语受到了影响。

志波（2012）根据动词的性质对被动句进行了分类。張（1997）②也提出过相同的分类法。志波（2012）提出，由于有情主语与宾格名词句之间的不可分离性，把宾格为身体部位的被动句看作是直接被动句，把宾格为有情者的所有物（人、物）的看作是间接宾语。本研究在志波（2012）的被动句分类基础上，把这里的直接被动句和间接被动句统称为所有者被动句，不做直接或间接被动句的区分，而是如前文所述，按照受动者的整体（个体）受到影响、还是受动者的所属部分受到影响，把日语被动句分成两大类。并且对后者，结合有情主语（受动者）、以及被动句结构与意义上的关系问题，通过日语与中文被动表达的对比分析展开论述。

---

① 志波彩子(2012)「4つのテキストにおける受身文のタイプの分布」『コーパスに基づく言語学教育研究報告』No.9, pp 233-294。

② 張麟声(1997)「受動文の分類について」『現代日本語研究』第4号 pp.1-14。

三

下表中的例句，体现了所有者的所有物受到影响的所有者被动句（AA所有者被动句）的多种情形，以下针对这类被动句来做分析和论证。

表　AA所有者被动句的主动句与被动句的中日对应关系比较

	日语被动句	中文译文
1	○私は彼に机を壊された。	○他弄坏我的桌子了。（＝彼は私の机を壊した。） ○我的桌子被他弄坏了。（＝机を彼に壊された。） ○我桌子被他弄坏了。（＝私は机を彼に壊された。） △我被他弄坏桌子了。（＝私は彼に机を壊された。）
	△私の机は彼に壊された。	○我的桌子被他弄坏了。
2	○私は彼に弟を殴られた。	○他打了我弟弟。（＝彼は弟を殴った。） ○我弟弟被他打了。（＝弟を彼に殴られた。） ○我弟弟被他打了。（＝私は弟を彼に殴られた。） △我被他打了弟弟。（＝私は彼に弟を殴られた。）
	△私の弟は彼に殴られた。	○我弟弟被他打了。
3	○良子は和夫に後ろ姿を見られた。	○和夫看到了良子的背影。（＝和夫は良子の後ろ姿を見た。） ○良子的背影被和夫看到了。（＝良子の後ろ姿を和夫に見られた。） ○良子其背影被和夫看到了。（＝良子は後ろ姿を和夫に見られた。） △良子被和夫看到了背影。（＝良子は和夫に後ろ姿を見られた。）
	△良子の後ろ姿は和夫に見られた。	○良子的背影被和夫看到了。

	日语被动句	中文译文
4	○私は父親に頭をたたかれた。	○父亲打了我的头。（＝父親は私の頭をたたいた。）
		○我的头被父亲打了。（＝頭を父親にたたかれた。）
		○我头被父亲打了。（＝私は頭を父親にたたかれた。）
		△我被父亲打了头。（＝私は父親に頭をたたかれた。）
	△私の頭は父親にたたかれた。	○我的头被父亲打了。
5	○私は和夫に過去の秘密を知られた。	○和夫知道了我过去的秘密。（＝和夫は私の過去の秘密を知った。）
		○我过去的秘密被和夫知道了。（＝私の過去の秘密を和夫に知られた。）
		△我被和夫知道了过去的秘密。（＝私は和夫に過去の秘密を知られた。）
	△私の過去の秘密は和夫に知られた。	○我过去的秘密被和夫知道了。
6	○私は親に将来のことを聞かれた。	○父母问了我将来的打算。（＝親は私の将来のことを聞いた。）
		△我将来的打算被父母问了。（＝私は将来のことを親に聞かれた。）
		△我被父母问了将来的打算。（＝私は親に将来のことを聞かれた。）
	△私の将来のことは親に聞かれた。	△我将来的打算被父母问了。

结合上表中的例句，可以看出中文中没有AA所有者被动句「A1はA2にNをVられた」（加△的例句）这种表达习惯，中日语言间没有此种对应关系。将「A1はA2にNをVられた」直译为「A1+被+A2+V+了+N」显得很不自然，不能直接对应译出。其次，从意思上可以对应的表达有如下（1）中的三种情形。而且，其中

文意思相当于文中括号部分的日语主动句和被动句。

（1）主动句：A2+V+A1+的+N+了 （＝A1はA1のNをVた）

被动句：A1+的+N+被+A2+V+了 （＝A1のNをA2にVられた）

A1+N+被+A2+V+了　　　　　　　（＝A1はNをA2にVられた）

由此可知，日语被动句「A1はA2にNをVられた」在中文里既可以用主动句表达也可以用被动句表达。相反，（1）中中文的主动句译成日语必须变为「A1はA2にNをVられた」这样的被动句。这是中日被动句的不同之处。「A1+的+N+被+A2+V+了」与「A1のNをA2にVられた」的意思和形式比较接近，这是因为「A1のNをA2にVられた」中的主语「A1は」可以认为被省略了的缘故。能动句中为「A1のN」的形式，变为被动句时，乍一看只有「N」的形式，因为主语为A1，本应为施动者的「A1のN」即被省略了其中的A1，而只剩下「N」了。因此，形式上「A1のN」与「N」形式上不统一，但在意思上这里的「N」一定是「A1のN」而不能是其他的「N」。而且，「A1のN」中的A1即使被省略，因为前面的主语A1仍是隐性存在，只剩「N」意思也很明确，不会产生歧义。总之，（1）中的两个中文被动句（日译为「A1のNをA2にVられた」「A1はNをA2にVられた」）虽然形式上存在差别，但在意思上是统一的。由此可知，AA所有者型被动句在日文中非常重视施动者A2与被动者A1之间的关系（「A1はA2に」），所以把施动者A2置于句首。相反，中文里「A1·A2」两者之间并不把相互关系或相互作用放在第一位考虑，而更重视事态实际发生的结果，因此，把「A1のN」放在句首，使用被动句表达的意思为「A1のN」最终变化的结果如何。或者，干脆不用被动句而直接用主动句「A2はA1のNをVた」来表达。

另外，「私の机は彼に壊された」（我的桌子被他弄坏了）在日语中作为被动句表达显得很不自然，日语一般不会用这种表达

方式，而在中文里这是很自然的被动句表达。因为这句话强调的不是"我与他之间的关系性和影响性"而是"我的桌子这个东西被他弄坏了"这个结果。这在日语中更接近描写句的特征而不具备被动句的特征。所以在日语中不被认为是一个被动句。但是，中文里「A1・A2」的关系型没有明确表达出来而是背景化了，说话人只表达「A1のN」（我的桌子）被怎么样了，语言中暗含了由于这一事实我从中受到了相应的影响，这体现了中文的表达习惯。这一点已经从认知语言学的角度得到了证实。也就是说，中文里说话人（当事人）习惯于站在事件的外部来观察和描述事物，用近于旁观者的角度叙述事实，此时会说"他弄坏了我的桌子"（「彼は私の机を壊した」）或者"我的桌子被他弄坏了"（「私の机は彼に壊された」），话外之音可以知道最终结果造成"我"由此受到了影响（损失）。我与他之间的关系不被提出，用因果关系阐述事实和事件。而日语中的"现在，这里"（「今、ここ」）的临场意识非常强烈，宛如说话人作为事件的当事人在场一样，以"我"的视角观察现场，始终考虑我与他者（周围）之间的自他关系，而且主语不可能是"他者"而是说话人"我"，尤其是在被动句中，此时会说「私は彼に～られた」（我被他怎么样了），而不会说「彼は～」「私の机は～」（他做什么了，我的桌子怎么样了）。

还有，如表中例6，动词为「聞く」「言う」「説明」「解釈」等发话性的词语时，中文里只能用主动句表达，所以带有这些词的日语被动句也只能译成主动句。这也是导致误用的一个很大的因素。这主要体现在AA型被动句中的"AA向对方发话型"（「AA相手への発話型」）和"AA向对方提示型"（「AA相手への提示型」）。

AA向对方发话型：「わたしは彼にもう会いたくないと言われた」

（直译：？我被他说他不想见我了。）

这类句型中的主要动词有：言われる，聞かされる，知らされる，告げられる，うちあけられる，告白される，話しかけられ

131

る，聞かれる，訊ねられる，教えられる，相談される，etc.

AA向对方提示型：「わたしは彼に報告書を見せられた」

（直译：？我被他让我看了报告单。）

这类句型中的主要动词有：見せられる，示される，提示される，指し示される，指示される，暗示される，紹介される，案内される，教えられる，指摘される，指導される；隠される，etc.

除此之外，像"AA知性态度性"（「知的態度型」），"AA知性认知型"「AA知的認識型」中也有很多情况下很难译成中文被动句。

AA知性态度性：「わたしは叔母さんに子供のように思われている。」

（直译：？我被叔母认为我是个孩子。）

这类句型中的主要动词有：みなされる，思われる，考えられる，知られる，認められる，見られる；呼ばれる

AA知性认知型：「私は和夫に過去の秘密を知られた」

（直译：？我被和夫知道了我过去的秘密。）

这类句型中的主要动词有：知られる，思い知らされる，心配される，分析される；理解される，誤解される，さとられる，みぬかれる，みやぶられる，みすかされる，気づかれる；調べられる，取り調べられる，探される，探られる，調査される，診察される，診られる，検査される，研究される，テストされる，etc.

通过以上分析可知，日语被动句中所有者被动句（「持ち主の受身」），其所有者的所有物并没有与所有者割裂开来，同样，中文译文也与之相对应。同时，可以看到对于"AA向对方发话型""AA向对方提示型"中的动词句，中日被动句的表达习惯之间存在很大的区别。还有，日语所有者被动句中的「N」即为主语A1的「N」，而且必须是A1的「N」，由此A1经常被省略，成为没有修饰限定语的「N」的形式出现。但是，中文的所有者被动句中主语A1常被背景化，所以必须是「A1のN」的结构。这就是中日所有者被动句的表达形式出现差异的原因所在。但是，二者虽然形式

不同，它们在内容（意思）上是相统一和相一致的。

例：私は彼に<u>机</u>を壊された。＝私は彼に<u>私の机</u>を壊された。（机＝私の机）

訳文：
<u>他弄坏我的桌子</u>了。＝彼は<u>私の机</u>を壊した。
<u>我的桌子</u>被他弄坏了。＝私は<u>私の机</u>を彼に壊された。（私の机＝机）
＝私は<u>私の机</u>を彼に壊された。（私の机＝机）

首先，「私は私の机を彼に壊された」的说法如果是正确的，那么「私の机は彼に壊された」与「私は彼に机を壊された」之间并不是存在对应关系。因为「我的桌子被他弄坏了」是「私は私の机を彼に壊された」中省略了主语「私は」的形式，而不是「我的桌子被他弄坏了」（字面意义为「私の机は彼に壊された」，日文作为被动句不成立）的中文译文。日语「私の机は彼に壊された」中的主语为「机」，句子意思不是"关于我"的论述而是"关于桌子"的论述，因此作为被动句它不成立。这里就是由于中日被动句表达迥异造成的对句子理解偏差导致的问题。即，中文里的被害者「私」在句中背景化而不再出现，日语中的「私」作为所有物的所有者被特别提到了主语的位置。但是，这只是从表面观察到的结果。还有另外一个思考的角度，不妨把它叫做"语言表达的避免重复性"。如下A、B例句，其中主语与物主是同一人（主语与物主不一致时不能省略）。

如A句，日语中是把主语后面的（私の）省略掉的形式。

A．私は（<u>私の</u>）机を彼に壊された。→私は机を彼に壊された。＝我桌子被他弄坏了。（避免重复）

如B1句，中文里主语「我、」或B2定语修饰「我的」一般都会被省略。但是日语中它与A中所省略的部分正好相反，因此译文

133

出现与原文不对应的情形。不过，如B2中主语后面的「我的」有时候会省略那样，有时中日文的形式是相对应的。

B1. 我、我的桌子被他弄坏了。→我的桌子被他弄坏了。=？（私は）机（=私の机）を彼に壊された。（主語の背景化）（机=私の机）

B2. 我、我的桌子被他弄坏了。→我桌子被他弄坏了。= A. 私は（<u>私の</u>）机を彼に壊された。（避免重复）

以下C句，是主语与物主不一致的情形，物主不能省略，不会出现避免重复的现象。它反过来印证了A、B中修饰语的存在性，其定语部分的省略只不过是为了避免重复而已。

C. 私は花子の机を彼に壊された。→我叫（让）他把花子的桌子给弄坏了。？我被他弄坏了花子的桌子。

由以上分析可知，对于AA所有者型被动句，基于中日语言表达的特征，其表达形式虽不同，但它们实际上所表达的意思没有出入。之所以产生这一差异，原因在于中日被动句中背景化的部分以及省略的部分有所不同所致。虽然中文里也有「我桌子被他弄坏了」的表达，此时它与日语表达保持一致，但是更常见的表达为「我的桌子被他弄坏了」，由此，就不难理解学习者直接受母语的迁移就容易产出「私の机は彼に壊された」这样的误用句了。

四

通过以上论证，可以认为日语所有者被动句的日文表达与中文表达虽然存在着形式差异，但其实质并非表面的差异问题，而是中日表达中存在着语言表达的习惯不同所致。即，中日表达的深层结构和意义在本质上是一致的，只是各自表达中所省略的部分，即被关注的部分有所不同，从而造成了表层表达上的差异。

本文提出了自己的对被动句的分类看法，即"受动者被动句"和"所有者被动句"，并在此基础上对日语所有者被动句进行了论证分析，希望今后从其他层面继续进行论证，并探讨出适合中国学习者理解和使用的日语被动句的新分类法。

外交学院图书馆学科馆员队伍建设研究

图书馆 张蕴之

"双一流"建设方案的提出为我国高校发展指明了方向，一流学科建设是当前我国高校面临的重要工作。而一流学科建设离不开科学有效的学科服务，这就为外交学院图书馆的学科服务工作提供了发展契机。因此，图书馆应抓住此契机，努力做好当前服务工作的同时，正视目前学科服务工作存在的问题和不足，进一步探索更高效和更深层次的学科服务内容和模式，寻找助力外交学院一流学科建设的新办法、新途径。这样，一方面可以提升自身与时俱进的服务创新能力，建立图书馆学科馆员队伍。另一方面，也能够进一步提升图书馆在学院整体建设中的价值和作用。

一、一流学科建设背景下学科馆员职能

学科馆员的任职条件一般为概述，没有具体数据，因此学科馆员实际任职的条件主要应关注学历、职称以及学科背景等基本情况，不同高校的学科馆员存在较大差距。高校图书馆更应从学院专业方向出发。例如，我院各个专业学生普遍外语水平要求较高，设立图书馆学科馆员应相应具备法律英语、经济英语等相对专业的外语水平。对学科馆员的具体要求除了以上基本条件外，还包括：拥

有与学科服务对象有关的知识，这对于学科服务的开展是必要前提；具备一定的沟通和文字表达能力，这是学科馆员提供学科服务的关键；具备计算机应用能力，这是深入开展学科服务的重要条件；具备一定的学术研究和自我学习能力，有利于学科服务的发展不断专业化。

二、学科服务现状

目前，外交学院图书馆还未建立起专业的学科馆员队伍，这与我院在国际关系学术前沿的教学和科研能力不相符合。虽然没有明确提出学科服务和学科馆员的名称，但在服务内容方面却做了大量学科服务方面的工作。例如，持续提供信息推送服务。定期向学院师生提供专业新书快报、国际智库动态、文献推送、外文电子期刊数据库推送等多项具有针对性的信息推送服务，及时传递最新资源信息；用好新媒体等各种渠道，不断加大馆内资源的推广力度，着力打造特色鲜明、优势突出、高端定位的资源推介服务，图书馆各类资源的利用率不断提升。

近年来，外交学院图书馆学科服务在服务内容方面，其涉及的广度在不断拓宽，主要表现在服务模式的转变。由传统的资源主导转向了以需求为主导的服务模式。正在努力实现在学科服务内容广度上的拓宽。目前学科服务内容主要包括以下几方面：首先，学科资源建设和资源推介。图书馆会定期向学院师生提供专业新书快报、国际智库动态、文献推送、外文电子期刊数据库推送等多项具有针对性的信息推送服务，及时传递最新资源信息。其次，联系院系。学科馆员应承担的首要任务就是联系院系，只有深入了解院系在学科建设方面的文献信息需求，并进行信息推送，才能事半功倍。经调研，凡是设有学科馆员的高校图书馆，都将此作为学科馆员的首要任务，也是我院图书馆应学习和加强的重中之重。再次，开展信息素养教育。开展信息素养教育是图书馆进行教学支持的一项重要服务，国内不少高校图书馆基本上都开展了不同形式的信息素养教育，有的在图书馆设有专门的部门和人员。外交学院图书馆也在院领导的关心和基础部同仁的共同努力下，开展了信息素养教育选修课。其意义不言自明。最后，外交学院的科研支持服务也是学科服务内容的重要方面，包括科技查新、查收查引、专利信息服务、情报分析服务等，整体上情报分析服务方面还处于刚起步阶段，做得还不够深入。

在学科服务深度方面，图书馆开展了最基本的学科资源配置方面的服务，以资源为基础，建立学科资源导航并对资源使用进行培训和推介；在此基础上，图书馆的馆员都开展了联系院系方面的工作，他们深入院系，进一步了解学科的文献信息需求，使服务更具人性化和具体化，如国际法专款图书资源的采购编目、上架、推介，可是说是专业化与人性化相结合的优秀学科服务；除基本的资源和信息服务外，也试图开展更深层次的学科服务，如科研课题咨询、科研管理与决策支持、科研数据服务和竞争力分析等方面的服务；课题申报分析、学科资源评估、学科竞争力分析、学科发展态势分析以及科研绩效评估、嵌入式服务等。

三、学科服务及学科馆员队伍建设存在的问题

学科馆员队伍建设需要解决的问题主要是，学科馆员队伍的组成、保障学科馆员队伍正常工作的激励机制以及维持学科馆员队伍可持续发展的培训机制等。

我国高校图书馆开展学科馆员服务是适应高校学科建设所需，尤其是综合实力强、学科建设水平较高的一流大学，学科馆员制度成熟，队伍建设相对比较完善。但是学科馆员服务发展水平地区间、高校间差异较大。如湖南省31所本科院校仅6所进行了学科馆

员服务活动，包括国防科技大学、湖南大学、湘潭大学和中南大学等4所综合性大学。辽宁省43所高校图书馆有7所开展了学科馆员服务，其中6所高校地处沈阳市，且学科馆员任职资历与服务模式差异比较大。不管高校层次如何、所在地经济发展水平如何，学科建设对高校发展意义都十分重大，也与教师和学生的研究、学习息息相关。学科馆员队伍素质高低决定了学科服务的水平高低，从而也影响了学科建设的质量水平。地区差异、层次差异对应着学科馆员队伍建设水平和服务水平之间的差异，进而反映出高校在学科建设水平上的差异，这是我国高校图书馆学科馆员队伍建设现状反映的主要问题之一。

目前，我国高校图书馆学科馆员任职条件一般都包括学历、职称、学科背景等硬性条件，而学科馆员的沟通能力、信息素质、工作态度等情况尚无法在任职条件中反映出来。这些素质是学科服务水平的重要影响因素，但又难以量化评估，因此一般只能从服务对象和馆员自身评价的角度进行测量。现有研究均从理论角度提出测量的方法与角度，尚没有具体可行的评价体系。因此，我国高校图书馆学科馆员队伍建设中需要根据自身实践，从实际情况出发，根据本校学科建设的需求特点，尝试建立一套系统的选聘体系，既能满足本校学科建设的要求，又符合本馆馆员实际情况，建立一支水平高服务能力强的学科馆员队伍。

值得注意的是，我国高校图书馆学科馆员激励机制的实践与研究都比较滞后，学科馆员的实际工作状况也很难进行评估。高校图书馆中，开展学科服务的图书馆一般只有关于学科服务内容、学科馆员主要工作职责的介绍，并没有关于考核激励的相关内容。有关文献研究中相关部分也主要以理论分析为主，并没有具体的措施与建议。而激励机制对于建设学科馆员队伍来说至关重要，在制度上保证了队伍的长远发展。激励机制的缺乏使学科馆员队伍建设失去了发展的动力，长此以往学科馆员工作热情将逐渐消失，学科服务也流于形式上的一些基础内容。激励机制的实践与研究的落后，严重影响了学科馆员队伍建设的持续发展。

　　学科馆员的继续教育培训工作开展比较成熟，形式与内容都比较丰富。有一些高校图书馆建立了很完善的培训机制，促进了学科馆员素质的提高和学科服务水平的提升。但文献研究与访问网站调查结果显示，大部分高校图书馆并没有具体的培训制度。学科馆员队伍是学习型团队，需要不断学习新的学科知识，掌握流行的信息传播与交流工具，尤其是对口专业的学科服务平台建设和流行社交平台的时时更新，需要学科馆员保持学习的习惯与兴趣。继续教育培训制度的建立是学科馆员更新知识的主要保障，继续教育培训机制的缺失，使学科馆员队伍整体服务水平无法得到提高甚至会降低，严重阻碍了馆员队伍的长远发展。由上述总结分析可看到，我国高校图书馆学科馆员队伍建设已经取得了一定成绩，但在许多方面也存在一些问题。如何从各高校图书馆实际情况出发建设一支合格的学科馆员队伍，还需要我们进行更多的调查研究和思考。

　　学科服务内容简单，且针对性不强。目前我国高校图书馆的学科服务内容还主要集中在一些基础服务，或者诸如科技查新、查收查引及代查代检等初步的信息服务，但是针对具体某个学科建设和发展需要的学科服务还鲜有开展，也未见有针对学科建设或发展的成形的学科服务成果报道，这就难以体现出学科服务在学科建设及学校发展中的重要作用。

　　学科服务形式比较单调，无法满足个性化需求。由于学科服务是近年来高校图书馆服务的热点，所以很多高校图书馆都跟风式的开展此项服务，在服务形式上都是简单的整理学科资源、开展院系拜访等，但是这些只是表面上的学科服务，无法真正满足学科发展中的具体需求。其实，真正的需求往往体现在具体的教学、科研和实际工作过程中，只有深入其中，才能真正发现需求并寻找到具有针对性的服务形式。

　　学科服务缺乏品牌意识，没有形成自身特色。学科服务在我国产生以来，掀起一股"热潮"。目前，我国大部分高校图书馆学科服务的开展以"我有这项服务"为标准，将其作为自身工作的"标配"，做了很多程序性的工作，但是大都缺乏特色意识，没有根据本校学科特点和学校发展及所处地域等特点制定相应的学科服务策略，树立具有自身特色的学科服务品牌。

人员素质普遍不高，学科服务水平有限。由于近年来学科服务在我国高校图书馆发展过快，学科馆员成长速度赶不上所需人才规模的扩展速度，因此很多硕士学历以下的馆员"必须"参与到学科服务的团队，但是他们大都缺乏相关专业背景和深层次信息服务能力，因此学科服务水平有限，大多仅能提供简单的资源梳理等服务，无法提供诸如学科发展态势分析、知识情报分析等深层次的信息服务。

学科服务普及性不高。学科服务本身具有严肃性，所以很多师生会"敬而远之"，造成其在学校范围内受众面有限，但是学科服务的目的是为学校建设一流的学科和拔尖的人才服务，因此可以考虑将学科服务融入到图书馆整体的文化服务过程中，助力提升学校培养人才的综合素养。

四、学科馆员队伍建设策略

学科馆员队伍是学习型团队，继续教育对队伍的发展建设尤为重要。我国有一些高校图书馆建立了很完善的培训和学术交流制度。上海交通大学图书馆针对馆员的素质制定了相关的计划，主要目的是"提高馆员职业修养、加强服务意识和信息意识、优化馆员的知识结构、提高技能"。培训对象按服务内容区分，主要针对全体馆员和咨询馆员、学科馆员、新进馆员等。培训形式多种，包括：讲座与报告、专题研讨与演练、参与馆内任务或兴趣小组、旁听专业课程、参与国内外学术会议等。

学术研究与交流应面对全馆馆员，除鼓励馆员积极申请各类基金项目研究课题外，还应设立了馆内研究基金，为馆员申请自主研究课题提供支持。同时还支持馆员参加国内外各种学术会议，注重邀请海内外专家学者来馆作学术报告和学术交流。

  高校图书馆内部的培训外，图书馆界也开展了大量的学科馆员培训活动。培训系统地覆盖了学科化服务所涉及的理论体系与基础实务、用户研究与服务推广、顶层设计与组织管理、信息素养教育、技术工具与方法等。总结学科馆员培训的实践情况，目前我国高校图书馆学科馆员的培训方式可包括本馆培训与图书馆界相关学术组织举办的学习培训，但归根结底在于高校图书馆本馆的培训体系与制度。培训机制主要应包括：培养专业知识与能力，包括服务学科和图书情报专业知识；培养信息能力与信息素养，提高获取服务学科信息资源的水平；建立完整的培训体系，实行差异化专业化的培训机制。

论图书馆在大数据时代下持续转型的必要性以及变革和发展的思考

国际经济学院　韩　阳

随着科技的不断发展，对图书馆的定义也出现了多元化的认识。传统意义上的图书馆作为一栋建筑物，或一批书籍，再或是一组文献资源的定义已经受到了挑战，张晓林[①]指出，新时代下的图书馆更是一种基于知识，利用知识的服务机制。图书馆本身及其典藏资料和书籍只是用于服务人和社会的众多场景、资源和工具之一。

具体来说，图书馆综合服务平台的建立更加促进了以存储为功能，向以服务和传播为导向职能的转变。新时代下的图书馆不仅仅是为人类获取知识提供了一个很重要的来源。同时也为高校的教职人员以及科研人员提供了有力的学术支持，并且还为学生提供了重要的学习资料。图书馆作为知识传播的媒介，为高校，社会，国家，乃至人类文明都做出了重要贡献。

不仅如此，随着科学技术的发展，信息时代的来临，信息的传播方式已经不同于传统的纸媒模式。具体来说，随着互联网大数据时代的来临，信息和知识的提供与索取已不再受空间地域等因素的

---

① 张晓林：《颠覆性变革与后图书馆时代_推动知识服务的供给侧结构性改革》，2018年1月，第233期，第11页。

限制，这种全新的信息传播模式，以及专业技术，毫无疑问将会给传统图书馆服务平台带来前所未有的机遇与挑战。①

基于这样的时代背景，本文旨在探讨和分析在新时代下传统图书馆服务向以大数据为支持的现代化图书馆服务平台的现状，特点和发展趋势。最后，笔者试着给出对未来图书馆服务平台建设的几点思考。以期本文能够为我校未来图书馆服务平台的建设提供有建设性的意见与参考。

一、传统图书馆在我国的发展现状

图书馆作为面向公众提供信息服务的组织机构，其中最重要的职能就是对图书的收藏，并以科学的资料组织模式对广大读者和用户提供其所需的服务。随着大数据时代的来临，传统的图书馆服务已经受到了很多消极的评价，例如，图书馆"消亡论"的提出者，图书馆学家Lancaster. F. W. 就曾经断言称"到2000年，人们将生活在一个无纸化的社会中，人们将没有必要来图书馆，现在的图书馆可以消失"。②

随着21世纪的到来，事实上这种现象在我国的图书馆发展中却没有按照Lancaster预测的那样如期而至。根据徐春晖③的研究，我国传统图书馆的发展规范不但没有像"消亡论"的预测那样迅速来临，相反，在刚刚进入21世纪的十多年中，以传统纸质藏书和实体书籍借阅为标志的传统服务平台却得到了快速的发展。具体数字显示，在1978年，我国县级以上的公有图书馆有1218所，到2008年，图书馆数量增加到了2767所。截至2012年，我国公共图

---

① 韩阳：《浅谈微信图书馆的优势》，秦亚青主编：《外交学院2015年科学周论文集》，世界知识出版社，2016年版，第199—206页。
② 徐春晖：《大数据时代传统图书馆的变革与坚守》，山东档案，2017年2月，第127页。
③ 同上书，第73页。

书馆总藏量高达7.89亿册。这一研究表明,传统的纸质传媒在大数据时代来临的背景下已经与电子传媒处在了一个并存的阶段,传统与数字化并行的多元化时代已经来临。这对于我国现阶段图书馆发展来说,也是一个变革的时代,机遇与挑战并存的时代。

二、大数据时代的到来

随着互联网以及移动通信技术的高速发展,人们在日常生活和学习工作中对网络、信息和数据的使用也随之增加。2011年5月,"大数据"的概念被麦肯锡正式提出,随着大众对新兴概念理解的日益深入,大数据的4V特征也逐步得到接受——即Volume(巨大的数据体量)、Variety(众多的数据类型)、Velocity(迅捷的处理速度)、Value(价值密度低)。[①]

与此同时,吉顺平[②]等学者指出从2012年大数据概念提出以来,将大数据应用升级为国家战略的国家不在少数。2015年8月底,我国国务院印发《促进大数据发展行动纲要》(国发〔2015〕50号),也将大数据发展正式纳入国策。

随着大数据计划被正式纳入到我国的发展战略,各行各业都持续不断、不遗余力地向大数据时代迈进。在这个变更与交替的时代里,传统的图书馆服务平台只有持续不断地变革与创新,才能打破传统,跟上时代的步伐。

---

① 于冬:《大数据时代下图书馆的变革与创新》,《科技创新导报》,2018年第18期,第252页。
② 吉顺平、何渊:《大数据时代"互联网+图书馆"服务变革与创新》,《中国报业》,2017年第8期,第12页。

三、互联网+的特征

为了更清晰地分析互联网大数据时代对图书馆服务平台的影响，我们首先总结一下"互联网+"本身的特点。互联网的广泛使用使人们的日常生活产生了翻天覆地的改变。这种日常生活的改变潜移默化地影响着人们的思维模式。使人形成了一种"互联网+"思维，即人们使用"互联网+"的思维模式去认知世界，发现和解决身边出现的问题。这种思维的出现，在各行各业都带来了革新式的思考。"互联网+"的特征及其产生的一系列效应主要包括以下几点：

第一，"互联网+"指的是互联网在跨行业中的使用与发展。第二，是利用"互联网+"思维促进具体工作，乃至这个行业的改革与创新。第三，通过对"互联网+"思维的广泛应用，打破了传统意义上的原生结构，如经济结构，文化结构，甚至是社会结构等。重塑新的结构就变成了必不可少的内容。第四，"互联网+"思维模式更偏重于对人的主观能动性的发挥。第五，对于"互联网+"而言，一个开放的生态是创造、革新的基础，少了开放、自由的"互联网+"环境，它将会和传统意义上的信息流动模式一样，变得越来越被拘束，被边缘化。第六，就是互联网+本身所具备的连接性。[1] 由此可见，"互联网+"思维下的各行各业的革新与进步，似乎更直接的是由互联网本身的特点而决定的。

对于图书馆服务平台而言，多位学者[2][3]将"互联网+"的特性与图书馆平台服务的更新结合起来，将其具体影响归纳总结为以下

---

[1] 王雪梅：《基于"互联网+"思维下图书馆服务变革探讨》，《中国校外教育》，2018年第12期，第78—79页。

[2] 朱岑园：《基于互联网思维的图书馆服务变革路径》，《智库时代》，2019年第2期，第258页。

[3] 刘宏：《基于互联网思维的图书馆服务变革路径》，《图书馆学刊》，2018,40(09)期，31—34页。

三点：

第一，平等性和开放性。基于以上互联网自身的特点，图书馆服务平台在更新自身传统服务平台的过程中，毫无疑问地会受到其开放性以及平等性的影响。具体体现在使用更新平台的用户上，例如，微信图书馆平台上，用户间或是用户与图书馆间的沟通都是在一个平等和开放的环境中进行的。

第二，高效与互动性。通过互联网提供的网上沟通平台，图书馆服务已经实现了用户受众以沟通互动为目的的网上互动平台。这一平台的建立，彻底改变了在传统图书馆下用户之间缺乏沟通交流的方式，极大地提高了各方沟通和交流的效率。从而更加突出了新型图书馆服务平台能够提供更高效的互动交流平台的优势。

第三，方便快捷。不同于传统的服务模式，在互联网的支持下，使用新型图书馆服务平台服务的用户在获取知识，以及信息传递方面，能够不受传统的位置空间的约束，在有网络的情况下随时随地上网获取图书馆的服务资源。这一点更新给用户带来了极为方便快捷的信息化服务，从而提高了用户的使用满意度。

由此可见，随着互联网在人们日常生活当中应用的增多，人们的思维模式，以及行为习惯都会受到不同程度的影响。在科技发展日新月异的环境里，各行各业对于"互联网+"的理解与应用也给其自身的发展注入了新的活力和竞争力。对于图书馆行业来说，随着读者"互联网+"思维的建立，以及对互联网产品使用的增加，依赖度增高，传统图书馆服务平台已经变得缺乏适应力。无法满足受众对使用高科技产品所提出的一系列要求。

因此，随着大数据的普遍使用，传统与数字化并行的多元化时代已经来临。这对于我国现阶段图书馆发展来说，是一个深刻变革的时代，机遇与挑战并存。只有抓住时代发展的方向，满足大众变化的需求，积极对自身的服务平台以及产品等进行调整，才能充满活力，迎接挑战。

四、在互联网时代下对开展图书馆服务的几点思考

大数据时代的来临,对于传统图书馆来说,既是机遇又是挑战。要想保持竞争力,跟上时代的步伐,自我更新和变革将成为这个时代的主题。就高校图书馆知识服务体系的创新的建议和思考,主要可以分为以下几点。

(一)高校图书馆应重点建设以用户为导向的资源服务

首先,高校图书馆应重点建设以用户为导向的资源服务平台。[①] 在大数据的庞大信息支持下,更新后的资源服务平台能够支持对纷繁复杂的信息进行整合、分类,以迎合读者各种各样的阅读需求。具体来说,如大数据可以通过系统与系统合作把纷繁复杂的信息排列成规整的状态。根据使用者查询内容或方式的不同,结合学科与行业对用户使用信息行为进行分析、分类。根据读者的兴趣爱好,提供相应的资源和建议。与此同时,大数据还可以对使用过新型图书馆服务的人员进行回访,建立用户信息档案,以此进行下一步的信息采集、整合、运算。通过对用户使用信息的分析、描述以及定位,以期能够在下次的服务中给予相对准确的定位并预测出目标用户的知识需求。[②]

此外,对于目标用户的定义,不仅仅只是定义为个体的使用者,也可以是一个单位或一个组织的集团性使用者。例如,某专科医学高校在使用图书馆开展教学科研工作时,图书馆大数据处理平台也可以根据目标用户集团使用者对使用数据进行分析,并主动推

---

① 吉顺平、何渊:《大数据时代"互联网+图书馆"服务变革与创新》,《中国报业》,2017年第8期,第12页。

② 江莹:《大数据视角下高校图书馆知识服务体系的变革与创新》,《中国管理信息化》,2017,20(24): 181—182页。

荐隐性资源，以达到更好的为使用者提供服务的目的。由此可见对大数据下的图书馆信息平台的使用能够更好地为读者提供用户导向性的特色化服务。

（二）重视培养互联网业务人才

在信息高速传播的互联网大数据时代，培养专业型的互联网图书管理人才是至关重要的。新兴的图书馆服务体系中，要对原有的服务系统进行改革，推陈出新，就必须有一个现代化的管理团队，以达到对图书馆的数据与服务进行全面的改造和创新的目的。具体来说，首先，要对原有的图书馆团队进行再培训。系统的培训可以在观念上让每一名馆员切实地认识到互联网大数据时代对图书馆服务平台带来的发展和机遇。其次，在意识上树立科技发展的重要性之后，要加大力度对馆员进行专业系统实操培训。纸上谈兵永远不能够解决实际问题。所以通过对人员的实操式培训，能够全面提升人员的职业道德素养和专业技术素质，使其更快适应互联网大数据时代下图书馆迅速更新的知识体系。最后，在培养构建自身团队的同时，可以考虑对具有专业知识背景的人才引进，这样可以保持团队建设的延续性，又能够起到很好的交流和促进效果。①

（三）信息共享

毫无疑问，大数据下图书馆服务平台与传统图书馆服务平台的一个显著的区别就是信息共享平台知识的传播效率。

大数据平台通过对学科和专业的有序分类，以及对目标学科科研成果的整合和储存，会逐步建构起一个庞大而完整的图书馆科研信息分类共享数据平台。这个平台为目标用户提供科研数据的储存功能。这一类数据不仅仅包括科研结果的储存，并且还包含在研究

---

① 吉顺平、何渊：《大数据时代"互联网+图书馆"服务变革与创新》，《中国报业》，2017年第8期，第12页。

过程中用户对于研究数据的储存，例如文字文本和非文字形式、图片成像、数字分析数据及其他科研成果。对于学术科研信息的分类和储存，新型图书馆服务平台能够慢慢积累越来越丰富的科研数据，通过大数据的图书馆信息共享服务平台达到对信息和知识的高效传播。[1]

目前来说，开展大数据图书馆信息共享平台还有很多局限性和问题需要思考，如版权、隐私以及图书馆间的互联共享度。对于一个生存在现代化大数据环境下的图书馆来说，与时俱进、积极改革才能够正面挑战，抓住机遇。

五、结束语

通过对我国图书馆平台发展的现状和特点的回顾，得出以下结论。在大数据来临的时代，我国的图书馆现状是处于一个传统与数据智能化图书馆并存的阶段。在这个阶段里，图书馆自身顺应时代的变更以及受众需求的变化而变化。也就是说在具体图书馆服务受众需要传统模式服务时，传统的图书服务模式就会得到发展。

就图书馆发展趋势而言，随着受众对科技产品及现代大数据服务平台依赖度的提高与互联网思维的形成，传统的图书馆服务平台将会随着受众以及时代的要求而进行改变。图书馆的这种根据受众需求而进行自我变革或进化的能力是我国图书馆提高服务意识、平台以及综合竞争力的重要基础。

在大数据时代背景下，笔者通过对"互联网+"特点的总结，对未来图书馆建设提出了三个方面的建议：即团队建设、信息共享、建设以用户为导向的资源服务平台，以期对我校未来图书馆服

---

[1] 江莹：《大数据视角下高校图书馆知识服务体系的变革与创新》，《中国管理信息化》，2017，20(24)：181—182页。

务平台建设起到积极的意义。

　　毫无疑问，在新时代背景下，我校图书馆同样也面临着机遇和挑战。相信保持变革、跟上时代的步伐，是我校图书馆服务永葆生机与活力的最佳途径。希望我校图书馆在大数据信息资源背景下，能够抓住大数据时代带来的机遇，并充分利用数字资源的优势，打造出一个世界一流的图书馆服务平台，迎接我校图书馆的将是一个多元化、日新月异，且蓬勃发展的春天。

论中国外交人核心价值观

基础教学部　崔朝东

一、价值、价值观及核心价值观

提及"价值"一词,一直以来都有着多种的解释,大致列举,便有这样的一些概括和认识:价值是信念、理想、规范、标准、倾向、爱好、选择等,可以指导人的思想,支配人的行动;价值是一种关系范畴,表示客体与主体之间的相互联系,这种联系不是专指人类与客观世界的关系,任何有联系的事物之间都可能存在价值;价值表示客体对主体的意义,客体满足主体需要的关系;价值是主体根据自己的需要自觉地、有意识地赋予客体的属性,它反映了主体对客体的态度;价值是天生的,既包括真、善、美在内的人类的古老价值,也包括愉快、正义和欢乐等现代价值,是人类本性固有的;价值的源泉在于情感,情感是通过我们的感觉释放的,它帮助我们感知世界和辨认价值。由此可见,"价值"一词,内涵丰富且复杂,上述对"价值"的表达,涉及哲学、政治学、社会学、伦理学、心理学等多个视角。直到今天,似乎我们仍很难用唯一固定概念来对其加以概括。然而,"价值"一词,又是现实生活中被广泛提及和使用的字眼,上至先哲伟人,下至市民百姓,无论表达出的是至理名言,还是凡思俗语,都无不传递着对自然、社会、生命、生活的体悟。概括来说，关于什么是价值，有三个方面值得强调，一是价值是在相互关系中产生并得到体现的，二是在价值关系中主客体统一于人，[①]三是认识价值本质必须研究人的价值。

价值观是基于人的一定的思维感官之上而作出的认知、理解、判断或抉择，是人认定事物、判定是非的一种思维或取向，也可以说价值观是人这个主体以自身的需要为尺度，对外在于自身的事物或现象所蕴涵意义的认识和评价。人的思维认知或主观判断是受自然、社会、环境等诸多因素影响的，不同的人，因其所处的自然环境、社会地位不同，会有不同的价值观。在一般社会中，处于不同经济、政治和文化地位的人的价值观是有着明显差异的。在阶级社会中，不同阶级有不同的价值观念，而在同一阶级内部的不同阶层也有着不同的价值理念。"价值观、人生观、世界观等范畴是有本质联系的"。[②]它们对人的行为动机具有导向的作用。

社会价值观是多重而复杂的。在特定的社会环境里，社会各阶级、阶层、团体以及个人，因其所处的社会生产方式、社会经济地位不同而具有不同的价值观。即使是在同一个阶级、同一个阶层、同一个团体的内部、甚至同一个人，也同时存在并具有多重的、相互差异的价值观。然而，在一个社会的价值体系中，并不是所有的价值观都处于同等的地位。在多重的社会价值观中，有的处于核心地位，有的则处于非核心甚至边缘的地位。处于核心地位的价值观往往成为这个社会发展的思想引领，对社会进步产生重要影响，而与此紧密联系的是处于这个社会核心地位的阶级、阶层、社会团体乃至个人等价值主体。换句话说，核心价值观是由居于社会核心地位的阶级、阶层、团体乃至个人的利益和需求而产生的，而这种利益和需求是在一个国家、一个民族、一个社会长期共同的认识和实践活动基础上形成的，为大多数人所接受，居于核心地位，起主导

---

① 宋惠昌主编：《社会主义核心价值观专题解读》，北京：中共中央党校出版社，2010年版，第4页。
② 同上书，第6页。

和统领作用。值得强调的是，核心价值观可以划分为不同层次，如一个国家或全社会的核心价值观、国家社会范围内特定社会群体或特定职业领域的核心价值观等。

二、构建和培育中国外交人核心价值观提出的重要意义

中国外交人核心价值观，这一概念反映的是中国社会特定群体或特定职业领域的人的价值范畴。严格来说，"中国外交人"所涵盖的范围其实并不单指今天中国外交领域的各类人员，而外交人员价值观也不是今天独有的思想现象。但中国外交人的核心价值观这一概念的提出，却是与新中国外交、特别是21世纪中国外交发展紧密相连的，是当代中国外交人价值理念的最新凝练。其提出的标志是2011年7月，时任外交部长杨洁篪在外交部庆祝建党90周年大会上郑重宣布，外交人员核心价值观就是"忠诚、使命、奉献"，并对其内涵作出深刻阐释。至此，中国外交人核心价值观得以最终确定，构建和培育外交人员核心价值观被正式提上日程。外交人员核心价值观是外交人员的精神和灵魂，它集中反映了外交人员的价值追求，关系着每个外交人员能否完成好本职工作、外交队伍有没有凝聚力、战斗力，还关系到国家外交事业的兴衰成败。

为什么到了21世纪的今天，构建和培育中国外交人核心价值显得如此紧迫和重要？

价值关系的主客体是人，价值观是人的世界观、人生观的体现。围绕如何造就合格中国外交人，这里主要有三个方面的思考：

第一，坚定外交人的理想信念，服务中国特色大国外交。理想信念关乎人的奋斗目标。当今世界形势变化深刻而复杂，身处"一球两制"格局，资本主义制度、社会主义制度共生共存、相互竞争。然而，客观现实时刻让我们感受到，资本主义制度至今占据着

世界的主导，全球化的发展，使世界经济、政治、文化更加朝你中有我、我中有你的态势演化。在这种情况下，保持清醒头脑，坚定走自己的路，坚持理论自信、制度自信、道路自信、文化自信，始终是摆在我们面前的严峻挑战。中国是社会主义国家，中国外交是中国特色社会主义大国外交，必须坚持党的领导、走社会主义道路、继承和发扬中华民族优良传统，而忠诚、使命、奉献的价值理念，很好契合了全球化背景下我国外交领域特殊职业人员的培养要求。

第二，提升外交人职业综合素质，深化中国特色外交实践。随着中国综合国力的提高和经济社会各领域的全面发展，21世纪的中国正在日益走进世界舞台的中央，我国外交领域不断扩大，外交事务迅速增长，中国特色大国外交实践日益在更深、更广范围内展开。面对新形势、新任务，中国需要更多的外交外事专业人才。一般来讲，外交队伍人才的专业化问题解决起来相对容易，特别是在外交干部队伍更加年轻化的今天。但人要具有崇高价值理念、高水准职业素质，特别是高层次精神素质，则需要特殊着力培养。从现实来看，目前应如何造就具有崇高理想、远大目标、坚韧不拔、献身外交的高素质人才，仍是摆在我们面前的一项艰巨任务，而秉承忠诚、使命、奉献的价值追求，塑造高质量外交人才，是深化中国特色外交实践前提条件，也是更高要求。

第三，在践行外交人核心价值观、加强党的建设以及培育社会主义核心价值观有机融合中构建中国特色外交干部队伍。中国外交人核心价值观的凝练是在新形势下如何加强党的建设大背景下提出的，与党的十八大面向全国、全社会明确的社会主义核心价值观相互呼应，密切联系。外交人的核心价值观建设不仅能够促进我国外交领域社会主义意识形态教育和培养，造就合格外交干部队伍，也是加强党的建设，培育和践行社会主义核心价值观向纵深发展的一个具体而有效的途径。需要指出的是，外交人核心价值观、社会主义核心价值观的提出，是加强党的建设的必然结果，而真正落实外交人核心价值观与社会主义核心价值观，又都离不开党的坚强领导。

进一步说，对于外交领域，加强外交人核心价值观建设，与加强外交领域党的建设并行不悖，与在外交领域培育社会主义核心价值观是同一个过程，这也是我国外交人员核心价值观建设的一大特色。

三、中国外交人核心价值观的本质内涵

忠诚、使命、奉献是当代中国外交人核心价值观的集中体现。

首先是忠诚，这关乎中国外交人的理想信念。众所周知，对于"忠诚"的解读，古今中外有着不同的历史及现实的界定与考量。而谈及当代中国外交人的"忠诚"，《中华人民共和国驻外外交人员法》第八条规定，驻外外交人员应当履行的首要义务就是"忠于祖国和人民，维护国家尊严"；[①] 第五条规定，驻外外交人员根据职务和工作分工，应当履行的首要职责就是"维护国家主权、安全、荣誉和利益"。[②] 由此可见，当代中国外交人所讲的"忠诚"，并不是只限于一般生活中如何做人，这里的"忠诚"根本上是指忠于党，忠于国家，忠于人民，忠于职守，体现着立场的坚定性，目的的清晰性，操守的约束性。这里的"忠诚"，蕴含理想信念、民族自尊、家国情怀，体现执政领导、制度性质、人民利益，与无产阶级领导的社会主义中国密不可分。作为一名中国外交人，没有对党、对祖国和对人民的忠诚，一切工作都无从谈起。

其次是使命，这是赋予外交人员的重要职责。"使命"一词在这里与"责任"一词是直接对应的，且含有"重要""神圣"之意。所谓使命必达，就是要求必须履行应尽责任和义务，无论面对什么样的艰难险阻。在具体外交实践中，履行职责，可以表现为按时完

---

① 《中华人民共和国驻外外交人员法》，中国政府网，2009年10月31日，http://www.gov.cn/flfg/2009-10/31/content_1454301.htm，2019年3月6日登录。

② 同上。

成日常工作,也可体现为恪尽职守、廉洁奉公,更可标示于勇于创新、攻坚克难。完成使命,是外交人始终追求的奋斗目标,也是外交人的人生价值所在。而不辱使命,不仅是中华民族的优良传统,也是当代爱国主义的集中体现,更是中国外交人的执着信念,捍卫国家主权,维护民族尊严,保护国家利益,促进世界和平。没有使命意识,不可能成为一名优秀的外交人员。

最后关于奉献,这是外交人员需要具备的精神境界。外交人员的工作环境是复杂多变的,经常会面对严峻的外交形势并且责任重大、生活条件有限并且工作艰苦,甚至经受疾病、战乱等各种问题的考验。但即使是在这样的情况下,他们必须要依然坚守岗位。也许人们已经习惯用所获报酬的高低来衡量一个人贡献的大小,甚至认为这种方式是对一个人价值的最好裁定。但这不是我们这里所要说的奉献精神。作为外交人员,奉献首先是一种无私,在国家民族利益面前更不会讨价还价;奉献还是一种主动自觉,经常会顾及"大家"而舍"小家";奉献也是一种英勇无畏,以至流血牺牲。这样的人在中国外交战线上有很多。当然,我们也需要正视存在的问题,在商品经济发展的今天,伴随浮夸浮躁的社会风气,更有物欲横流的利益引诱,很多人泯灭了"公心"和"良知"。然而,也正是因为有了这样的对照,才更凸显外交人奉献精神的难能可贵。没有成千上万外交人的奉献,中国特色大国外交将无从展现。

忠诚、使命、奉献,是外交人精神的重要内容和支撑,三者紧密联系,缺一不可,共同铸就中国外交人的精神家园。

四、正确认识和处理中国外交人核心价值观与社会主义核心价值观的关系

2012年,党的十八大报告在谈及加强社会主义核心价值体系建设时明确:倡导富强、民主、文明、和谐,倡导自由、平等、公

正、法治,倡导爱国、敬业、诚信、友善,积极培育和践行社会主义核心价值观。① 以此为标志,我国社会主义核心价值观被正式提出。那么中国外交人核心价值观与社会主义核心价值观究竟构成怎样的关系,这是我们必须认真对待的问题。

第一,中国外交人核心价值观以社会主义核心价值观为总引领。应该说,任何社会都有着反映其自身价值追求的思想理念。在现代西方,自由、民主、人权、正义、宪政、法治、私有财产、消除歧视、为每个人创造机会等都是普遍为人所知的价值追求。这些价值理念通常被以立法的形式确定下来,不仅作为国家精神的象征,而且为社会所遵守。虽然不同的国家对构成本国核心价值的概念范畴的选择和阐述不尽相同,但重视和强调核心价值观对社会的精神引领都是普遍现象。当然,在这里我们必须清楚的是,虽然各国核心价值观的概念表达从字面看有时是相同或相近的,但社会性质的根本不同决定了其概念内涵有着本质的差异。社会主义核心价值观与西方资本主义社会核心价值观有着根本的区别,社会主义核心价值观传达出的基本理念首先是社会主义、是人民民主、人民自由。这里的人民、民主、自由不是抽象的概念,而是由社会主义的经济基础、上层建筑作为根本保证的,是形式与本质相一致的人民民主、人民自由。在中国,社会主义核心价值观对整个中国社会价值取向具有统领和指导作用,其中也包括中国外交人核心价值观。更进一步说,作为中国外交人,他们所说的爱国,是爱社会主义的中国,他们所说的忠于祖国,是忠诚于社会主义的中国,他们所说的奉献,是奉献于自己的祖国、自己的人民。离开社会主义核心价值观,就没有真正意义上的中国外交人核心价值观。

第二,中国外交人核心价值观是社会主义核心价值观在外交战线的具体体现。社会主义核心价值观涵盖三个层面的基本内容,是中国社会精神价值追求的最完整、最全面、最宽泛的概念表达。然

---

① 《十八大报告辅导读本》,北京:人民出版社,2012年版,第32页。

而，不同社会领域及人们的精神价值追求具有不同的特征，同时也有着不同的特殊规范和要求。中国外交人核心价值观是一个界定鲜明的名词概念，在这里，价值规范的人群是中国外交人，而且是现代中国外交人，是21世纪的中国外交人。这里的忠诚、使命、奉献与中国古代、近代外交人所遵从和崇尚的忠诚、使命、奉献有着明显的具体内容上的差异。今天所讲中国外交人核心价值观，其形成是为了适应当今中国外交事业的发展，其立足点是当代中国外交实践，其指导和引领是社会主义核心价值体系与社会主义核心价值观。它从外交特色需要出发，彰显外交人信念、规范外交人职责、展现外交人境界。它将外交工作的崇高伟大与外交人的基本道德准则相结合、将外交工作的规范要求与外交人的素质发展相结合、将外交工作的特殊性质与外交人的特殊品质相结合。身处外交战线的人，无论他从事的是哪种具体工作，都能从忠诚、使命、奉献这六个字中感受共同命运，汲取精神力量，凝聚奋发斗志，献身祖国外交事业。

第三，中国外交人员核心价值观不是简单等同于社会主义核心价值观在公民个人层面的价值要求。外交人是我国社会公民中的一个特殊群体。从表面上看，忠诚、使命、奉献，这一中国外交人核心价值观似乎只是外交人作为公民个人的价值追求。但仔细思考我们便会发现，外交人核心价值观的规范及要求并不是针对外交战线上的普通自然人、普通个人的。作为一个普通个人或公民的价值追求，社会主义核心价值观中关于爱国、敬业、诚信、友善的表达，已经作出了明确的规定。但作为中国外交人，这个群体有别于普通公民个人，它有着特殊的职业和道德规范要求，这个群体从事着特殊领域的工作，他们遍布全球，工作环境错综复杂，这个群体中的每个人的一举一动，都代表着国家，代表着民族。在他们的现实工作和生活中，维护国家利益或损害民族尊严，二者之间往往只是一步之遥、瞬间取舍，能否在最关键的时候作出正确的选择，着实能考验出一个外交人的情操与品格。忠诚、使命、奉献，这六个简洁而庄严的字眼，时刻会给每一位从事外交工作的人以精神上的指引。外交人核心价值观与社会主义核心价值观在公民个人层面的价值追求有着紧密的联系，但同时二者又是相互区别的。因此，应在社会主义核心价值观的统领下，更好践行中国外交人核心价值观。

从中国传统文化认同谈高校民乐团对大学生思想政治教育的影响

基础教学部 赵 萍

内容提要 大学生思想政治教育在学校教育中占有重要的位置，中国传统音乐文化教育中的社团形式是思想政治教育中比较符合大学生的自身特点的教育形式。本文以大学生民乐社团为例，研究以大学民乐团模式对大学生进行中国传统音乐文化认同和自信的教育结合的增强和促进大学生健康成长的意义和成效。

关键词 中国传统文化认同 大学生 民乐社

习近平同志为核心的党中央对于青少年思想政治教育高度重视和关心。总书记在同全国各族少年儿童代表共庆"六一"国际儿童节时强调，少年儿童从小就要立志向、有梦想、爱学习、爱劳动、爱祖国，德智体美全面发展，长大后做对祖国建设有用的人才。

青少年是国家和民族的希望和未来，是肩负民族复兴和传承大业的接班人，因此青少年的思想政治工作内容不仅涵盖了多个方面，最为重要的是要符合青少年的特点，采用青少年喜爱和易于接受的方式和方法，在教育中体现党中央的殷切期待和亲切关怀。

采用传统民族音乐文化教育不仅符合党中央以文化育人，也是根据青少年的特点和学校教育相结合的一种模式。民族音乐作为中国传统文化宝贵的组成部分蕴含了丰富的人类情感，是民族精神和民族灵魂的重要体现。民族音乐记录了我国各族劳动人民在漫长历史变迁中的喜怒哀乐，蕴含本民族的审美和主流道德的选择，是我国人民群众表达自身的情感和精神向往的宝贵艺术形式，是带有强烈的本民族特征的文化遗产。民族艺术所具有的感染力是一种隐形的文化实力，是中国元素和中国声音，是不可替换的中国印记。

一、民乐团在大学创建的背景和发展现状

古希腊哲学家亚里士多德说："人们普遍认识到，心灵的陶冶不仅包含高尚的因素，还含有愉快的成分，因为幸福是两者的结合……音乐……是最令人愉快的活动。"[①] 大学是青年成长的最重要的时期，很多人的价值观和人生观在这一时期开始有了雏形，他们渴望从现实中和可接触的艺术形式中寻找到自己的偶像和可以模仿学习的对象。习近平指出："青年一代的理想信念、精神状态、综合素质，是一个国家核心竞争力的重要因素。"[②] 因此在新时代，大学生的思想政治教育的形式和成效直接的关系到整个国家的未来。

大学生民乐团是运用音乐教育的形式，培养大学生的音乐素养的学校音乐教育。学校的音乐教育又可分为专业音乐教育和通识音乐教育，前者侧重于音乐家、音乐教育者等音乐专业人才的培养，后者则是旨在培养学生具备基本的音乐素质。[③] 本文所讲的音乐教育应该不属于前者但也有区别于后者，旨在借助民乐学习、排练和演奏的过程，对大学生进行传统音乐文化的教育，学生通过对于民族乐器的掌握和演奏，认识到民族音乐的美并产生民族文化认同，

---

① 方文心：《试论音乐教育的德育功能》，《星海音乐学院学报》，1998年第3期。

② 中共中央文献研究室：《习近平关于青少年和共青团工作论述摘编》，北京：中央文献出版社，2017年版。

③ 张红明、柳礼泉：《音乐教育：大学生思想政治教育的新途径》(湖南人文科技学院学报)，2008年第2期。

借音乐教育为媒介实现潜移默化的思想政治教育的目标。

　　全国有很多大学都成立了民乐团，如北京大学、武汉理工大学、中南财经政法大学、上海师范大学、复旦大学等。其中，对外经济贸易大学民乐团成立于1999年，该乐团结构齐全，编制合理，包含弦乐、弹拨、管乐、打击、古筝五个声部；乐器种类有二胡、中胡、高胡、琵琶、中阮、大阮、柳琴、扬琴、古筝、梆笛、曲笛、新笛、唢呐、传统笙、键笙、京胡、箫、大提琴、打击乐器等，是极具活力的学生社团。乐团每年招收的民乐特长生也都是民乐演奏的爱好者，这些乐团成员给学校带来了很好的艺术氛围。排演曲目包括民族管弦乐作品，兼顾民族室内乐、小型器乐合奏、创新音乐改编等不同形式。在校内校外的演出中，校民乐团凭借出众的表现，多次获得奖项，还举办多次专场音乐会。不仅在校内弘扬推广了中国传统文化，更向师生们展现了中国传统音乐之美，增强了师生们的民族自信，尤其在对外交流中向外国友人展现了中国传统文化的魅力，彰显了当代大学生对于中国传统文化的自信和继承创新的积极风貌。

　　1. 进行整体协调，得到学校重视和扶持。民乐团由于乐器种类的要求，必须拥有一定的人数和排练的场地，没有学校的统一安排几乎不可能实施。有专项资金支持的学校可能会好一些，但是对于一些初创阶段的民乐团就显得很艰难，会加重学生和家长的负担，因为购置乐器和专业培训都需要投入，仅凭一时的热情恐怕很难支撑。大学民乐团需要有专门的排练厅供乐团合奏排练，还要有高水平的专家队伍的支持和辅助，形成长期的合作关系才能对乐团的运作和学生的特点都比较了解，形成良性循环。

　　2. 积极创造机会，注重德育教育融入民乐团的音乐教育。学校为了保持学生们学习民乐的热情，不仅争取校外演出同时也在校内给民乐团创造了很多展示的机会，如利用开学典礼、教师节、小型音乐会、结业汇报演出、外事交流等。在这些演出活动中，需要民乐团全体学员展示自己特有的精神风貌，在重要场合表现出得体的举止、文雅的谈吐、对于民族音乐的深刻理解,以及高度自觉的组织纪律性。民乐团成员这些特点会感染和鼓舞更多的同学。不仅弘扬出民族音乐的魅力和风采,更激起更多在校同学积极地向民乐团的同学们学习,热爱民族音乐,对民族音乐文化怀有尊重和敬畏之心,形成良性的积极向上的学习传统民族音乐文化的氛围。

二、音乐文化教育与思想政治教育结合的具体方式

习近平主席在十九大报告中指出:"文化自信是一个国家、一个民族发展中更基本、更深沉、更持久的力量。必须坚持马克思主义,牢固树立共产主义远大理想和中国特色社会主义共同理想,培育和践行社会主义核心价值观,不断增强意识形态领域主导权和话语权,推动中华优秀传统文化创造性转化、创新性发展,继承革命文化,发展社会主义先进文化,不忘本来、吸收外来、面向未来,更好构筑中国精神、中国价值、中国力量,为人民提供精神指引。"①

音乐文化教育作为一种素质教育是基础教育中不可缺少的部分。如果说课内音乐教育是培养青少年音乐美学的第一课堂,那民乐团式的课外社团式的音乐教育在偏重审美功能同时更肩负有思想政治教育功能,课堂教学是基础,乐团训练是延伸,二者相结合构成了音乐教学活动的完整形式,使单纯的音乐教育延伸到了音乐文化教育,不仅具有了培养了学生对于音乐的兴趣,继而确立学生对于民族音乐文化的认同和自信,是思想政治教育中最直观的爱国主义教育的构成。

---

① 2016年5月17日,总书记主持召开哲学社会科学工作座谈会并发表重要讲话,再次深刻阐述"文化自信",并且首次用"三个更"形容文化自信:"坚定中国特色社会主义道路自信、理论自信、制度自信,说到底是要坚定文化自信,文化自信是更基本、更深沉、更持久的力量。"充分说明文化自信在国家、民族的发展道路上具有十分重要的意义。

1. 发掘传统民族乐曲中的文化元素，培养大学生的爱国情操。民族音乐之所以能够成为代表民族文化的重要标签，因为民族乐曲中充满了文化元素，发掘出这些元素不仅可以使大学生们在练习时更深刻地体会乐曲的内涵，还有助于对大学生进行爱国主义教育。"每个人都有一种认同感，即对自己及自己在世界中的地位的看法。在某种程度上，这种个人的认同感是由文化塑造成的"。[①] 因此随着优美动听的民族音乐的旋律，祖国的大好河山和诗情画意会成为大学生更生动的记忆，这都是枯燥乏味的说教所不能代替的。例如，大型民族乐曲《挑山》表现的就是挑夫们在山路上挑着担子，一路前行，一路唱着山歌号子，表现劳动人民对于劳动的热爱，对于美好生活的向往。二胡曲调诙谐幽默、唢呐声音高亢，背景音乐中的扬琴、琵琶、中阮表现出我国平和安逸的愉快的氛围、祥和的生活环境。类似这样的民族音乐的是一种民族美学追求。

2. 确立乐团排练的仪式感，培养大学生的集体意识和协作精神。民乐团合奏课排练，不同于普通的课堂教学，也不同于单独演奏，要求几十个人在指挥的统一安排下，做到在旋律、音准、速度、力量甚至音乐的表达上达到和谐，要求团员的团结协作，具有合作意识。尤其还有一些严格的纪律要求，必须保证出勤率。大多数的音乐形式都是集体性的活动，无论是合唱还是合奏，它的音乐结构层次决定了不同的参加者承担不同的任务，这就要求在同一艺术目标下，大家各司其职，各尽其责，彼此同心协力，精诚合作。[②] 这些必要的具有仪式感的要求，使大学生们强化了集体意识，培养了团队合作的精神。

3. 善用音乐本身的影响力，注重思想政治教育体验。大学生正处在成长的旺盛时期，良好的心理素质更能使大学生顺利成长。但

---

① ［美］R. M. 基辛：《文化·社会·个人》，甘华鸣、陈芳、甘黎明译，辽宁：辽宁人民出版社，1988年版，第118页。

② 方文心：《试论音乐教育的德育功能》，《星海音乐学院学报》，1998年第3期。

是由于大学生们背负了很多家长和社会的希望，学习和成长的压力使一些大学生出现了一些心理问题，有些甚至产生了一些心理疾病。而音乐能够起到调控情绪的作用，"那些格调高雅的音乐不仅使人心情愉快，还可以陶冶情操、振奋精神"。① 在学习器乐表演的学员身上表现的更为明显。乐曲在演奏的过程中，需要枯燥的反复练习，而除了单个人技巧的提高外，乐团在排练大型曲目时还要整体各个声部相互磨合，需要耐心和毅力的支持和对自身能力必要的自信。对于大学生们来说，为了一台完美的演出来进行充分准备的过程本身就是受教育的体验，是比单纯从书本上，从课堂上听讲所获得的更深刻的躯体和内心体验。

三、音乐教育与思想政治教育相结合模式的意义

李克强总理在政府工作报告中指出："为人民过上美好生活提供丰富精神食粮。要弘扬中华优秀传统文化，继承革命文化，发展社会主义先进文化，培育和践行社会主义核心价值观。"② 习近平总书记更是在十九大报告中提到，"培育和践行社会主义核心价值观，要坚持全民运动、干部带头，从家庭做起，从娃娃抓起"。③ 大学生民乐团模式在大学生思想政治教育中有独特的优势，能够将思想

---

① 马艳：《音乐教育在大学生思想道德素质教育中的作用》，《淮北煤炭师范学院学报》，2008年第2期。

② 实现人民过上美好生活，是中国共产党的庄严政治承诺和根本执政实践要求，也是中国共产党孜孜以求的奋斗目标。国务院总理李克强在政府工作报告中指出，要"为人民过上美好生活提供丰富精神食粮"，并就新时代如何丰富人民群众的精神文化生活、如何为人民群众提供精神食粮提出了一系列重大举措。

③ 社会主义核心价值观，是以习近平同志为核心的党中央从新时代坚持和发展中国特色社会主义、实现中华民族伟大复兴的中国梦出发，提出的重大战略思想。习近平总书记所作的党的十九大报告深刻阐述了社会主义核心价值观的丰富内涵和实践要求，对培育和践行社会主义核心价值观作出许多新的重大部署，充分反映了我们党在价值理念和价值实践上达到了一个新的高度。我们要认真学习贯彻党的十九大精神，深入推进社会主义核心价值观建设，为决胜全面建成小康社会、夺取新时代中国特色社会主义伟大胜利，打下更加坚实的共同思想道德基础。

政治教育融入到日常的音乐教育中去，因此民族音乐传承和教育融入到大学生思想政治教育中是一种有益的探索。

1. 打造民族音乐传承的稳定途径。民族音乐的传承需要稳定的途径。相比于娱乐性强的流行音乐，民族音乐在传播上存在较少优势的现象，但如果用专业音乐教育途径来进行传承，由于受众数量的原因，只会路越来越窄，但是民族音乐所具有的宏大能量越来越被证明，随着中国国力的强大，更多的人开始寻找真正的中国声音和中国元素，如果不能保留好自己民族的文化，在国际社会的对外交往中会丧失自己的特色，失去本民族独有的民族声音，从而丧失自己民族应该具有的优势和独特魅力。因此，传承本民族的优秀音乐文化是迫切和必须的。而针对在校学习，没有进入专业音乐团体的青少年的普及性投入会给民族音乐培养一大批忠实的音乐观众，通过大学生对于民族乐器的了解演奏，熟悉民族乐器的起源和发展文化，欣赏高水平的民族音乐的演奏，培养起对于民族传统音乐文化的崇敬和敬畏之心，从而使民族的优秀传统音乐文化由于拥有自己的观众而得以传承和发展。

音乐是一种不同于语言文字直接表达情感的艺术形式，民族文化是一个民族形成相互认同的基础，而作为传统音乐文化如果缺乏观众基础就会缺乏传承的生命力，失去传承的所需要的人文基础，有了大量喜好民族音乐，能够以民族音乐为滋养的大学生群体的存在，就会促使传统音乐文化根据当代大学生的特点，在演奏技法和表现形式上推陈出新，紧跟时代的脉搏，成为流传久远，但是又符合当代大学生审美的艺术形式，赋予传统民族音乐旺盛的表现力和感染力。

2. 注重艺术体验，用音乐开启大学生的心灵智慧。音乐是开启人的心灵智慧的钥匙，但乐器学习的过程却是枯燥而艰辛的，怎样应对由于畏难情绪带来的学习热情减退，就要去除功利思想，真正把传统音乐文化展现在大学生面前。对于传统乐器的起源、负载的文化内容进行发掘。对于唢呐、古筝、二胡等民族独特乐器上所负载的民族精神和情感进行解读,充分享受音乐带给大学生在智力和心灵上的启迪和触动。

音乐是一种注重体验的艺术形式,通过声音、旋律和节奏传递的是一种思想情感内容,感染人的内在心灵体验,比起枯燥的说教更能激发人的共鸣和回应。比如当婉转悠长的古筝带出"春江花月夜"的旋律时,回荡在听众耳畔和心里的是柔美的江南美丽的夜色;二胡演奏"赛马"的旋律响起时,听众会来到祖国广袤的北方大地,万马奔腾的茫茫草原,领略壮阔的北国风光和策马的激情,甚至可以说在世界任何地方,这些曲调都是国家民族的象征,这些由唢呐、古筝、二胡为主旋律的民族乐器演奏的乐曲的独特标志甚至已经成为不可或缺的中国元素。根据生物学原理,多次美好经历体验,会使音乐和人的情绪之间形成条件反射,进而在人的大脑皮层留下固定的记忆痕迹。以后只要听到或想到特定的音乐,就会激活原有的记忆痕迹,引发当初的情绪反应,并怀念起与此音乐相关的人和物。[①]这些都很好地说明了传统文化音乐独特的教育和感化功能。

小　结

大学民乐社团为广大大学生提供了文化实践的载体和平台,不仅培养了大学生之间的合作意识,更陶冶了爱国情操,给予了大学生积极乐观的生活态度,促进了大学生健康快乐的个性发展。乐器学习大都从幼年就开始,到大学阶段已经经历了数年。"童年经验以或多或少相同的方式塑造并调整了每个人人格中的情绪及动机组成",[②]"经过童年的经验,每个人对于他所生活于其中的是个什么

[①] 彭亚娜:《音乐教育的德育功能与实现》,《有色金属高教研究》,1991年第4期。

[②] [美]R. M. 基辛:《文化·社会·个人》,甘华鸣、陈芳、甘黎明译,辽宁:辽宁人民出版社,1988年版,第119页。

样的世界,人们如何行动以及应该如何行动等问题,都建立了一套概念系统,一套理论"。①文化对于认知的影响是毋庸置疑的,不仅是举止和言行,在体会民族音乐之美的同时对于民族优秀文化从小就有认同和欣赏意识,用现代人的欣赏角度发现传统音乐文化之美,增强中国传统文化认同。

---

① [美]R.M.基辛:《文化·社会·个人》,甘华鸣、陈芳、甘黎明译,辽宁:辽宁人民出版社,1988年版,第117页

新时代我国优秀运动员国际形象研究

基础教学部 王 莉

伴随我国竞技体育硬实力的提升及全球通信科技的发展,我国优秀运动员的国际影响力迅速扩大,成为世界民众关注的群体。他们的形象在很大程度上代表着我国国家形象,直接影响着体育公共外交推进及体育强国建设等方面的实际效果。因此,考察我国优秀运动员作为国际体育活动中重要主体,探究他们国际形象的期待与定位以及提升对策,具有重要的现实意义。

一、优秀运动员国际形象的概念界定

关于"优秀运动员"的标准或定义,不管是制度层面、实践领域还是学术层面都没有明确界定。[①] 在制度层面上,即使是在国家正式出台的《运动员等级制度》也并未对优秀运动员的标准做出明确规定。在实践领域中,优秀运动员的标准界定更是随意,大多根据实际情况进行定义;在学术范畴,也缺乏严格的操作规范,不同的学者基本都是根据自己的研究需要进行优秀运动员的界定。结合本文"国际形象"实际研究需要,将优秀运动员定义为:在运动领

[①] 张薇:《优秀运动员个性化培养的研究》,博士论文,北京体育大学,2009年6月,第27页。

域,有较高的运动水平、在比赛中获得突出成绩并已代表国家多次参加过国际比赛的运动员体育选手。

基于以上分析,结合本文研究视角的需要,本文将优秀运动员的国际形象界定为:优秀运动员在参与国际性比赛及各种交流过程中所展现出来的形象以及由此在国际社会产生的影响。优秀运动员展示国际形象的平台有很多,主要包括参加国际体育竞赛活动、进行民间体育交流活动、参加职业体育联赛及参与国际体育组织管理工作等。

二、新时代我国体育社会功能分析

运动员是体育活动的产物,是伴随体育活动的演进在不断发展的人员,体育社会功能的内涵是决定优秀运动员该如何表现的基本因素。因此,本文先就体育新时代我国体育社会功能做出分析,在明确我国体育的社会功能以后,再进行我国优秀运动员的国际形象定位。

当前,世界各主要体育强国之间的竞争是围绕着体育的多种社会功能展开的全方位竞争,包括体育作为政治影响力、经济推动力、社会传播力和文化感染力等方面的深度开发与发展。

(一)体育政治功能的隐喻发展

在全球化时代,各个国家都试图通过争取更多的话语权,来提升国际地位和国家形象。[1]体育活动在国际交流中发挥着重要而特殊的作用,通过体育话语权的建设,能更积极主动地向世界传递国家的信息。争取体育国际话语权同样也是新时期我国国家形象传播的现实诉求,[2]是塑造我国大国体育形象的路径。

---

[1] 梁立启:《话语权:全球化时代中国体育的诉求》,《北京体育大学学报》,2014年第11期,第32页。
[2] 王智慧:《论体育强国视域下的国家体育话语能力》,《西安体育学院学报》,2014年第3期,第257页。

在强调回归体育健身本质的社会主流思想的导向下，新时代体育政治功能实际上不降反升。我国体育政治功能的发挥由以往直接作用于国际关系的模式逐渐转变为间接隐喻的影响模式，显性方式和隐性方式并存。具体体现在体育政治功能的内容更加丰富，主要包括体育在进行公共外交、赢得话语权、塑造国家良好形象、促进世界体育发展等方面发挥的作用；体育政治功能的价值更为多元，并逐渐渗透到体育的其他多个社会领域。

（二）体育经济功能的全面发展

体育作为一个健康绿色的社会项目，已经成为我国人民最乐于从事的社会活动。大众对体育的需求是多方面的。首先，从实体商品的购买需求到精神产品的满足需求都引发了对体育活动热力追捧，因此发展并不系统的、自给自足的业余体育供给能力就难以满足巨大的社会需求，专业且系统为社会市场提供体育产品的职业体育也就应运而生；其次，自发零散的体育产业也很难满足体育经济发展的需求，系统化为市场提供体育商品的体育产业链也正迅速延伸，体育产业公司的数量剧增；再次，体育经济衍生产品得到多元开发，体育旅游、体育互联网等已经成为我国体育产业的重要组成部分；最后，我国体育经济的跨国发展已成常态化，我国的体育商品遍布全球，我国的体育旅游每年都吸引外国爱好者参与，等等。总之，处于国家整体经济快速发展时期的我国体育经济也正在快速发展，体育经济功能被深度开发，对国家经济的发展起着越来越重要的促进作用，成为国家经济的支柱产业之一。

（三）体育文化功能的多元发展

全球化时代，中国体育文化传播如何转型不仅关系到中国文化在世界的影响力，也关系到国家整体软实力的提升。多年来，我国致力于加速体育文化国际交流，对我国传统体育文化历史的传统、符号、信仰、价值观这一套认知体系在进行不断的研究，加强对自身民族传统体育文化发掘、传播。同时，也在积极寻找最有效的对外传播途径与方式，突出地表现在包括体育赛事在内的各种体育交流活动数量的增加，交流内容越加丰富多彩，活动更加突出所蕴含的人文价值。另外，伴随我国新时期人民生活的方式及内容的重大转变，体育人文功能在引导人民积极健康生活的价值更加突出。体育以其富有吸引力的内容和多样形式，丰富了人们的生活条件；竞技体育以其公平竞争、追求"更高、更快、更强"的体育精神激励着人们；体育活动中团结协作和积极进取的精神引导人们积极的生活态度。

（四）体育科技功能的飞速发展

体育科技功能主要指的是通过先进科技在体育中的运用，进而辅助其他体育社会功能更好的发挥。运输和通讯方式改善使得体育市场经济迅猛发展，使得体育文化的传播加速，[①]为国际体育的广泛交往与国际性发展创造了现实条件。在未来，科技发展将继续助力体育活动，使其在各个领域更加大有作为。

三、新时代我国优秀运动员国际形象的期待与定位

（一）我国体育政治功能的发挥对优秀运动员国际形象的期待与定位

近年我国优秀运动员创造了中国竞技体育新的辉煌，[②]他们是我国竞技体育的实践主体，是实现国家体育政治功能期望的中坚群体，[③]越来越多的中国优秀运动员正吸引和影响着全球观众，正在

[①] 舒盛芳：《体育全球化的动力》，《上海体育学院学报》，2007年第1期，第15页。

[②] 范筱：http://www.china.com.cn/news/2009-09/27/content_18609764.htm 新闻网-北京奥运会。

[③] 梁国立：《我国体育公众人物社会责任研究》，《安徽体育科技》，2017年第5期，第19页。

不断赢得全球的关注和尊重。在这样的体育硬实力发展基础上，我国优秀运动员的国际形象被赋予了更高的期望。首先，他们优异的运动成绩，展现了我国的综合实力及进步开放的国家形象，他们是国家形象代言人；其次，优秀运动员所表现出来的精神品质，是我国文化精神的体现，是国家文化的使者；再次，"走出去"的运动员有机会参与国际体育机制的讨论，借此机会可以反映中国的体育利益诉求，加强中国的体育话语权，推动世界体育朝着充分体现奥林匹克精神的公正合理的方向发展，是和谐世界体育的构建者形象；最后，作为社会责任的积极承担者，"走出去"的运动员可以通过自己的表现为中国争取世界受众更大的信任，是世界和平信号传递者的形象。

（二）我国体育经济功能的实现对优秀运动员国际形象的期待与定位

职业体育是体育经济发展的最显著产物，作为职业体育的最重要主体，我国优秀运动员在我国体育经济发展中被期待成为提高职业体育水平进步和带动体育市场活力的主力群体。更多跨国体育产业公司将眼光投向了他们，将他们打造成国际级社会偶像，以国际体育产业代言人的形象，直接或间接地获取经济利益。除了可直接创造收入的体育产业，很多非体育产业也非常重视优秀运动员国际形象的价值开发，例如我国著名的篮球运动员姚明，受邀出镜美国一档综艺节目，大大提升了节目的收视率。

（三）我国体育文化价值的体现对优秀运动员国际形象的期待与定位

优秀运动员拥有社会知名度，吸引着国内外观众的关注，他们作为体育活动的主体频繁活动于世界各国，他们是体育文化传播中最重要和最亲民的传播中介（Whannel，1992）。①我国优秀运动员经过几代人的努力，在各个项目上已经崭露头角，他们的卓越表现，是国际民众了解中国体育的最直接窗口，成为承载与传播我国体育文化的最佳载体，是我国传统文化的传播者。他们体现的中华体育精神是中华民族重要精神财富的反映，②优秀运动员们以这种独特的方式让世人了解我国体育文化，是我国体育精神的表达者。优秀运动员被期望以得体的赛场内外礼仪表达我国谦逊大度、开放蓬勃的国家形象，是国家文化的塑造与展现者，是维护世界体育文化均衡发展、构建多元世界体育文化的促进者。

（四）我国体育科技功能的应用对优秀运动员国际形象的期待与定位

体育科技功能的发挥主要体现在其他科技介入到体育领域后，加速其他体育社会功能的发挥。其中，大众媒体的发展对运动员提出了最为突出的期待，运动员良好的媒体形象，有利于与社会公众保持良好的关系，赢得社会的支持。因此，运动员被期望具备良好的国际媒体形象，通过媒体、网络等科技手段，将最好的形象展现给世界民众。张海峰司长曾在一次研讨会上提出："在国际赛场这个媒体集中的平台上，我国的优秀运动员应该积极塑造良好媒体形象，为我国代表团创造良好的社会环境、舆论氛围"。③可见，我国相关组织早已明确提出过对运动员在现代媒介环境中的期待。

在体育全球化快速发展的时代，伴随我国体育功能的多元开发

---

① Whannel, G., *Fields in Vision: Television Sport and Cultural Transformation*, London: Routledge, 1992, p.136.

② 罗超毅：《论体育强国建设背景下全民健身与竞技体育的和谐发展》，《北京体育大学学报》，2013年第2期，第1页。

③ 岳红燕：《运动员应对媒体的理论阐释与模式构建》，博士论文，北京体育大学，2007年6月，第27页。

与深度挖掘，优秀运动员的国际形象也被赋予了更多更高的期待，国际形象的内涵更加丰富，国际形象的定位也更加趋于多样化。

四、我国优秀运动员国际形象的提升策略

我国优秀运动员的国际形象培育是一个系统工程，需要从国家大外交的战略高度上进行思考，将优秀运动员的国际形象建设纳入国家体育外交的整体工作中，将优秀运动员的国际形象培育从制度支持到具体实施再到效果评估等环节形成一个系统工作。

（一）国家制度层面

1. 完善体育制度，推进体制改革

把我国的优秀运动员国际形象培育作为一个系统工作放在体育全球化的背景下加以考察，从整体上把握运动员新时期的培育方向。现代体育制度的制定应该强调我国优秀运动员国际角色的建构，应该能引导我国优秀运动员规范地从事国际交流活动，[①] 通过这些制度强制性和规范性的体现，提高社会对优秀运动员国际形象的认知、强化优秀运动员的国际社会责任和国家形象代言人的意识。

2. 将优秀运动员的国际形象规范制度化

如何从国际视角为优秀运动员进行形象规范，是当前我国需要关注和研究的问题。从国家层面应通过法律形式，明确运动员国际形象规范的内容，使运动员在塑造国际形象时能明确行为的合理性，同时应该强调"道德自律"的建设，让优秀运动员在社会实践中扮演国际公众人物时自觉摆脱外在因素的制约，用理性审视自身动机，自主自觉地将塑造良好国际形象所需要的社会道德规范转化

---

① 《中国体育哲学社会科学研究——1978—2010年》，人民体育出版社，2013年版，第428页。

成内在约束。

（二）管理机构层面

1. 正确认知优秀运动员的时代角色，提升相应管理能力

首先，运动队管理机构的相关人员应跳出以往以"竞技运动成绩"为唯一优秀运动员培育目标的理念，认真思考体育全球化时代，优秀运动员的公众形象对国家、社会、体育组织、体育相关人员及运动员本身所可能产生的影响。

其次，提高管理机构的规范化管理水平是提升优秀运动员国际形象培育工作的实施重点。应该重视优秀运动员的爱国情怀、榜样意识等精神的培养；加强优秀运动员思想教育，强化优秀运动员积极履行社会责任的意识；严格执行国家政策，合理设计培育内容，通过多种形式的培训，使优秀运动员具备塑造良好国际形象所必需的知识、专业能力、政治智慧和文化素养。① 针对前往外国进行比赛、交流等的优秀运动员，可以提前进行专门的公共外交知识、技巧与礼仪等方面知识和技能的培训，提升他们与外国公众交流沟通的能力。

2. 围绕国际形象提升，完善优秀运动员培育系统

优秀运动员的"学与训"矛盾突出，如果仅限于现行教育体制下的学校教育是不太合适的，应从运动员的特点出发，为运动员量身定做特殊学习内容，更多地从促进运动员"社会化和国际化"发展的角度来设置文化课内容。针对优秀运动员塑造国际形象能力的培育，教育管理单位应积极开设与运动员公众形象相关的课程。体育管理部门还应联手高校、研究机构、媒体机构及企业等，更新现代运动员素养培育的内容，通过举办培训班、研讨会、组织各类公共活动等多种形式，向优秀运动员们传播作为一个公众人物角色需要掌握的基本知识，培养他们的国际公众人物角色意识，提高他们

---

① 陈书睿：《优秀运动员社会责任的法学分析》，《天津体育学院学报》，2011年第1期，第54页。

时代角色素养。

另外，为优秀运动员创造实践机会。体育管理部门要积极创造条件，有目的、有计划地组织运动员进行各种国际交流活动，使其国际形象的角色意识及塑造能力在社会实践中得到切实提高。利用外出参加国际比赛或者其他体育交流活动的机会鼓励运动员大胆交流，不断积累经验。

（三）社会组织层面

社会力量介入优秀运动员培养是我国竞技体育后备人才培养体系的重要突破口，要进一步破解制约社会力量介入优秀体育人才培养的体制障碍，拓宽社会资源介入优秀运动员培育系统的途径。

1. 经纪公司专业打造优秀运动员国际形象

优秀运动员良好国际形象的树立，一般来说需要有一个完整团队的支撑，包括活动策划、言行形象设计、发布会组织等。[①]这些培训活动通常依托体育经纪公司进行，专业的体育经纪公司可以帮助运动员进行形象定位、策划和包装，能够强化运动员的国际公众形象，能在提高运动员应对媒体、为自身和组织树立良好的媒体形象等方面起到重要作用。

但我国目前的体育经纪资源较少并利用不足，同时缺乏规范性。究其原因，还是在于我国对体育经纪公司的功能认识不足，政策制度支持不够，导致从业的经纪人员素质较低、培训不系统不规范等问题。[②]国家今后应该加强对体育经纪公司的政策扶持和实践管理，鼓励经纪公司介入优秀运动员的培育工作，充分发挥经纪公司专业、灵活等的优势。同时重视智库的建设工作，加强智库在优秀运动员国际交流方面的研究，与经纪公司密切配合，充分发挥智库在优秀运动员国际培育中的作用，提供政策建议与智力支持，进

---

① 石岩主编：《体育公共关系》，北京：高等教育出版社，2014年版，第156页。
② 王莹：《中国优秀运动员公众形象塑造的质性研究》，《体育科学》，2014年第4期，第49页。

行议程设定。

2. 媒体助力优秀运动员塑造成功的国际形象

媒体在优秀运动员国际形象培育中的作用,主要包括两个方面,一个是媒体发挥自身的导向作用,为优秀运动员创造良好的舆论环境;另一个是作为教育者,直接培养优秀运动员的媒介素养,提高他们利用媒体进行宣传等的活动的效果。

优秀运动员的无形资产要转化为社会价值,离不开媒体的包装和传播。例如,火箭队一开始就是将对姚明的培养作为一个有计划、有步骤的媒体宣传工程来对待的。我国媒体应坚持正确舆论导向,对优秀运动员社会角色和社会化进行积极的宣传,对运动员的行为和形象进行真实、客观的评论,为推动我国体育事业健康发展创造良好的舆论环境。①

媒体的另一个重要作用还在于直接对优秀运动员开展媒体素养的培训工作。通过教授优秀运动员利用新媒体与社会加强互动的方法、在社会公共场合应对媒体的技巧及媒体的运作规律等的知识,②来维护运动员自身的合法权益、帮助他们塑造良好形象及获得其他的社会利益。

(四)自我构建层面

没有人的主体性及其能动的实践活动,就不会有任何角色的出现,不能离开人的主体性和能动性来理解角色理论。③在优秀运动员提升国际形象的过程中,也同样需要强调运动员自身内源性影响因素的作用。

---

① http://www.law-lib.com/law/law_view.asp?id=41296-中共中央国务院关于进一步加强和改进新时期体育工作的意见。

② 张少琼:《新媒体时代下体育运动员形象的塑造》,《新媒体研究》,2015年第12期,第115页。

③ 齐世泽:《角色理论:一个亟待拓展的哲学空间》,《北京交通大学学报》(社会科学版),2014年第4期,第115页。

1. 自我角色的正确认知

我国优秀运动员应该充分意识到全球化时代要想更好地获得国际公众的认可，就必须意识到自己"国际社会"公众人物的身份，在加强专业能力的同时，注重发展其他社会能力。优秀运动员建立的自我角色的认知将直接影响其进行国际交流活动的态度及价值观，只有不断进行自我反思，才能与时俱进地思考，才能积极调整自我行为，并在此基础最终自主地建立热爱体育事业、热衷于世界和平事业的国际形象。

2. 角色学习的不断反思与进步

优秀运动员在明晰自己国际角色定位之后，就要对社会、群体或他人对自己的国际形象的期望进行领悟，积极主动、把握机会，通过多种途径进行学习，从被动从众意识向主动创新意识转变，通过良好的自我传播，构建内心自主对话，[①] 通过正确的方法，有效提高塑造国际形象的能力。

3. 重视实践活动

如果只有正确的意识和学习过程，那么优秀运动员也未必能塑造成功的国际形象，这是因为良好国际形象建立的基础是以不断的实践积累作为基础的。优秀运动员应该主动去争取实践的机会，积极参加包括比赛在内的各种国际交流活动。目前，全世界的优秀运动员最常参加的社会活动一般是各种公益活动，另外就是媒体活动，通过参加这些活动，能让他们的内在的美德得以彰显，能让他们的正面国际形象深入人心，获得社会认可，铺平发展道路。

五、结束语

在当今体育全球化时代，我国体育社会功能多元化、国际化的

[①] 王大中等：《体育传播——运动、媒介与社会》，北京：中国传媒大学出版社，2006年版，第101页。

发展赋予了优秀运动员更加丰富的国际形象。优秀运动员唯有具备良好的国际形象，积极主动地参与到我国体育外交的事业中，才能展示我国开放进步、蓬勃发展的国家形象，提升中国体育在国际社会的影响力和感召力，为体育强国建设和国家总体外交事业作出贡献。

论世界贸易组织的改革问题
——与刘敬东教授商榷

国际法系　臧　立

关于世界贸易组织（以下简称"WTO"）的改革问题，一直是近年来国际贸易和法律领域的热点问题。WTO自1995年成立至今，已经过去了24个年头。在过去的二十多年里，WTO为国际贸易乃至世界经济作出了巨大贡献，但却也在这个时候把自己逼到了生死存亡的边缘。对此，我国著名学者刘敬东教授专门撰文讨论了WTO相关危机产生的原因，指出了WTO改革必要性，还就国际上如何改革WTO的观点分歧进行了评述，并在此基础上就WTO改革所应坚持的原则、改革议题的设计发表了自己的看法。刘教授是笔者非常敬重的学者、老师和兄长，因此笔者认真拜读了刘教授的文章，颇受启发。在感谢之余，想就该文提出一些不同观点，以和刘教授等诸位师长商榷，也期望能够为有关部门的决策提供参考。

一、是什么导致了WTO今天的尴尬局面

WTO如今之所以面临生死存亡危机的局面，刘教授认为主要有三方面的原因：（1）中国等新兴国家经济实力的增长打破了世界

经济原有格局，美国等传统西方经济强国竞争优势下降，全球贸易利益分配发生历史性变化，WTO体制及其规则体系未能做出调整加以适应，导致各方均表示不满；（2）科学技术的进步对全球市场特别是制造业造成巨大影响，全球产业布局及劳动力市场急剧分化，而大多数国家政府未能及时作出有针对性的经济政策调整，生产力严重下降、失业率上升，导致国内民粹主义、保护主义势力抬头，对奉行贸易自由化的WTO多边贸易体制形成巨大冲击和破坏；（3）WTO的成立并未改变其前身关贸总协定（GATT）固有的"契约"性质，未能成功转变为全球贸易治理组织，缺乏现代治理所应当具有的权威性和高效率，导致全球贸易政策及规则制定严重滞后，其体制机制日益僵化，直至濒临死亡边缘。[①]

在某种程度上，刘教授的观点非常有道理，而且国内外学术界和实务界甚至很多国家政府部门官员也持此种看法。本人对刘教授指出的第二个原因并没有多少异议，但对另外两点持不同意见。本人认为，上述原因固然对WTO今天尴尬局面的产生具有重要作用，但并不是根本原因。原因如下：

首先，以中国为首的新兴国家经济实力增长并不足以打破既有的世界经济格局，也不足以引起全球贸易利益乃至世界经济利益分配发生历史性变化。因为，到目前为止，虽然包括中国在内的新兴国家经济增长显著，尤其是中国已经重返经济大国行列、重现复兴崛起的态势，但是，不可忽视的是，在经贸尤其是金融领域，美欧日仍然占据主导地位，其在金融、投资和贸易市场准入、生产资料上游以及相关科学技术研发等方面，仍然具有新兴国家难以比拟的影响力甚至掌控能力。国际经济秩序说到底就是国家利益分配之争的结果，而其调整不仅仅与相关国家的综合市场份额相关，更与其对市场的影响力乃至掌控能力密切相关。一国拥有很高的国际市场份额以及国民生产总值和人均值本身，并不必然表明其拥有相应很

---

① 刘敬东：《WTO改革的必要性及其议题设计》，《国际经济评论》，2019年第1期。

高的国际市场影响力和掌控能力。就像2008年的美国一样，美国即便发生了震惊世界的严重金融危机，其对世界经济的影响力仍然是其他任何国家无法挑战和动摇的。这是客观事实。中国在市场准入方面作出进一步改革开放固然有内在发展驱动的原因，也有被迫作出妥协的原因。

其次，关于WTO固有的"契约"性质，本人认为，这很正常，并不构成WTO必须改革的根本原因。因为无论是从国际法一般意义上的相对"软法"性质来看，还是从WTO的成立宗旨来看，WTO作为国际经济贸易组织建立的基础当然不能脱根于其"契约"属性，WTO只能是主权国家治理全球贸易的"平台性"组织，而不能是凌驾于国家主权之上的"治理"组织；避免WTO具有国内法上的现代治理权威性和高效率，是包括发达国家和发展中国家成员有意促成的结果，这不是WTO的缺陷，而是WTO得以存在和延续的前提条件。笔者之所以这么认为，是因为WTO全体成员在《建立世界贸易组织的马拉喀什协定》中开宗明义地指出，"各成员在国际贸易和经济领域的努力应该（should be conducted with a view to）基于提高生活水平、保证充分就业和大幅度稳步提高实际收入和有效需求……等目的……"，[①] 文本中"Recognizing、while

---

[①] The Parties to this Agreement, **Recognizing** that their relations in the field of trade and economic endeavour should be conducted with a view to raising standards of living, ensuring full employment and a large and steadily growing volume of real income and effective demand, and expanding the production of and trade in goods and services; **while allowing for** the optimal use of the world's resources in accordance with the objective of sustainable development, seeking both to protect and preserve the environment and to enhance the means for doing so in a manner consistent with their respective needs and concerns at different levels of economic development, **Recognizing** further that there is need for positive efforts designed to ensure that developing countries, and especially the least developed among them, secure a share in the growth in international trade commensurate with the needs of their economic development, **Being desirous of contributing to** these objectives by entering into reciprocal and mutually advantageous arrangements directed to the substantial reduction of tariffs and other barriers to trade and to the elimination of discriminatory treatment in international trade relations, **Resolved, therefore**, to develop an integrated, more viable and durable multilateral trading system encompassing the General Agreement on Tariffs and Trade, the results of past trade liberalization efforts, and all of the results of the Uruguay Round of Multilateral Trade Negotiations, **Determined** to preserve the basic principles and to further the objectives underlying this multilateral trading system.

allowing for、Being desirous of contributing to、Resolved, therefore、Determined"的措辞表明，多边贸易体制（WTO）的建立是为了实现上述目的而服务的，如果不能实现上述目的，那么，就说明WTO的运作是失败的，其结局要么是让WTO通过改革以生存，要么就是有关成员退出WTO自谋发展。这是WTO赖以建立和存续的法理基础。需要指出的是，WTO本身并没有明确要求各成员必须采取怎样的经济贸易制度，而是要求各成员通过多边谈判确定具体减让义务并尽可能诚信履行之，如果履行的结果对其是不利的或者有害的，其可以根据规则发起"两反一保"，甚至通过谈判修改或回撤其已作减让。换言之，WTO机制的设计本身就不是一个全球贸易治理组织，也从一开始就没有要求其必须具有现代治理所应当具有的权威性和高效率。相反，WTO现行机制的设计目的首先在于通过建立一个使多边受益的多边贸易制度来促进多边贸易乃至世界经济的发展；其次，如果有关成员不能因此受益甚至受损，那么，WTO的主要工作就在于想方设法甚至付出一定代价，使有关成员留在多边贸易体制内以维系多边贸易体制的存在，这些代价包括允许有关成员发起"两反一保"或者暂时中止、修改或者撤回其减让承诺，或者使多边贸易体制暂时失去其稳定性。综上所述，"契约"属性的存在并不是WTO面临今天尴尬处境的原因。

二、导致WTO生死存亡危机的根本原因

那么，导致WTO今天局面的根本原因是什么呢？要讨论这个问题，就不得不回顾到战后国际经济秩序的重构问题，也即必须对布雷顿森林体系进行重新检讨。布雷顿森林体系从一开始就不仅仅是国际货币金融体制问题，也不仅仅是以《关税与贸易总协定》（简称GATT）为代表的多边贸易体制问题，而是一个涵盖二者

的闭环。① 换言之,金融与贸易是国际经济秩序构建无法回避且必须同时兼顾的两个问题。国际金融秩序的根本任务在于解决交易信用问题,国际贸易秩序的根本任务在于解决市场准入和贸易秩序问题。然而,任何制度设计即使再完美,一旦落地于鲜活且复杂社会尤其是国际社会,都必然会变得千疮百孔。布雷顿森林体系也是如此:布雷顿森林体系一开始所确立的"双挂钩"货币体系,实际上脱胎于金本位货币制度,目的在于解决各国(美国苏联除外)由于战后缺乏黄金而导致货币不被市场接受引发的交易信用不足并进而引发国内国际贸易停滞的问题。然而,该制度的重大缺陷在于,各国为了使本国货币获得市场认可并具有交易信用就不得不想方设法获得更多的美元,并且把美元储备起来为本币交易信用进行背书。这就使得美国的国际贸易必然会长期出现逆差,并最终导致美国赖以发行美元的黄金信用最终出现不足,并进而引发了双挂钩制度的崩盘。需要指出的是,美元与黄金虽然在法律上脱钩了,但是其黄金储备客观上仍然为美国提供着信用。国际经济社会在国际交易信用不足且绝大多数国家货币不能提供交易信用的情况下,客观上不得不继续以美元为国际基础货币来填补交易信用的不足。后来西欧和日本等发达国家货币也逐渐成为了国际基础货币的补充。这种国际交易信用规模的扩张,客观上为国际贸易的发展起到了巨大的推动作用。然而,由于越来越多新兴国家采取外向型经济发展战略,这些国家对外经济贸易发展越发展,获得的发达国家货币就越多,客观上也导致了发达国家的货币超发问题。在本质上,货币其实与汇票等票据并无二致,一国进口越多,对外货币流出就越多,信用负债就越大,为此所承担的财政兑付风险就越大。而要解决这个风险问题,就必须想办法让流出的货币回流,其主要方法就是要扩大出口。而对于新兴经济国家而言,其外向型经济之所以成功主要赖于鼓励出口的同时,通过多边贸易机制赋予发展中国家的特殊待

---

① 臧立:《对布雷顿森林体系的再审视》,《法律与外交》,第3卷,2018年版。

遇，限制对外国产品和服务的市场准入，从而获得贸易顺差，进而拉动国内经济的发展。发达国家为了扩大出口，就不得不逼迫发展中国家进一步开放市场。由于自身国际市场竞争力本来就弱，市场的进一步开放很可能会导致顺差减少并影响国内经济发展，使自己最终沦为发达国家的经济附庸，发展中国家往往会在要求发达国家进一步开放、分享世界经济发展红利的同时，抵制市场开放。这是WTO目前陷入生死存亡尴尬处境的根本原因。

其次，WTO本身也具有自身先天不足的缺陷：本来，从WTO的建立宗旨来看，各成员加入世界贸易组织是期望通过共同把蛋糕做大而各自都能获得更多利益，而不是为了使本国经济遭受冲击和损害。在国内经济出现问题的时候，有关国家都希望可以采取贸易管制措施来降低国内社会经济风险。但是，客观上，WTO规则的不断完备使得各成员能够不付出代价就采取的措施空间越来越小；WTO争端解决机制的不断强化也使得各成员的违约经济成本和社会成本越来越高；科学技术的不断发展和普及，也使得发达国家的技术领先优势越来越小；发展中国家尤其是新兴发展中国家对进一步开放市场的抵制又越来越强硬；WTO成员数量越来越多，客观上也使得多边贸易谈判的撮合难度和时间成本不断增加，如此种种，都极大地消磨着发达国家的耐心。而与此同时，中国作为不同意识形态国家的快速崛起也越来越引起美欧日的警觉和不安。一场试图通过国际经济秩序重建来维系自己的利益最大化的较量就会必然上演。这场较量使WTO乃至其他国际经济政治组织受到波及是在所难免的。

三、关于WTO改革的方向和议题设计

那么，究竟应该如何解决WTO所面临的这场生死危机呢？针对这个问题，欧美日中乃至其他各成员都从自己的利益出发拿出了

自己的方案,这些方案客观上其实都不过是其谈判要价而已。由于各方案存在重大利益冲突,争吵在所难免。那么,究竟应该如何确定改革方向和议题才能实现WTO各成员彼此利益的最大公约数呢?刘教授认为:以中国为代表的广大发展中国家应该坚决维护WTO多边贸易体制、反对贸易保护主义和单边主义的主张,并以此为核心通过平等协商制定WTO改革方案,以循序渐进的方式推进改革,使之适应国际形势及国际贸易的新发展。WTO改革应当在坚持和维护WTO的根本宗旨和基本原则、维护发展中国家合法权益原则、坚持发扬民主与提高权威与效率相结合原则的基础上,本着捍卫自身核心贸易利益、追求各方共赢的方针设计议题,具体方案就是分阶段推进相关改革议题:在第一阶段谈判WTO投票权制度、争端解决机制、透明度,在第二阶段谈判反倾销和反补贴规则、农产品补贴、知识产权保护规则等议题,在第三阶段谈判国有企业与竞争法规则、国际投资法规则、互联网交易规则、国际贸易与可持续发展规则、国际贸易与人权规则等议题。

  对于刘教授的上述观点,笔者原则上是赞同的,但是,该方案的问题在于如此众多的议题,在过去二十多年里已经提了数次都没有结果,未来还需要花费多久才可能取得多边共赢的结局呢?!美欧日等国等得及吗?!如果这些发达国家失去耐心,一个以广大发展中国家为主的WTO符合中国的经济发展战略吗?中国承受得起由此带来的损失吗?!由于发达国家和发展中国家之间各自的立场与利益取向不同,在如何改革WTO的问题上注定会存在很大分歧,甚至相关利益冲突和观点分歧被有意识形态化和政治化都在所难免。本来,在世界经济上升周期过程中,相关改革议题一拖再拖,虽然对国际贸易乃至世界经济的发展有影响,但相关影响尚在有关国家可以忍受的程度内,即便国际间贸易冲突不断,但仍然都能可控的范围内。然而,随着世界经济进入下降周期,以美国为首的发达国家很可能会越来越失去耐性,迫切寻求突破,在WTO改革迟缓的情况下,撇开WTO与欧日等国另起炉灶的可能性不断上升，而且此种可能性已经逐渐成为现实。这方面最典型例证莫过于《跨太平洋伙伴关系协定》（简称TPP）了。虽然TPP目前由于美国的退出而影响力暂时有限，但如果美国未来重新加入呢？！我们必须清醒地认识到，如果没有发达国家为首的众多国家参与，全球市场必然将会被严重割裂，而由于发达国家是国际基础货币信用的主要提供者，也即国际主要交易信用的提供者，在发达国家抵制的情况下，必然将会出现国际交易信用严重不足的情况，这对中国等新兴经济体而言，必然会造成严重的负面影响。对WTO未来可能出现的发展局面，中国不能不未雨绸缪，提前作出预设。

关于WTO改革应该坚持的方针和基本原则，笔者完全同意刘教授的观点。但是，在WTO改革方向和改革议题的问题上，笔者有不同的意见和建议：

首先，笔者认为，WTO的改革方向应该也必须侧重于提高WTO机制的运作效率和多边贸易市场的进一步开放方面。因为在坚持维护发展中国家合法权益原则的大前提下，WTO的高效率运转和国际市场的进一步开放是符合全体WTO成员利益的。众所周知，在过去的二十多年里，WTO虽然对全球贸易的稳定有序发展作出了巨大贡献，但是由于成员数量太大等原因，其效率之低下已经严重影响了国际贸易的进一步自由化。GATT在其生效后的二十多年里已经完成了多轮回合的谈判，在国际贸易关税与非关税壁垒的削减和消除方面取得了巨大的成绩，而WTO在成立后的二十多年里在这方面却乏善可陈。这里面固然有国际贸易市场开放越往后谈判敏感度和谈判难度越大的原因，而WTO运作效率低下也是重要的原因之一。在当前世界经济不断下行的严峻局面下，通过推动多边贸易谈判尽快进一步推进全球市场的开放，对扭转世界经济发展的进一步恶化至关重要。

其次，笔者还认为，WTO的改革议题方案设计应该从多层面、多角度入手。刘教授所建议的改革议题方案是应该要涉及的，至于相关议题方在哪个阶段来谈判，需要由全体成员集体来决定。

但是，鉴于WTO过往二十多年来运作效率低下的教训，如何提高WTO运作效率的改革议题必须优先提出来。在这个问题上，笔者认为，WTO前身GATT的实践经验是可以予以借鉴的。GATT在其多边贸易回合谈判过程中，曾经多次发生有关缔约方无法就《反倾销守则》等协定达成一致的情况。为了促成协议达成以促进国际贸易的进一步自由化，GATT采取了在其多边贸易协定运行框架之外，创造了允许相关贸易协定以"单行多边贸易协定"达成并生效的先例。相关单行协定仅对其缔约方生效，并不基于最惠国待遇原则适用于协定缔约方的其他GATT缔约方。后来，在乌拉圭回合谈判中，这些单行协定部分被修改完善纳入了"多边贸易协定"，部分则纳入了"诸边贸易协定"的框架。有鉴于此，为了提高WTO效率，不妨借鉴GATT的此种做法，允许有关成员在WTO框架内缔结单行多边贸易协定，从而避免有关各方在WTO体制之外另搞一套机制的做法，以尽可能最大限度上维护WTO的权威性和多边贸易体制的稳定性。这其实也是"多轨道"谈判方式的一种灵活运用。

再次，笔者认为，应该进一步降低WTO制度尤其是特别保障措施的实施门槛，赋予相关制度和规则更多的弹性和灵活性，对各成员暂时中止或者修改减让承诺的行为给与适当的宽容，从而打消各成员的谈判顾虑，以促使其做出更多、更大胆的贸易壁垒减让承诺，以促进全球贸易的进一步自由化。在乌拉圭回合谈判之前，GATT曾经因"两反一保"措施的适用门槛过低被诸多缔约方滥用而饱受诟病。这也直接导致了各方后来在乌拉圭回合谈判中对"两反一保"措施适用条件的"从严"立场。① 然而始料未及的是，WTO多边贸易争端解决机制的有效运转，在很大程度上改变了国际贸易规则"过度软法"的状况，使WTO规则越来越"硬法化"了。这种局面的出现固然受到了WTO成员中遵纪守法者的欢

---

① 实际上，从"两反一保"的立法和实践来看，虽然其适用条件的确比过去提高了要求，但是，仍然给有关成员的滥用留下了大量的规则空间。

迎，但是客观上也使得各成员在作出贸易减让承诺时趋于更加慎重甚至保守。同时，由于违法难度上升和违法成本提高，有关成员政府在迫于国内产业压力而没有更好的替代措施时，往往会倾向于采取超强度违反WTO义务的做法，即反正要违反WTO规则了，索性就多违反一些，违反得狠一些。基于此种教训，笔者认为，在这方面，我国政府不妨提议赋予WTO规则更多的弹性和灵活性，允许各成员在不同条件下在不同程度上适度地减轻、中止、修改或者背离其条约义务。

论刑法中期待可能性理论引入中国之可行性

国际法系 焦 阳

期待可能性理论肇始于德国,是规范责任论的核心,在大陆法系国家的刑法理论和实践中属于三阶层犯罪论体系中的责任阶层部分。期待可能性作为有责性的例外要素,可以作为超法规的责任阻却事由。期待可能性理论在我国的研究,是伴随着学习吸纳域外优秀法学研究成果展开的,该理论可充实我国的刑法学体系,为行为人"出罪"提供最后的机会。我国全面研究期待可能性理论的历史不到30年,对该理论的评介引入有利于我国刑法学知识体系的完善。

一、期待可能性理论的形成与发展

(一) 理论的形成

期待可能性理论肇始于19世纪末的德国。1897年3月23日德意志帝国法院第四刑事部所作的"癖马案"的判例,成为期待可能性的理论渊源。该案的案情是:被告人系马车夫,驾驭一辆双辔马车,其中一匹马有以马尾绕缰并用力压低缰绳之习惯。被告人常向其雇主提出此问题并要求换一匹马,但未得允许。1896年7月19日,当被告人驾车时，该马癖性发作，将尾绕缰用力下压，致使马车失控狂驰，将一行人撞倒并致其骨折。检察官以过失伤害罪对被告人提起公诉，但一审法院宣告被告人无罪，检察官提出上诉，此案移送德意志帝国法院审理。帝国法院驳回了检察官上诉，其理由是：要认定被告具有过失责任，仅凭其认识到该马有以尾绕缰的习惯并可能导致伤人还不够，还必须以被告基于此认识而向雇主提出拒绝驾驭此马为必要条件。然而，事实上无法期待被告人不顾丢失工作的危险而向雇主拒绝驾驭此马，故被告人不应负过失责任。①

　　这一判例公布之后，引起了德国刑法学界的关注。德国学者迈尔（Mayer）于1901年发表题为《有责行为与其种类》的论文，首创规范责任论，说明有责任之行为，即所谓故意行为与过失行为，均为违反义务之意思活动（规范的要素），至于行为人认识违法与否的确定问题（心理的要素），不过是区别责任种类的标准而已。迈耶指出，责任要素除心理要素外，还必须有"非难可能性"存在。如果在日常生活中行为人处于无法可想的地步而不能期待为适法行为时，则行为人所为之违法行为，不存在非难可能性，因此可以免责。1907年，德国学者弗兰克（Frank）发表题为《责任概念之构成》的论文，指出责任是心理要素、责任能力及正常随附情状等要素的复合体，而此种要素，可用"非难可能性"一词来概括，而非难可能性并非仅根据"以行为人心理内容为中心"的故意或过失来决定。1927年，德国的E·修米特在对《德国刑法教科书》修订时作了重大修正，它正式摒弃了心理责任论，而采用规范责任论的立场。他指出，法律规范与义务规范一种是评价规范的作用，一种是命令规范的作用，两者之间是先后纵向的继承关系，而责任是心理要素与规范要素的结合。进而，他把责任定义为，"以责任能力为前提之心理事实与价值判断之关联；或关于惹起违法行为之心

---

① 蔡墩铭：《刑法总则论文集》，台北：五南图书出版公司，1983年版，第474、495页。

理缺陷现象而应加非难者"。① 因而,E. 修米特成为了期待可能性理论的集大成者。

(二)理论的发展
1. 在德国的发展
经过德国学者的努力,到了20世纪20年代期待可能性理论在德国成为通说。从司法实践看,目前德国禁止乱用期待可能性,对期待可能性理论的适用仅仅限于法律明文规定的情形,如《德国刑法典》第三十三条规定:防卫人由于惶惑、害怕、惊吓而防卫过当的,不负刑事责任。这是德国刑法规定体现期待可能性理论的一个典型。但是目前德国司法实践禁止在法律没有明文规定的情况下适用期待可能性,即不允许所谓超法规的期待可能性的适用。相应的在德国刑法理论界,学者亦不赞成期待不可能性作为超法规的免责事由,但承认它可以是法律规定的特别的免责事由。②

2. 在日本的发展
日本刑法学者对期待可能性理论亦颇多研究,期待可能性作为阻却责任事由,在日本刑法学界基本上已成通说。日本法院对期待可能性理论在初期仅作为减轻责任的理由,其后则逐渐承认其为阻却责任之事由。二战以后,由于其国内经济遭受破坏,人民生活困苦,下级法院非常热衷于以无期待可能性为由宣告被告人无罪,且将该理论扩大。如昭和31年12月11日最高法院一判决认为:"以期待可能性之不存在为理由而否定刑事责任之理论,并非依据刑法上之明文规定,而应解为系超法规的阻却责任事由。"

---

① 陈友锋:《期待可能性:刑法上地位之回顾与展望》,台北:辅仁大学1993年硕士学位论文,第59—60页。

② 廖梅:《积极审慎引进期待可能性理论》,《检察日报》,2004年7月11日。

二、期待可能性理论的内涵与地位

（一）期待可能性的概念

关于什么是期待可能性，我国刑法学者通过对国外及台湾地区的期待可能性理论研究和概括，对期待可能性概念曾有三种不同的解释：1. 期待可能性，就其含义来说，是指在行为当时的具体情况下，能期待行为人做出合法行为的可能性。[①] 2. 所谓期待可能性，指行为人有能力且有条件依法选择合法行为的可能性，如果行为时具有选择合法行为的可能性，为有期待可能性，如果行为时没有选择合法行为的可能性，为无期待可行性。[②] 3. 期待可能性指的是，对一定行为，要认定其责任，必须对该行为人能期待其不为该犯罪行为而为其他合法行为的情形。也即能期待该行为人不实施该犯罪行为，但该行为人却违反此种期待而实施犯罪，因而产生责任。如果缺乏期待可能性即期待不可能，就成为阻却责任事由。法律不强人所难，不要求人去做难以做到的事。[③]

由此可见，期待可能性回答的基本问题是关于在某种情形下行为人有无选择其他行为的可能性。但是上述三种定义存在着不一致的地方：第一种定义采用积极界定法，即直接就期待可能性加以界定；第二种定义采用综合定义法，即就期待可能性的内涵，从积极和消极两方面同时着手，进行阐述；而第三种定义则从责任论的角度出发，提出了阻却责任事由。对此，笔者针对以上定义中的分歧，提出自己的看法。

第一，如何化解期待者与被期待者之间的矛盾。积极定义法与

[①] 陈兴良：《刑法哲学》，北京：中国政法大学出版社，1992年版，第52页。

[②] 姜伟：《期待可能性理论评说》，《法律科学》，1994年第1期。

[③] 罗树中：《刑法制约论》，北京：中国方正出版社，2000年版，第36页。

综合定义法相比,少了消极定义的部分。这种不同反映的是期待者与被期待者之间的对立。① 由于期待的主体是制定刑法规范的国家,被期待的对象是受刑法规范所约束的社会个体,因此就难免出现期待者的要求高、而被期待者的能力低的局面。如果采用积极的定义,可看作立足于期待者而忽视了被期待者的能力,这固然保证了法规范的秩序,但却有害于被期待的对象的利益。而采用综合概念,同时兼顾了两者的实际情况,但忽视了期待可能性与内部因素以及责任阻却事由的关系,也需要完善。

第二,如何理解期待可能性事由的含义。期待可能性是责任的下位概念,我们不能将期待可能性依附于责任概念中。把期待不可能性作为阻却责任的事由,在大陆法系学者中没有争议。但是,以欠缺期待可能性为阻却故意责任的事由,是否认为是超法规的责任事由,还是仅仅限于刑法中有明文规定的责任阻却事由呢?基于这种考虑,笔者认为,我们应将期待可能性事由划分为:规范中的期待可能性事由和超法规的期待可能性事由。对于前者所蕴含的期待可能性称为规范中的期待可能性,而将后者称为超法规的期待可能性。

综上所述,所谓期待可能性,是指依据行为之际的现实情形,能够期待行为人不实施犯罪行为而实施适法行为;反之,则为无期待可能性。作为阻却责任事由,由期待可能性评价的行为皆有违法性,只是若对该行为处以刑罚,法律对其无法苛求;反之,缺乏阻却责任事由,法律可以对其进行苛求,行为人要承担刑事责任。

(二)期待可能性的理论地位

期待可能性是责任要素,学说上并无争议,对于期待可能性在责任论中的位置,有三种主张:一,将它作为与故意、过失并列的第三种责任要素,如弗兰克、格尔德施米特;二,认为期待可能性

---

① 童德华:《刑法中的期待可能性论》,北京:中国政法大学出版社,2004年版,第23页。

应包含在故意、过失概念之中，是故意、过失的构成要件学说，如弗罗登培尔、施米特；三，认为将期待可能性作为"有责性"的例外性要素，即期待可能性的不存在作为责任阻却事由，如佐伯千仞。可做一个简单分类，前两种学说将期待可能性作为一种积极的责任要素，而后一种则将其视为一种消极的责任要素。

期待可能性虽然是指向行为人的主观的，但是与故意或过失不同，它不是行为人的主观的、心理的内容本身，而是从法规范的角度对处于具体状况下的行为人的主观选择所作的评价。期待可能性判断必须考虑行为当时的实际情况、有无特殊事由存在等。可以说，故意、过失是主观性归责要素，而期待可能性是客观性归责要素。第一种主张的问题在于：如果三者并列，则期待可能性就成为犯罪事实的一部分，就要求司法机关证明，就会加重检察官的责任，尤其专门证明有无期待可能性。这在司法实务上不太现实。第二种主张面临的最大批评是：故意、过失是对基本事实的认识，期待可能性则不涉及基本的行为事实之有无，期待可能性并不具有区分故意、过失的功能。[①] 对于第三种观点，它承认了责任能力、故意、过失与期待可能性的紧密联系，肯定了犯罪论的一般情况的存在意义，但又不把期待可能性等同于责任能力、故意或过失，将其作为一个例外因素来考虑，只在特别的外部情况下，才产生阻却责任的作用。对待是否构成犯罪时，只需注意其有无特殊情况即可，无须证明每个案例的特殊情况。在实际处理案件时，只要存在以行为人的内心要素为基础的故意、过失，一般就可以说行为人有责任，没有期待可能性的事态只是例外的情况。所以，在个案中，需要在确认个人有故意、过失之后，再考虑是否有必要利用期待可能性理论为被告人辩解，以求得实质上的合理性。因而，第三种学说更为合理。

总之，在三阶层犯罪论体系中，由于责任论包含了无刑事责任

---

① 周光权：《期待可能性理论及其运用》，《人民法院报》，2003年2月28日。

能力和期待可能性等责任阻却事由,而责任阻却事由的判断则是一种消极的、反向的判断,所以有责性判断具有出罪功能。① 期待可能性作为消极的责任要素,具备出罪的功能,体现了刑法学体系入罪与出罪相结合的特色。

三、期待可能性与我国司法实践

(一)我国引入期待可能性的合理性

古谚有:"法律不强人所难。"期待可能性理论就根源于人性的脆弱和人的意志的相对自由。但即便在这种相对自由中,我们还必须看到,简单的故意、过失之分无法覆盖丰富和复杂的情形,而期待可能性理论恰恰弘扬人性、关注个体,因而其具有强大的生命力。

1. 期待可能性理论具有科学的依据:(1)法学依据:法律规范。期待人们实施合法行为的法律根据只能是法律规范。(2)哲学依据:相对的意志自由。期待可能性理论实际上是对人的意志的相对自由的反映,正因为有了相对的意志自由,行为人才有了实施严重违法行为与不实施严重违法行为的选择可能。然而,人们并非总是具有意志自由,一定的客观条件可能使人丧失意志自由,在此情况下,行为人已没有意志自由,也就没有了期待可能性,所以不能要求行为人承担刑事责任。

2. 期待可能性理论凸显人性关怀:规范责任论认为,行为人具有一定的自由意志,如果处于非正常情况下,行为人对于期待不可能的情况选择违法时,若追究行为人的责任,是有悖于人情且不人道的。人的生命是无价的,而人道主义是刑法的基本原则,刑法的人道性也要求期待可能性理论的引入。

---

① 曲伶俐:《三阶层犯罪论体系的理性检视与合理借鉴》,《求索》,2011年第5期。

3. 期待可能性理论符合刑法的谦抑精神,有利于预防、教育犯罪。我国正在进行法治建设,严格依法办事是对司法机关的基本要求。但是由于社会转型,社会上存在着一些不公正现象。在无期待可能性的情况下追究行为人的刑事责任,处罚不仅不能达到预防与抗制效果,而且其行为无疑是强人所难。可见,刑法对这类行为应当谦抑,不以犯罪论处。

(二)我国引进期待可能性理论应注意的问题

1. 在我国,目前所有的期待可能性概念都是直接搬自大陆法系,并没有运用我国刑法理论对其进行消化、吸收与改造。西方的期待可能性概念以行为的违法性作为其理论前提,不符合我国刑法理论。首先,大陆法系认为行为即使具有违法性,仍可以无期待可能性排斥主观罪过(有责性)从而不负刑事责任。而在我国,违法行为是指不履行法定义务或实施法律禁止的作为或不作为,行为人主观上必须出于故意或过失。其次,紧急避险行为、部属执行上级命令行为等,理当以无期待可能性来解释不负刑事责任的原因。但在我国,这些行为都是刑法上的正当合法行为,不具备西方期待可能性的理论前提:行为的违法性,因而无法以期待可能性理论来解释我国的这些刑法理论。在我国,不能以行为的违法性作为期待可能性的理论前提,期待可能性问题研究的是在行为造成一定损害结果的情况下,是否追究行为人的刑事责任问题。

2. 不宜用期待可能性理论解释完全无刑事责任能力者及限制性刑事责任能力者的免除或者减轻刑事责任问题。首先,刑事责任能力与期待可能性在刑事责任理论中的逻辑层次看:在刑事责任构成的框架中,刑事责任能力与期待可能性分属同一层次的两个并行的范畴。刑事责任能力的内容为刑事责任年龄与精神状态;而期待可能性是根据行为人实施行为当时的具体情况对行为进行评价,二者均可以独立地对违法性行为进行评价,单独成为阻却责任事由。其次,刑事责任能力自身具有阻却责任的合理性依据:制裁不作用于无能力之人。刑事责任是对行为人意志的非难可能性，而精神健全、达到刑事责任年龄是做出刑法意义的行为的前提。如果用期待可能性理论评价刑事责任，则造成了概念逻辑出现错位。

3. 关于期待可能性在我国的适用范围，应分为以下两种情况：（1）强制状态下的行为：对于强制状态下的行为，一般认为可分为绝对强制和相对强制。在绝对强制状态下，行为人毫无任何意思自由可言，不存在期待可能性的问题。相对强制按行为人心理上遭受强制是否达到丧失对意志支配程度又分为两种：一是强制未达到不可抗拒的地步，此时不具有期待可能性；第二种强制达到不可抗拒，但又有相对自由意志时，此时才有可能考虑期待可能性的问题。（2）违法拘束命令：违法拘束命令下的行为，必须是负有服从命令义务的人，根据上级的违法命令实施的违法行为。有两点需要注意：首先，该命令必须是具有约束力的命令，这样行为人才能具有期待不可能；其次，该命令必须是在命令人权限范围内发出的，超出权限范围的，则不存在期待可能性，而不能阻却责任。

（三）期待可能性在我国刑事司法领域的实践

事实上，我国的刑事司法也富有期待可能性思想。1. 在定罪方面，期待可能性是定罪的前提，如果不存在期待可能性，则不能给行为人定罪。比如，在女青年牺牲他人生命保全自己生命案中，[①] 由于环境特定，出于自保的普通人性，女青年不存在行为的可选择性，所以女青年牺牲他人生命保全自己生命的行为不是犯罪，因而不负刑事责任。再如，对因自然灾害而流落外地，为生活所迫而与他人重婚的，因婚后受虐待而外逃后再婚的，被拐卖而再婚的，都不以重婚论处，这是因为行为人是为生活所逼，缺乏重婚的主观罪过，所以不是重婚犯罪。2. 在量刑方面，期待可能性程度高低与刑

---

① 该案的案情详见陈兴良、曲新久主编：《案例刑法教程》，北京：中国政法大学出版社，1994年版，第351—352页。

事责任轻重成正比,期待可能性程度高者,反映了其主观恶性大,因而刑事责任重;反之则刑事责任轻。

比如,同样是盗窃、抢劫、贪污、挪用、侵占等犯罪,出于奢侈享受而实施上述行为和为生活所迫而实施上述行为,在其他情节基本相同的情况下,后者的刑事责任之所以常常轻于前者,就是因为后者实施适法行为的期待可能性弱于前者的缘故。期待可能性理论对于一些司法实践中发生的刑事疑难案件的解决同样具有指导意义。在家庭暴力引发的"受虐妇女杀夫"案中,也可考虑对现实情况下受虐妇女是否有期待可能性作出判断。

由上文可知,在一般情况下具有责任能力的人基于故意、过失实施某一行为,通常就存在期待可能性。所以,行为人有无期待可能性,在绝大多数案件中,都不需要特别予以考虑。但在某些特殊情况下,期待可能性的判断仍然是必要的。期待可能性与刑事责任能力是功能、价值不同的两种理论与制度设计。笔者希望,期待可能性理论能早日正式引入我国,在结合我国法律制度实际的前提下,为我国的刑事司法开创一片新的天地。

领土争端解决中的关键日期

——以国际司法和仲裁判例为基础[*]

国际法系 宋 岩

内容提要 国际法庭在解决领土争端的实践中创造并发展了关键日期的概念,当事方之间的领土争端在该日期已经明确化,原则上应当排除之后对争议领土所实施的主权行为,从而维护领土关系的稳定性,敦促当事方尽早选择和平方法解决争端。关键日期一般在适用有效控制规则解决的领土案件中会发挥重要作用。争端明确化的判断标准是当事方对具体争议领土存在明确冲突的主张,此种冲突的主张一般可以反映在外交通信中,通常表现为一国明确或通过行为主张争议领土主权,而另一国对此表示反对或抗议。

关键词 关键日期 领土争端 国际法庭

领土争端通常涉及复杂的事实,当事方可能会提出多年之前甚至几个世纪前关于争议领土的证据,然而,国际法庭并不必然接受任何时期的证据,对于发生在关键日期之后的大部分证据,原则上不会考虑。在具体的领土争端中,可能涉及多个对于解决争端重要的日期,选择哪个日期作为关键日期会直接影响到当事方的主张能

---

[*] 本论文获得"中央高校基本科研业务费专项资金"资助,项目名称《领土争端解决中的有效控制规则研究》,项目编号3162016ZYKD01。

否得到国际法庭的支持,因此,关键日期的选择经常成为一种诉讼策略。当事方利用关键日期使有利于自身的证据尽可能多地得到国际法庭的接受,并尽力排除对方提交的证据,所以关键日期的确定对于部分领土争端具有重要意义。本文将主要立足国际司法和仲裁判例,研究关键日期在具体争端中所发挥的作用以及国际法庭确定关键日期的方法。

一、关键日期的含义

关于关键日期的含义,学者们有各种不同的观点。有学者认为,应主要依据关键日期时存在的情势裁判领土的归属,发生在之后的行为不能改变当时的领土归属情况,如果当时一国具有对领土的主权,那么现在仍然应当具有,或者推定其继续具有。[1] 也有学者认为关键日期是当事方之间争端产生的日期。[2] 还有学者认为,关键日期是"法律争端诞生的关键时刻,通过当事方提供的证据以推断当事方的权利已经明确化,以至于其后的行为不能改变此时的法律地位"。[3]

关键日期的概念主要来源于国际司法和仲裁实践,国际法庭在解决领土争端的实践中创造并发展了关键日期,因此,应当关注国际司法和仲裁判例。在1928年美国诉荷兰"帕尔马斯岛案"中,仲裁员休伯首次提出了关键日期的概念,"(如果主张)依据实际展示

---

[1] Robert Jennings, *The Acquisition of Territory in International Law* (Manchester: Manchester University Press, 1963), p. 31; Malcolm N. Shaw, *International Law* (New York: Cambridge University Press, 6th edn, 2008), p. 509; Gerald Fitzmaurice, "The Law and Procedure of the International Court of Justice, 1951-4: Points of Substantive Law (Part II)", (1955-1956) 32 *British Yearbook of International Law* 1, pp. 20-21.

[2] D. H. Johnson, "The Minquiers and Ecrehos case", (1954) 3 *International and Comparative Law Quarterly* 189, p. 211.

[3] 张卫彬:《国际法院解决领土争端中的关键日期问题——中日钓鱼岛列屿争关键日期确定的考察》,载《现代法学》2012年5月第34卷第3期,第121页。

主权的事实,那么仅证明在某一特定时期有效取得了领土主权还不足以确定当事方的权利,还必须表明领土主权持续存在,并且在争端解决的关键时刻实际存在"。① 在该案中,美国的主要权利根据是1898年与西班牙签订的《巴黎条约》,但该主张的有效性取决于西班牙割让领土时是否拥有对帕尔马斯岛的主权,因此仲裁员认为条约签订的日期应当作为关键时刻。② 之后,在1933年丹麦诉挪威"东格陵兰法律地位案"中也提到了关键日期。常设国际法院认为:挪威1931年7月10日照会丹麦,正式提出先占了东格陵兰部分地区,主张领土主权,该日期构成了关键日期。③ 然而,这两个案件都没有明确说明关键日期的具体含义及判断标准。在1953年法国和英国"明基埃和埃克荷斯案"中,尽管两国对关键日期进行了激烈地讨论,但国际法院并没有采取两国的观点,也没有明确该案的关键日期,只是指出,主权争端直到1886年和1888年才产生,当时法国首次分别主张埃克荷斯岛(Ecrehos)和明基埃岛(Minquiers)的主权。尽管如此,结合该案的特殊情况,法院认为也应当考虑发生在上述日期之后的行为,除非行为是为了提升相关当事方的法律地位而为之。④ 一直到1966年阿根廷和智利"边界仲裁案",仲裁法庭才首次明确了关键日期的概念,认为关键日期是指"特定的日期,对于发生在其后的当事方的行为证据,法庭不予接受"。⑤ 在2002年马来西亚和印度尼西亚"利吉坦和西巴丹岛屿主权案"中,国际法院指出:"不会考虑当事方在争端已经明确化之后实施的行为,除非该行为是先前行为的正常延续,而且不是出于提升依赖该

---

① *The Island of Palmas case (United States of America v. The Netherlands),* Award of the Tribunal, 4 April 1928, R.I.A.A., Vol. II, p. 893.

② *The Island of Palmas case,* p. 845.

③ *Legal Status of Eastern Greenland (Denmark v. Norway),* Judgment of April 5, 1933, P.C.I.J., Ser A/B, No. 53, pp. 44-45.

④ *The Minquiers and Ecrehos case (France/United Kingdom),* Judgment, 1953, I.C.J. Reports 1953, p. 59.

⑤ *Argentine-Chile Frontier case,* 9 December 1966, R.I.A.A., Vol. XVI, p. 166.

行为的当事方的法律地位目的而为之。"① 此种观点得到了之后司法和仲裁实践的认可和沿用。

通过分析关于关键日期的学者观点以及司法和仲裁实践，可以将关键日期理解为特定的日期，在该日期当事方关于领土的争端已经明确化，因而排除之后对争议领土所实施的主权行为，这些行为不能影响该日期时领土主权的归属情况。

二、关键日期的意义

关键日期的含义表明了确定关键日期的意义，也就是在原则上排除关键日期之后的对争议领土所实施的主权行为。在2007年尼加拉瓜诉洪都拉斯"领土和海洋争端案"中，法院指出，在领土争端中，争端明确化的日期具有意义，意义在于对两类行为进行区分：一方面是争端明确化日期之前的以主权者意志实施的行为，在确立或确认主权时应该考虑这些行为；另一方面是发生在该日期之后的行为，对于确立或确认主权一般没有意义，已经对争端做出主张的国家再实施这些行为，只是为了借助相关行为强化其主张。② 领土争端可能会涉及几十年甚至几个世纪的历史，如果考虑当事方在争端已经明确化之后对争议领土所实施的主权行为，有可能损害已经确立的主权归属。此外，当事方为了改善和提升其主张，必定会竭尽全力地对领土实施主权行为，考虑关键日期之后的行为，不仅无助于争端的解决，还会激化矛盾，从而使争端更加复杂。因此，"确定关键日期，并以关键日期时的情势作为裁判案件的依据，

---

① *Sovereignty over Pulau Ligitan and Pulau Sipadan (Indonesia/Malaysia)*, Judgment, I.C.J. Reports 2002, p. 682, para. 135.

② *Territorial and Maritime Dispute between Nicaragua and Honduras in the Caribbean Sea (Nicaragua v. Honduras)*, Judgment, I.C.J. Reports 2007, pp. 697-698, para. 117. See also *Territorial and Maritime Dispute (Nicaragua v. Colombia)*, Judgment, I.C.J. Reports 2012, p. 652, para. 67.

对于维持现状，避免争端进一步激化，鼓励争端当事方诉诸法律手段解决争端具有重要意义"。[1]

在领土争端中通常会涉及一个或多个重要的日期或期间，对于解决领土主权归属是关键的，选择哪个日期的作为关键日期可能使一方当事方获利，这使得关键日期的选择成为一种诉讼技巧。[2]如果一国对领土的主张主要根据取得时效或类似方式，那么关键日期越推后，以此为基础建立权利的机会就越高，相反，在这种情况下，对于主要依据先前权利的另一国，关键日期越提前，可能对该国更有利。如果关键日期并不明显，关键日期的选择就必然成为主要问题，因为各方都希望选择一个日期，能够尽可能多地认可有利于己方的事实，同时排除有利于对方的事实。[3]例如，在2007年"领土和海洋争端案"中，尼加拉瓜主张关键日期为1977年，而洪都拉斯认为关键日期为2001年，国际法院最终认可2001年是关键日期。[4]大部分洪都拉斯主张的行为发生在尼加拉瓜主张的关键日期（1977年）之后，例如，洪都拉斯对其民法和刑法的适用和执行主要开始于90年代，移民管理活动甚至发生在1999年以后。[5]然而，因为法院确定的关键日期是2001年，所以很多洪都拉斯较晚时期实施的主权行为也得到了认可，极大支持了洪都拉斯的主张，这是洪都拉斯最终能够赢得诉讼的主要原因之一。因此，关键日期对于解决领土争端可能会发挥相对重要的作用，特别是对于适用有效控制规则解决的领土案件。

虽然在原则上排除关键日期之后的主权行为，但仍然存在例外情形，国际法院认为如果"该行为是先前行为的正常延续，而且不

---

[1] 王军敏：《国际法上的关键日期》，《政法论坛》，2012年7月第30卷第4期，第164页。

[2] Robert Jennings, *The Acquisition of Territory in International Law*, p. 34.

[3] Gerald Fitzmaurice, "The Law and Procedure of the International Court of Justice, 1951-4: Points of Substantive Law (Part II)", p. 21.

[4] *Nicaragua v. Honduras case*, pp. 699-700, paras. 127-129.

[5] *Nicaragua v. Honduras case*, pp. 711-722, paras. 168-208.

是为了提高依赖该行为的当事方的法律地位目的而为之,那么将仍然考虑这些行为"。① 首先,这表明发生在关键日期之后,不是为了自利目的的行为或证据是可以考虑的,例如,有违自身利益的承认等。② 也有学者认为,发生在关键日期之后的事件也是可以被接受的,但只具有从属性质,它们不能产生或者完善权利,也不可以直接证明权利,只能间接地证实发生在关键日期之前的事件。③ 例如,在2002年"利吉坦和西巴丹岛屿主权案"中,马来西亚也提出,关键日期的意义不在于证据的可接受性而是关于证据的效力。④ 然而,国际法院并没有区分关键日期前后行为的效力差别,只是指出,如果发生在关键日期之后的行为符合相关条件,就会考虑,否则将完全排除。

问题的关键在于什么样的行为可以构成"先前行为的正常延续",在部分案件中,国际法庭对该问题进行了一定的说明。在1928年"帕尔马斯岛案"中,该案的关键时刻是1898年《巴黎条约》签订和生效之时,而该争端源于1906年一名美国将军访问帕尔马斯岛后,美国向荷兰提出抗议,主张对岛屿的主权。关于20世纪之后的行为,仲裁员注意到荷兰当局与帕尔马斯岛的关系在《巴黎条约》签订前后并没有实质差别,因此不能因为可能受到条约影响而完全排除1898年到1906年之间荷兰实施的主权行为。例如,1899年荷兰与当地首领签订的契约同之前1885年签订的契约基本一致;1904年和1905年的征税表和税收制度也与1895年的设置完全相同。⑤ 在1953年"明基埃和埃克荷斯案"中,法院认为在

---

① See *Ligitan and Sipadan case*, p. 682, para. 135. See also *Argentine-Chile Frontier case*, p. 166; *Nicaragua v. Honduras case*, pp. 697-698, para. 117.

② James Crawford, *Brownie's Principles of Public International Law* (Oxford: Oxford University Press, 8th edn, 2012), p. 219.

③ L. F. Goldie, "The Critical Date", (1963) 12 *International and Comparative Law Quarterly* 1251, p. 1254.

④ *Ligitan and Sipadan case*, p. 679, para. 129.

⑤ *The Island of Palmas case*, p. 866.

许多方面，在争端产生之前关于岛屿的活动就已经长期逐步发展，以相同的方式一直持续并没有间断，在这种情况下，没有理由排除所有发生在1886年和1888年之后的正处于持续发展中的事件。[1]在2008年马来西亚和新加坡"白礁、中礁和南礁主权案"中，关于白礁岛（Pedra Branca/Pulau Batu Puteh），国际法院认为关键日期应当是1980年。新加坡发生在1980年之前对船舶失事事件进行了调查，在1980年之后继续进行调查，主张相同的政府机构延续了关键日期之前的调查行为，[2] 得到了法院的支持。[3] 通过总结上述三个案例可以发现，虽然部分行为发生在关键日期之后，但是在行为主体、内容、地点以及实施方式方面与之前的行为一致，并不存在实质性差别，因此构成了先前行为的正常延续，否则将难以得到认可。

同样在2008年"白礁、中礁和南礁主权案"中，关于白礁岛及霍士堡灯塔（Horsburgh）新加坡主要提到了1852年到1973年的若干征税立法。[4] 然后，新加坡还提到了1991年《保护地法令》，根据该法令，没有许可禁止进入白礁岛，新加坡认为1991年法令正常延续了之前的立法行为，因为该行为只是长期对白礁岛行使政府权力的一个要素。但是没有得到法院的支持，法院要求发生在关键日期之后的行为必须与之前的行为相同或者属于同种类型。1991年法令显然不同于新加坡所依赖的发生在关键日期之前的立法行为。[5] 这进一步界定了"先前行为的正常延续"，要求前后行为应该相同或属于同种类型，新加坡关键日期之前的立法主要针对灯塔税，而1991年的立法则是关于进出白礁岛的管制问题，两者并非

---

[1] *The Minquiers and Ecrehos case*, pp. 59-60.

[2] *Sovereignty over Pedra Branca/Pulau Batu Puteh, Middle Rocks and South Ledge (Malaysia/Singapore)*, Reply of Singapore, p. 165, para. 4.172.

[3] *Sovereignty over Pedra Branca/Pulau Batu Puteh, Middle Rocks and South Ledge (Malaysia/Singapore)*, I.C.J. Reports 2008, pp. 82-83, paras. 231-233.

[4] *Malaysia/Singapore case*, p. 67, para. 170.

[5] *Malaysia/Singapore case*, p. 70, paras. 179-180.

相同类型的立法。

三、确定关键日期的必要性

在任何争端中，都会存在对于权衡案件事实非常重要的一个或几个日期，[①]尽管如此，关键日期的概念最主要出现在领土争端解决中并发挥了突出的作用。[②]但同样也可以发现，国际法庭在部分领土案件中并没有考虑关键日期，甚至完全否定它的作用，特别是在通过仲裁方法解决争端中。在诸多仲裁案件中，只有六件考虑过关键日期，而在这些案件中，关键日期在大多数情况下也没有发挥出重要作用。在1966年阿根廷和智利"边界仲裁案"中，法庭认为，对于当事方的不同诉求，存在多个不同的关键日期，一直到提交仲裁的日期为止，因此关键日期的价值有限，将考虑所有行为，无论它们的实际发生日期为何时。[③]在1998年厄立特里亚和也门领土仲裁案中，法庭认为虽然案件涉及大量事实和证据，但由于当事方并没有对案件实体问题提出关键日期的主张，因而将不考虑关键日期。[④]在1988年以色列和埃及"塔巴界标仲裁案"中，采用了"关键时期"的表述，将巴勒斯坦处于托管的整个时期作为关键时期，但是法庭表示会考虑关键时期之前的条约和事实，原则上也会考虑部分关键时期之后的事实。[⑤]

在国际法院审理的领土争端中，对关键日期采取了不同的处理

[①] James Crawford, *Brownie's Principles of Public International Law*, p. 219.

[②] Gerald Fitzmaurice, "The Law and Procedure of the International Court of Justice, 1951-4: Points of Substantive Law (Part II)", p. 21.

[③] *Argentine-Chile Frontier case*, p. 167.

[④] *Territorial Sovereignty and Scope of the Dispute (Eritrea and Yemen)*, 9 October 1998, R.I.A.A., Vol. XXII, p. 236, para. 95.

[⑤] *Case concerning the Location of Boundary Markers in Taba between Egypt and Israel*, 29 September 1988, R.I.A.A., Vol. XX, p. 45, paras. 172-175.

方式，这与领土争端的类型相关。根据解决领土争端的法律依据可以将案件大致分为三种类型：根据条约解决的领土争端、根据保持占有原则（uti possidetis）解决的领土争端以及根据有效控制规则解决的领土争端。① 在不同类型的案件中，关键日期的作用存在区别。

对于根据条约解决的案件，条约缔结或生效的日期对于解决领土争端一般较为重要，因为这是权利产生的日期。尽管如此，该日期与争端明确化的关键日期缺乏直接联系，实际上，即使没有争端产生，条约缔结或生效的日期对于建立权利仍然很重要。② 对于此类案件，关键问题是对条约的解释，而1969年《维也纳条约法公约》第31、32条是解释条约的习惯国际法。③ 第31条第3款规定解释条约时，应当结合上下文一并考虑当事方嗣后订立的关于该条约解释或适用的协议，以及在条约适用方面的嗣后惯例。该条款表明可以考虑当事方在条约缔结之后的行为，因此，没有必要确定关键日期排除其后的行为。国际法院审理的1959年比利时和荷兰"某些边界领土主权案"、1994年利比亚和乍得"领土争端案"、1999年纳米比亚和博茨瓦纳"卡西基里/塞杜杜岛案"、2002年喀麦隆诉尼日利亚"陆地和海洋边界案"以及2015年哥斯达黎加诉尼加拉瓜"边界活动案"是主要依据条约和其他类似文件解决的案件，在这些案件中，法院都没有考虑关键日期，这表明对于根据条约解决的领土争端，关键日期一般不会发挥重要作用。④

对于第二类主要根据保持占有原则解决的领土争端，保持占有原则一般适用于殖民地独立的背景中，要求新独立的国家延续殖民时期的行政区划不变，⑤ 因此当事方的独立日期对于确定边界位置至关重要。在大部分此类案件中，当事方一般认可独立日期为关键

---

① 参见附表"国际法院审理领土案件中的关键日期"。
② Robert Jennings, *The Acquisition of Territory in International Law*, p. 34.
③ *Territorial Dispute (Libyan Arab Jamahiriya/Chad)*, Judgment, I.C.J. Reports 1994, pp. 21-22, para. 41.
④ 参见附表"国际法院审理领土案件中的关键日期"。
⑤ *Frontier Dispute (Burkina Faso/Mali)*, Judgment, I.C.J. Reports 1986, p. 566, para. 23.

日期,[①] 例如, 2013年布基纳法索和尼日尔"边界争端案"的关键日期也是各方的独立日期, 即1960年8月3日尼日尔独立之日以及1960年8月5日布基纳法索独立之日。如果将关键日期理解为争端明确化的日期, 然而当事方在独立之时并不存在关于边界位置的明显和具体对立意见, 实际上, 关于边界的争端一般在若干年后才逐渐显现, 特别是关于岛屿的争端。此外, 在部分案件中, 领土归属情况在独立之前就已明确化, 之后并没有发生过改变。[②] 例如, 在1986年布基纳法索和马里"边界争端案"中, 布基纳法索前身是上沃尔特 (Upper Volta) 殖民地, 根据法国1932年法令, 上沃尔特殖民地解散, 根据1947年法令又重建了上沃尔特殖民地, 规定边界继续遵照1932年法令。之后, 殖民当局没有再修改争端涉及部分的边界, 因此布基纳法索1960年独立时的边界仍然是1932年的边界。[③] 另外, 该类案件并不必然排除独立之后的行为和证据。在1992年萨尔瓦多和洪都拉斯"陆地、岛屿和海洋边界争端案"中, 法院分庭认为, 有时对保持占有原则的表述过于绝对, 认为独立日期总是具有决定性, 不可能产生其他关键日期, 然而并非如此, 独立之后仍然可能产生新的关键日期, 例如因裁决或者边界条约。1980年萨尔瓦多和洪都拉斯签订《和平条约》确定了两国之间的部分边界, 因此1980年就可能成为新的关键日期。[④] 除此之外, 在该案中, 分庭认为没有必要排除独立后的主权行为, 因为在特定情况下, 仍然需要考虑独立之后的证据, 它们可以证明独立时的边界, 如果相关主权行为与边界存在联系。

对于根据有效控制规则解决的领土争端, 法院一般会特别重视关键日期。有效控制规则是指: 通过权衡和比较当事方对争议领土

[①] 参见附表"国际法院审理领土案件中的关键日期"。

[②] Malcolm N. Shaw, *International Law*, pp. 509-510.

[③] *Burkina Faso/Mali case*, p. 580, para. 51.

[④] *Case concerning the Land, Island and Maritime Frontier Dispute (El Salvador/Honduras: Nicaragua intervening)*, Judgment, I.CJ. Reports 1992, p. 401, para. 67.

实施的主权行为,将该领土判予能够做出更具优势主张的一方。①国际法院审理的相关案件主要包括:1953年法国和英国"明基埃和埃克荷斯案"、2002年马来西亚和印度尼西亚"利吉坦和西巴丹岛屿主权案"、2007年尼加拉瓜诉洪都拉斯"领土和海洋争端案"、2008年马来西亚和新加坡"白礁、中礁和南礁主权案"以及2012年尼加拉瓜诉哥伦比亚"领土和海洋争端案"。②在这些案件中,国际法院都结合案件的具体情况确定了关键日期,原则上排除考虑关键日期之后的主权实施行为,除非满足特定条件。这表明关键日期主要适用于根据有效控制规则解决的领土争端中,核心问题是如何根据这些案件的具体情况确定关键日期。

综上所述,通过分析国际法院审理的案件可以发现,在根据条约解决的领土案件中,基本上不会考虑关键日期的问题;在依据保持占有原则解决的领土案件中,虽然一般认为关键日期是独立日期,但国际法院也会根据案件具体情况,考虑发生在独立日期之后的与争议领土相关的行为;对于适用有效控制规则解决的案件,关键日期会发挥更为重要的作用。这主要是因为,有效控制规则是一个相对规则,通过权衡和比较当事方对争议领土所实施的主权行为来确定主权的归属,如果不确定一个权利已经明确化的时期进行限制,那么可能将促使当事方通过实施行为损害已经明确确定的权利。

四、关键日期的确定方法

最早详细阐述关键日期判断方法的是英国在关于1953年"明基埃和埃克荷斯案"的主张。英国提出关键日期应当是法律情势明确

---

① James Crawford, *Brownie's Principles of Public International Law*, p. 222.
② 参见附表"国际法院审理领土案件中的关键日期"。

化的日期,[①]明确化的判断标准是,当事方之间的对立意见在该日期已经明确化为确定问题,产生了正式的争端。英国认为,大多数争端在明确化之前都存在或长或短的期间,在此期间内当事方进行了外交换文、抗议和协商。然而,在此初始阶段并不会也不应该产生关键日期,因为当事方并没有做出最终立场。如果分歧一直没有解决,最终将到达一定时刻,当事方不会再试图谈判、抗议或者说服另一方,则可以认为至此具体问题已经确定产生了,当事方已经表明了立场并且坚持各自的权利,必须根据当时存在的事实判定当事方的主张。英国主张关键日期不能过早,也不能过晚,过晚推迟关键日期,将有利于通过单方行为提升其法律地位的一方;而过早提前关键日期,将有助于只提出大致主张却没有继续坚持主张的一方,或者只是偶尔间断坚持主张,但没有试图通过国际裁判终结争端。两者都会导致不公平的后果。[②]因此,英国最终主张,尽管两国对明基埃岛和埃克荷斯岛主权长期存在分歧,但是争端直到1950年缔结《特别协议》时才"明确化",该日期应该作为关键日期,法院应当考虑该日期之前进行的所有行为。在该案中,国际法院没有深入分析英国提出的争端明确化的主张,只是指出主权争端直到1886年和1888年才产生,当时法国首次分别主张埃克荷斯岛和明基埃岛的主权。但是考虑到本案的特殊情况,法院认为也应当考虑之后的行为,除非采取的措施是为了提升相关当事方法律地位的。[③]尽管国际法院在该案中并没有明确指出关键日期,但显然重点突出了1886年和1888年法国首次正式分别主张两组争议岛屿主权的日期,虽然法院实际上考虑了《特别协议》签订之前当事方对两组争议岛礁实施的所有主权行为,但是并不是因为1950年为关键日期,而是1886年和1888年到1950年之间的行为多是先前行为的正常延

[①] The Minquiers and Ecrehos case (France/United Kingdom), I.C.J. Pleadings, p. 61.

[②] The Minquiers and Ecrehos case, I.C.J. Pleadings, pp. 67-69.

[③] The Minquiers and Ecrehos case, pp. 59-60.

续,两国的法律地位没有发生实质上的变化。

虽然在1953年"明基埃和埃克荷斯案"中,国际法院并没有采取英国提出的争端明确化作为判断关键日期的标准,但是随后的许多司法和仲裁判例中都沿用了争端明确化的表述,特别是近来适用有效控制规则解决的领土争端,具体包括:2002年"利吉坦和西巴丹岛屿主权案"、2007年"领土和海洋争端案"、2008年"白礁、中礁和南礁主权案"以及2012年"领土和海洋争端案"。

在判断争端是否明确化方面,通过分析上文提到的英国在1953年"明基埃和埃克荷斯案"的主张,可以发现,英国为了尽量推迟关键日期,以便使其对争议领土实施的主权行为得到尽可能多地考虑,提出了相对较高要求的判断标准,即使当事方进行了换文、抗议和协商也不能产生关键日期,坚持签订《特别协议》的日期是关键日期。在具体判断标准方面,英国没有提出较为明确的规则,更加剧了判断关键日期的难度。① 此外,在国际法院审理的其他领土案件中,很少将案件提交法院审理的日期作为关键日期。在其后的实践中,随着法院审理的领土案件的增多,逐步阐述了争端明确化的判断标准,并形成了较为一致的实践。

首先,在部分案件中,当事方对关键日期的确定并不存在显著分歧。例如,在1986年"边界争端案"中,布基纳法索和马里关于关键日期存在一定程度的分歧。布基纳法索认为,需要考虑的日期是各方独立的日期,对于马里是1960年6月20日,对于布基纳法索是1960年8月5日。而马里则认为,有必要追溯到"法国殖民当局对行政区划最后实施管辖权的日期",对于法属苏丹殖民地(马里独立前的行政区域)是1959年1月30日,对于上沃尔特殖民地(布基纳法索独立前的行政区域)是1959年2月28日。尽管双方当事方坚持各自主张,但最终同意该问题对于本案没有实际影响。它

---

① 熊沛彪、张涵:《国际法上关键日期适用问题研究》,《云南大学学报》(法学版),2014年第27卷第2期,第126页。

们最终请求分庭确定1959年到1960年法属苏丹和上沃尔特殖民地之间的边界。印度尼西亚和马来西亚在"利吉坦和西巴丹岛屿主权案"中都认可,在1969年大陆架谈判时提出了对争议岛屿的对立主张,所以1969年应该作为案件的关键日期。类似情况还出现在2002年厄立特里亚和埃塞俄比亚"划界仲裁案"、2005年"边界争端案"、2008年"白礁、中礁和南礁主权案"中关于白礁岛的争端以及2012年"领土和海洋争端案"中。因此,如果在案件中,存在当事方大致认可的关键日期,国际法院一般会选择该日期作为关键日期。[1]

如果当事方对于关键日期存在明显分歧,国际法院更倾向选择能够清楚反映当事方对具体争议领土存在明确对立主张的时间作为关键日期。不同意见一般反映在外交换文或照会中,突出的表现是一方明确或通过行为主张对争议领土的主权,而另一方对此表示反对。常设国际法院将争端定义为"双方在法律或事实方面存有分歧,在法律观点或利益上发生冲突"。[2] 主张权利以及表示抗议可以表明当事方对主权归属存在不同的意见,这反映出当事方关于主权问题已经形成了对立的主张。例如,在2007年"领土和海洋争端案"中,1977年尼加拉瓜和洪都拉斯开始对海洋划界问题进行谈判,之后两国开始通信,尼加拉瓜认为这应当作为海洋划界问题的关键日期。而洪都拉斯则认为1977年通信和谈判并不标志任何争端明确化,因为当时没有提出相冲突的主张。对此,国际法院同意了洪都拉斯的主张,理由是双方当事方谈判时都没有明确表达各自的主张或者反对意见,并且建议的谈判过程也以失败告终。为了确定海洋划界争端的关键日期,法院注意到1982年3月17日尼加拉瓜巡逻船开火并扣留了一艘洪都拉斯渔船,3月21日,尼加拉瓜海岸警卫队在争议岛礁附近捕获了四艘洪都拉斯渔船。关于上述事件,洪

---

[1] 参见附表"国际法院审理领土案件中的关键日期"。
[2] *Mavrommatis Palestine Concessions*, Judgment, 1924, P.C.I.J, Series A, No. 2, p. 11.

都拉斯3月23日提出正式抗议,指责尼加拉瓜巡逻船进入北纬15°纬线以北的岛屿地区,而北纬15°纬线传统上被两国承认为在大西洋地区的分界线。4月14日,尼加拉瓜通过照会否认存在该传统分界线。洪都拉斯强调,尽管尚未在法律上划定边界,但是尼加拉瓜不能否认存在或者曾经存在双方传统认可的边界,也就是北纬15°纬线。法院认为,从这两起事件的发生时间起,海洋划界争端开始存在。[①] 因为通过分析双方的外交文件,可以清楚地发现两国关于边界是否存在具有显然对立的主张。

  需要注意的是,在确定关键日期时,当事方所持的不同意见必须与具体争议领土直接相关,应当明确提到争议领土,而不能笼统概括。在2008年"白礁、中礁和南礁主权案"中,马来西亚和新加坡关于中礁和南礁的关键日期存有争议。马来西亚认为,新加坡未对中礁和南礁提出正式主张,直到1993年两国举行第一回合磋商;新加坡则主张一直坚持中礁、南礁与白礁岛构成不可分割的整体,所以其在1980年提出关于白礁岛的外交抗议应当同样适用于中礁和南礁,所以三个争议岛礁的关键日期都应当是1980年。国际法院的观点是,1980年新加坡在外交照会中仅针对白礁岛问题,没有证据表明它认为外交照会同样适用于中礁和南礁,因此,中礁和南礁的主权于1993年双方第一回合磋商时才明确化。[②] 2007年"领土和海洋争端案"中,尼加拉瓜认为关键日期应当是1977年,两国开始对海洋划界进行谈判和互通信件。尼加拉瓜主张海洋划界争端暗示了对相关海域内岛屿的争端,因此两类争端的关键日期应当重合。洪都拉斯反对尼加拉瓜的主张,因为两国的外交通信并没有提到争议岛屿。[③] 国际法院认为,尼加拉瓜在提交案件申请时并没有向法院提出任何关于北纬15°纬线以北岛屿的权

---

① *Nicaragua v. Honduras case*, pp. 700-701, paras. 130-131.

② *Malaysia/Singapore case*, p. 28, paras. 34-36.

③ *Nicaragua v. Honduras case*, pp. 698-699, paras. 121-122.

利主张，直到2001年3月21日诉状中，尼加拉瓜才首次提到了岛屿，但也没有提出主张的依据，只是表明，如果法院没有采用等距离线划界方法，尼加拉瓜保留对其主张的所有岛礁的主权权利。在诉状文书中，尼加拉瓜也没提出对争议岛屿的具体主张，直到庭审之后提交的最终意见中，才首次要求法院决定位于争议地区的岛礁的主权问题。因此，法院认为2001年为关键日期，因为尼加拉瓜直到2001年提交的诉状中才明确对其所主张岛礁的主权权利做出保留。①

结　论

通过上述对国际法庭相关案例的分析，可以发现关键日期并不是某个固定的日期，例如，权利产生的日期、争端产生的日期或者是诉诸争端解决的日期，而应该是争端明确化的日期。对于发生在该日期之后的行为，原则上不予考虑，除非构成先前行为的正常延续，而且不是为了提高依赖该行为的当事方的法律地位的目的而为之。因此，确定关键日期有助于维护领土关系的稳定性，防止侵犯已经确定的领土主权，有助于敦促当事方尽早选择和平方法解决领土争端。在领土争端中通常会涉及一个或多个重要的日期或期间，对于解决领土主权归属是重要的，选择哪个日期的作为关键日期可能使当事方获利，这使关键日期的确定成为诉讼技巧之一，特别是适用有效控制规则解决的案件。争端明确化的判断标准是当事方对具体争议领土存在明确冲突的主张，此种冲突的主张一般可以反映在外交通信和照会中，通常表现为一国明确或通过行为主张争议领土主权，而另一国对此表示反对或抗议。争端明确化的日期根据案件具体事实而发生变化，可能在争端发展的较早阶段，当事方关于

---

① *Nicaragua v. Honduras case*, pp. 699-700, paras. 127-129.

争议领土的冲突主张就已清楚显现，也可能一直到争端提交司法或仲裁机构审理时，当事方才提出了冲突的主张。

附表　国际法院审理领土案件中的关键日期

时间	案件名称	裁判依据	关键日期
1953年	法国和英国"明基埃和埃克荷斯案"	有效控制规则	法院没有使用关键日期的表述，但是指出1886年和1888年法国首次主张两岛主权时争端产生，可以考虑之后的行为，因为延续了之前的行为，除非是为了提高实施方的法律地位
1959年	比利时和荷兰"某些边界土地主权案"	条约	无
1962年	柬埔寨诉泰国"柏威夏寺案"	地图	无
1986年	布基纳法索和马里"边界争端案"	保持占有原则	当事国同意关键日期为1959—1960年之间，两国独立的日期前后
1992年	萨尔瓦多和洪都拉斯"陆地、岛屿和海洋边界争端案"	陆地：保持占有原则　岛屿：有效控制规则	1821年取得独立时，但之后的判决和条约，甚至默示和承认，可以产生新的关键日期
1994年	利比亚和乍得"领土争端案"	条约	无
1999年	博茨瓦纳和纳米比亚"卡西基里/塞杜杜岛案"	条约	无
2001年	卡塔尔诉巴林"海洋划界和领土问题案"	条约和判决	无
2002年	喀麦隆诉尼日利亚"陆地和海洋边界案"	条约	无

续表

时间	案件名称	裁判依据	关键日期
2002年	印度尼西亚和马来西亚"利吉坦和西巴丹岛屿主权案"	有效控制规则	1969年大陆架划界谈判协商时,马来西亚和印度尼西亚首次主张领土主权双方同意关键日期的时间
2005年	贝宁和尼日尔"边界争端案"	保持占有原则	1960年8月1日贝宁独立之日 1960年8月3日尼日尔独立之日
2007年	尼加拉瓜诉洪都拉斯"领土和海洋争端案"	有效控制规则	2001年尼加拉瓜提交诉状时,尼加拉瓜才首次明确保留对争议地区中岛礁的主权
2008年	马来西亚和新加坡"白礁、南礁和中礁主权案"	有效控制规则	白礁岛的关键日期是1980年2月14日,马来西亚1979年发布地图,主张白礁岛主权,新加坡1980年2月14日照会反对 南礁和中礁的关键日期是1993年2月6日,1980年2月14日新加坡照会没有提到南礁和中礁,新加坡1993年2月6日才首次明确主张主权
2012年	尼加拉瓜诉哥伦比亚"领土和海洋争端案"	有效控制规则	1969年7月12日 哥伦比亚1969年7月4日照会抗议尼加拉瓜发布的石油勘探许可,尼加拉瓜1969年7月12日回复否认哥伦比亚的主张 双方对关键日期不存在严重分歧
2013年	布基纳法索和尼日尔"边界争端案"	保持占有原则	1960年8月3日尼日尔独立之日 1960年8月5日布基纳法索独立之日
2015年	哥斯达黎加诉尼加拉瓜"边界地区活动案"	条约和判决	无

注:本表格根据国际法院判决整理,http://www.icj-cij.org/en/contentious-cases。

经济全球化未来发展的动力、阻力与中国作用*

国际经济学院　张慧莲　郝佳根

内容提要 近几年,反经济全球化思潮泛起,并被一些国家付诸具体的行动,引起人们对经济全球化未来发展的忧虑。当前,经济全球化发展遇阻与世界经济格局的调整密切相关,未来推动经济全球化发展的主要力量,一是科技进步,二是中国力量。阻力则主要来自:美国从经济全球化的前沿后退,国际公共产品提供不足;主要国家的政治意愿不强,难以达成高层次的国际经济合作;现有国际组织难以有效发挥作用,彼此之间合作不力。未来经济全球化的中美双头模式可能存在很长一段时间,前提是中美之间不会发生激烈对抗;中国要在维护既有国际经济制度稳定的前提下争取制度性权利,围绕共同的利益关切点推动国际经济合作。

关键词 经济全球化　宏观经济政策　三元悖论　贸易保护

国际金融危机之后,各国贸易保护措施显著增加,且不限于关税、反倾销等传统手段。而且,近年来全球自由贸易协定数量也明显下降,多哈回合谈判更是无人提及,一些国家转向范围较小的

---

* 本文是国家社科基金重大项目"外部冲击和结构性转换下的中高速增长和中高端发展研究"(编号:15ZDC010)、中央高校基本科研业务费专项资金项目"中美宏观金融政策相互影响及协调机制研究"(编号:3162017ZYE03)的成果。

双边与区域自由贸易协定谈判。2016年6月,英国通过脱欧公投。2017年,美国新一届政府认为美国在国际贸易中处于不公平地位,先是退出跨太平洋伙伴关系协定(TPP),然后提出重新谈判北美自由贸易协定(NAFTA),甚至认为现有的世界贸易组织(WTO)规则对美国也是不公平的。与此相反,近年来中国领导人多次在国际场合提倡贸易自由化和经济全球化。2013年9月和10月,习近平主席在出访中亚和东南亚国家期间,先后提出共建"丝绸之路经济带"和"21世纪海上丝绸之路"的倡议;2016年在达沃斯论坛上,他首次提出"人类命运共同体"的观点,强调中国是经济全球化的受益者,更应是其推动者和贡献者。2018年4月,在博鳌亚洲论坛上,他宣布了中国进一步扩大开放的四项新举措。中美作为全球最大的两个经济体,在经济全球化舞台上的一进一退引人注目、值得深思。

一、经济全球化对发展中国家的意义

经济全球化主要涵盖生产国际化、贸易自由化和金融全球化三方面内容,近几十年来,生产国际化和贸易自由化推动了发展中国家经济快速发展,但金融全球化却带来越来越多的挑战。

(一)生产国际化和贸易国际化推动发展中国家经济发展

生产国际化指从产业分工到产业内分工的不断细化,产业链依据各个国家和地区的比较优势跨越国界趋向最优,主要表现为生产要素的国际化、产品国际化、生产过程国际化和科学技术国际化。生产国际化帮助发展中国家融入国际产业链,发挥其自然资源和劳动力低成本的比较优势,与国际资本和技术有机结合,实现产业升级。贸易自由化则通过降低不同国家和地区间产品和服务贸易的壁垒和限制,帮助发展中国家在国际市场找到自己的优势定位,更充分发挥自身的比较优势和资源禀赋。生产国际化和贸易自由化还倒逼国内经济结构调整和产业转型，同时对效率和生产力水平较低的部门进行改造升级，为经济体系注入新的活力。外商直接投资对于外来资本的利用，一方面，有效弥补了发展中国家经济发展资金不足的问题，这在经济发展初期阶段是非常迫切的；另一方面，与资本同时引进的是外来先进技术和管理经验，不仅有力促进了发展中国家国内人才的培养，也推动了其生产力水平的提升。

经济全球化被认为是包括中国在内的发展中国家经济腾飞的"催化剂"，它使各经济体间的相互依赖程度越来越高，愈加成为一个命运共同体。以中国为例，虽然自1978年改革开放伊始就参与到经济全球化的浪潮之中，但直到2001年加入WTO才真正融入经济全球化的主流进程中。中国坚持对外开放立场，积极推动自由贸易，一直是经济全球化的积极参与者和坚定支持者，也被认为是经济全球化最成功的例子。中国加入全球经济分工体系中，产品行销到全世界，成为本轮经济全球化最大的受益者之一，经济发展出现巨大飞跃。改革开放四十年来，中国经济年均增长9.5%，创造了人类历史上大型经济体增长的奇迹。中国一方面吸纳大量原材料、能源、资金和技术，另一方面将大量优质产品输向全球市场，已成为世界经济的重要引擎，拥有雄厚的制造业基础和巨大的内需市场。2017年中国GDP规模达12.2万亿美元，占全球比重15%，对全球经济增长贡献达30%，仅次于美国；中国占世界贸易份额为17%，继续保持全球最大出口国的地位。中国是全世界唯一拥有联合国产业分类中全部工业门类的国家，多种商品的市场份额名列前茅，成为名副其实的制造业大国，制造业增加值超过美国和日本的总和。（见表1）截至2017年，中国外汇储备达3.14万亿美元，连续12年居世界第一。从改革开放之初几乎不加分别地引进外资，逐渐对外资引入提出越来越高的要求；从资本流入国逐渐向资本流出国转变，经济具备更强的可持续性和正向溢出效应。

表1 2017年中美日三国经济发展主要指标比较

	中国	美国	日本
名义GDP（10亿美元）	12245.2	19390.6	4870.7
GDP增速（%）	6.9	2.3	1.7
商品出口（10亿美元）	2263.2	1550.7	695.9
商品出口增速（%）	7.9	6.5	8.0
商品+服务出口量（10亿美元）	2491.3	2331.6	877.9
商品+服务出口增速（%）	8.0	5.6	7.9
制造业增加值（10亿美元，2016年）	3227.2	2183.0	1010.1
制造业增速（%，2016年）	6.7	0.5	2.0

数据来源：世界银行，万得（Wind），香港环亚经济数据有限公司（CEIC），安信证券。

发展中国家参与生产国际化和贸易自由化取得经济获得较快发展的同时，也产生一定不利影响，主要反映在两方面：一是可能产生对发达国家的技术依赖。如，中国深度参加到全球生产网络的价值链，但一些重要技术和零部件尚未形成自主研发能力，对发达国家存在严重的技术依赖；二是由于经济快速发展和疏于监管所导致的环境污染问题越来越突出，对发展中国家的生态环境和人民身体健康带来威胁。

（二）金融全球化给发展中国家带来的挑战

发展中国家依靠其丰富的自然资源、廉价的劳动力和后发优势从生产国际化和贸易自由化中获益，但金融全球化给这些国家带来的更多是挑战和冲击。从历史经验看，发展中国家在发展过程中普遍存在资本短缺和"投资饥渴症"。在经济全球化大背景下，一方面，他们能更容易从国际资本市场获取资本；另一方面，由于这些国家的货币并非储备货币，金融市场不发达，金融监管不到位，难免会面临货币错配和杠杆高企的问题。当这些问题积累到一定程度，会危及发展中国家的经济和金融稳定，抵御外部冲击的能力也会大大降低。即使一些新兴市场国家在国际经济运行中所占比重越来越大，对世界经济增长的贡献越来越重要，但其宏观经济一直受到发达国家货币政策的较大影响。

1. 国际资本自由流动对发展中国家产生一定冲击。2008年国际金融危机后，学者们对国际资本市场的分析发现，全球资金流动易受风险偏好的驱使。布雷顿森林体系崩溃后，美元的国际货币地位不仅没有减弱，反而因为无须以黄金作为抵押品而少了许多约束。而且凭借其开放和发达程度非常高的经济体系，美国与世界上大部分国家都保持着密切的贸易和金融往来，使之比较容易将危机转嫁或蔓延至其他国家，经过一次次的危机，美元的作用和地位反而得到加强。除基于历史惯性形成的遍布全球的巨大交易网络及人们长期形成的交易习惯外，一个重要原因是美元作为全球重要的避险货币及美元资产作为全球"安全资产"的不可替代性。[1] 加之长期以来没有可与之抗衡的可替代货币（欧元因为欧元区自身问题重重，一直无法形成对美元的强力制衡），而新兴经济体的货币往往在金融危机发生后成为抛售对象。因此，在全球普遍出现流动性紧缺的情况下，大量资本从新兴经济体回流美国，引发这些经济体货币汇率大幅下跌，进而造成经济的剧烈波动。[2] 2008年国际金融危机至今，随着美联储货币政策的变化，发展中国家的货币跟随美元指数起起伏伏，汇率出现大幅波动，那些外债占比较高、外汇储备不足的国家尤其为甚，如阿根廷、巴西、土耳其等国。

2. 发展中国家易受到发达国家货币政策的影响和冲击。金融全球化对发展中国家最大的冲击来自于发达国家货币政策的外溢

---

[1] R. J. Caballero, E. Farhi, "The Safety Trap", *The Review of Economic Studies*, 2018, 85(1), pp. 223-274.

[2] P. O. Gourinchas, O. Jeanne, "Global Safe Assets", BIS Working Papers, 2012, 68(3):1-18.

性，这一点在2008年国际金融危机后愈发明显。传统的国际金融理论认为，一国在资本自由流动、货币政策独立性和固定汇率制之间只能三选二，即蒙代尔"三元悖论"。但最近的研究发现，在资本流动、资产价格和信用资金增长方面存在全球金融周期。信用资金流入越多的国家，其资产市场对全球金融周期越敏感，全球金融周期不一定与本国的宏观经济状况一致，主要决定因素之一是美国的货币政策，[1]它会影响到国际金融体系中银行业的杠杆率、资本流动和信用增长状况。当美联储实施宽松货币政策时，全球金融市场总体风险厌恶程度下降，世界范围内的风险资产（股票、公司债券等）价格上升，资金成本下降，金融业信用创造能力显著增强。低融资成本可导致经济活动的扩张和系统性风险降低，但也会鼓励那些更愿意冒险的金融机构和私人部门提高其杠杆率，这样反而增加了金融市场的脆弱性。实证分析还发现，更愿意冒险的金融机构的信用创造水平对融资成本的弹性往往更高。[2]假定其他条件不变，一国金融系统的杠杆分布越偏向高风险金融机构，这一弹性越大，即利率的较小波动都可能引起信用水平的大幅扩张。相反，一旦美联储货币政策转向紧缩，利率回升，资产价格下跌，可供抵押品缩水，国际资本流动的方向亦随之改变，资本发生短缺，因而很容易引发金融和经济危机。浮动汇率对化解这种冲击的影响效果并不明显，只能通过一定的资本管制才能相对有效地控制风险。这使"三元悖论"有可能退化为"二元悖论"。[3]因此，在金融全球化下，资本账户过早的完全开放对发展中国家来说弊大于利；[4]但在金融

---

[1] S. Miranda-Agrippino, H. Rey, US Monetary Policy and the Global Financial Cycle, NBER Working Paper, 2018.

[2] N. Coimbra, Hélène H. Rey, Financial Cycles With Heterogeneous Intermediaries, NBER Working Paper, 2017.

[3] H. Rey, Dilemma not Trilemma: The Global Financial Cycle and Monetary Policy Independence, NBER Working Paper, 2018.

[4] S. J. Wei, Managing Financial Globalization: Insights from the Recent Literature, NBER Working Paper, 2018.

全球化背景下一国也很难实现严格的资本管制。可见，美国货币周期很大程度上决定了全球金融周期，甚至经济周期的变动，这种外溢性影响对发展中国家经济产生较大冲击，对其货币政策制定和执行也提出很大挑战。

与大多数发展中国家不同的是，经过四十年的改革开放，中国已成为世界上最大的债权国，在吸引外资方面成绩斐然。但人民币在国际储备货币中所占比重还很小，这不仅与世界第二大经济体的身份不相称，而且还带来一些潜在风险。一方面，迫于满足国际收支平衡和防范流动性风险的需要，中国不得不大量积累外汇储备。庞大的外汇储备占款曾长期是央行负债端最主要的部分，也是央行最主要的基础货币投放渠道，货币政策的独立性因而受到一定削弱。同时，由于美元作为国际货币所拥有的超级特权地位，[1] 即使美国储蓄率比中国低很多，但美国国债的回报率却被压得很低，他们可以享受来自全球成本低廉的资金。2015—2016年，中国经济增速回落加之美联储回归常规货币政策的预期，中国出现明显的资本加速外流现象，外汇储备减少近1万亿美元。正是因为中国外债结构合理，外债依存度在可承受范围之内，而且央行及时采取资本管制措施，才有效化解潜在风险。这种情况很容易让人联想到发生在1994—1995年的墨西哥经济危机，及频现于此后其他新兴市场经济危机发生之前的"资本骤停"现象，该现象指流入新兴经济体的资本由于国际资本流动突然转向，而出现突然大幅下降的情况（通常以两个标准差衡量）。资本骤停后往往伴随而来的是产出、私人支出的下降，资产价格的下跌，私人信贷的收缩和货币贬值。不同类型的经济危机（如货币危机和银行危机）经常会结伴而来。来自外部的冲击是否最终会演化为资本骤停，取决于本国的金融脆弱程

---

[1] Barry J. Eichengreen, *Exorbitant Privilege: The Rise and Fall of the Dollar and the Future of the International Monetary System*, New York; Oxford : Oxford University Press, 2011.

度。① 从长远看，作为非储备货币发行国，如何应对外部冲击，避免出现系统性金融风险值得高度重视。

二、经济全球化遇阻的国际政治经济学分析

目前，经济全球化发展遇到一定阻力。一方面，经过多年发展，各国经济通过全球价值链紧密联系在一起。大到一架飞机，小到一部手机，甚至一粒芯片，其生产都可能是由多个国家的许多工人共同完成。国际贸易的三分之二是中间产品，国际产业分工与合作成为常态。在此情况下，为了建立共同的产品、服务和技术标准，保护消费和投资者，实现一致性监管，加强产权保护，提高通关效率，保障商务合同得到严格执行等等，各国都有推进全球化的需求。但主要发达国家在全球经济合作方面的意愿却在下降，究其原因，是经过几十年的发展，国际和国内环境都发生很大变化。2001年，多哈回合谈判和中国加入WTO之时，许多发展中国家刚经历了二十多年的缓慢发展，经济表现差强人意，南北差距巨大。但是经过近二十年的全球化发展，发展中国家经济以前所未有的速度快速增长，在国际贸易中的份额稳步上升，中国还成为最大的出口国；而发达国家由于受国际金融危机的影响，经济陷入衰退、复苏乏力，南北差距明显缩小。同时，发达国家国内的贫富差距却在快速扩大，民众的不安全感和被剥夺感增长，激发了国内的民族主义情结。政治组织和政治人物更加关注国内事务，对外政策表现为国家利己主义，一切以本国利益为重，不承担或减少承担国际责任和义务。在此情况下，很难达成向发展中国家进一步提供特殊和有差别待遇的贸易协议。但发达国家所关注和想要对发展中国家施加

---

① G. Calvo, A. Izquierdo, E. Talvi, "Sudden Stops and Phoenix Miracles in Emerging Markets", *American Economic Review*, 2006, 96(2), pp. 405-410.

的有关竞争政策、劳工标准和环境保护等方面的条件又很难被发展中国家所接受。

哈佛大学肯尼迪学院丹尼·罗德里克（Dani Rodrik）教授认为，全球化的发展存在"世界经济的三难政治选择"，即超全球化、民主政治和国家主权三者无法同时存在，最多只能在三者中取其二。[①]如果想深化全球化，就要放弃一部分主权或一部分民主；选择高度全球化和国家主权，就需要穿上"金色紧身衣"，即财政从紧、小政府、低税收、灵活的劳动力市场、私有化、放松监管和对外开放；如果选择高度全球化和民主抉择，则需要放弃一些国家主权，融入更高程度的全球治理体系。（见图1）虽然罗德里克早在2001年最初就提出这一想法，但直到十年后该理论才重新浮出水面。彼时发生了欧元区危机：欧洲试图建立一个统一的市场，又让各成员国保留各自的政治控制力。欧盟各成员国虽然有独立的财政政策，但不能通过汇率和货币政策解决其各自的经济问题。英国脱欧在一定程度上反映了英国民众希望将民主决策权力转回英国本土的意愿。从罗德里克"三元悖论"的角度看，这也是去全球化，回归主权和民主。由于美国仍然能操控大量国际规则，它受这个不可能三角的影响相对较小，但从美国现行的政策仍可看出，其有弃"全球化"而取"国家主权"和"民主政治"的倾向。在美国国内，无论是左翼还是右翼都有或多或少的贸易保护主义倾向，只有跨国公司和传统的民主党派还在坚定支持自由贸易。对发展中国家来说，他们不会愿意与其他国家尤其是与发达国家分享主权，因此"不可能三角"中的"国家主权"可被看作是既定的条件，这样一来就需要在民主决策和高度全球化中做出取舍，如果想更多地融入全球化中，可能就需要放弃一些民主决策权力。罗德里克认为全球化并不是越多越好，而是在特定的历史发展阶段需要对应适度的水

[①] D. Rodrik, *The Globalization Paradox: Democracy and the Future of the World Economy*, New York: W. Norton & Co., c2011.

平。这也说明，经济全球化的过程也是各种经济资源在全球配置，各国国内政策或多或少让位于国际经济规则及不同集团利益分配的过程。这一过程也是贫富差距拉大的过程，当贫富差距发展到一定程度，反而会阻碍全球化的进一步发展。国际社会需要反思和调整，继而通过国家间的反复博弈，寻找到新的平衡。

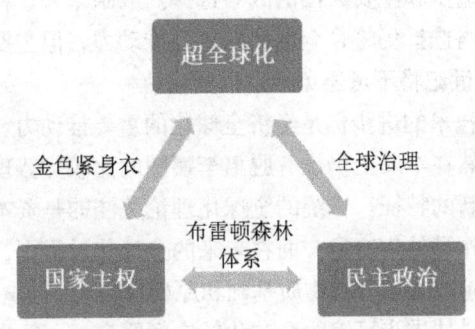

图1 罗德里克所提出全球化中的"三元悖论"

资料来源：Rodrik, Dani. The globalization paradox: democracy and the future of the world economy, New York: W. Norton & Co., c2011. P201。

三、未来经济全球化发展的动力和阻力

经过二战后长达半个多世纪的发展，特别是中国融入经济全球化体系后，世界经济的融合已达到一定程度。全球化生产和分工日益深化，生产要素和生活资料的市场融合不断扩大，每个国家都是全球产业链的重要组成部分。正如习近平主席在2017年达沃斯世界经济论坛演讲中所指出的："想人为切断各国经济的资金流、技术流、产品流、产业流、人员流，让世界经济的大海退回到一个一个孤立的小湖泊、小河流，是不可能的，也是不符合历史潮

流的。"① 展望未来经济全球化的发展,有推动力,也有一定阻力,需要国际社会共同努力。

(一)经济全球化发展的动力

从国际政治经济学的角度看,推动经济全球化的动力主要来自科学技术的进步和主要大国的战略选择。放眼未来,科技进步和主要大国的战略选择仍将是全球化的重要推动力,但主要大国的实力格局对比20世纪将不可避免地发生变化。

1. 科学技术的进步仍是经济全球化的重要推动力。未来全球化的发展,虽然在本质上仍没有脱离李嘉图的比较优势理论,但更呈现出一系列新的特征。传统的全球化理论关注的是资本的积累,科技进步被看作是外生变量;而在未来的全球化过程中,科学技术的进步将越来越成为重要的物质基础和原始动力。②

首先,科技进步可缩短全球化的空间距离。一般来说,经济体之间的贸易总量与各国经济总量正相关,与彼此之间的空间距离负相关。③ 因为距离越远,商品运输成本越高。而技术的进步可将这种距离成本一步步缩小,其中运输技术和信息技术尤为重要。运输技术的发展,如低成本的空运和海运、集装箱运输技术,大大降低了人和货物跨境流动的成本,使国际贸易的物流费用大幅度下降。其次,信息技术的发展,大大提高了信息流跨境传播的速度,让全球分工、全球生产这种组织方式成为可能。最后,以互联网为核心的第三次科技革命成果被广泛应用于社会生活的各个角落,使跨国生产和产品贸易的成本大大降低,使世界经济真正变成全球经济。

---

① 新华社. 习近平主席在世界经济论坛2017年年会开幕式上的主旨演讲,2017年1月17日,http://www.xinhuanet.com/world/2017-01/18/c_1120331545.htm

② G. M. Grossman, E. Helpman, *Innovation and Growth in the Global Economy, Innovation and growth in the global economy*, MIT Press, 1991, pp. 323-324.

③ W. Isard, "Location Theory and Trade Theory: Short-Run Analysis", *Quarterly Journal of Economics*, 1954, 68 (2), pp.305-322.

随着第四次科技革命的到来，产业内国际分工程度更为细化，全球范围内的劳动生产率将得到显著提升，各国比较优势和资源禀赋得到更加充分的发挥。相比于传统全球化对商品或生产要素流动的关注，新全球化更多关注和强调知识和信息的流动和传输。①

科学技术的进步还涉及世界范围内对知识产权的保护问题。从经济学意义上说，产权保护并不是越严格越好。因为严格的产权保护虽然能激励创新，但却因垄断限制了社会整体从中获益。如，关键的药物和粮食生产技术等如果保护期很长，可能很多人因为买不起药和粮食而难以生存。从长远看，过度的保护不利于发挥技术的外溢效应，更不利于世界经济的增长。相对松散的产权保护虽然能为技术落后国家获取技术上的好处，但也不利于这些国家鼓励创新行为，长期看也可能出现技术上的依赖和技术水平的落后。因此，国际产权保护规则应是适度的。

2. 中国将在新一轮经济全球化中发挥重要作用。在经济全球化发展过程中，主要大国的战略选择和为适应全球化发展制定的一系列经济政策起到指导性作用。二战后，为避免亚欧大陆国家被苏联同化，美国从孤立主义转向放眼全球的战略转变，带领国际社会制定一系列放松管制、贸易自由化的政策，是20世纪全球化迅猛推进的重要基础。当美国从全球化的主要领导位置后退，其战略收缩留下的空白为中国在经济全球化中发挥重要作用提供了历史机遇。

中国未来有望成为新一轮经济全球化的积极推动者和实践者。2017年在达沃斯论坛上，习近平主席赋予全球化新的内涵，即以创新驱动的增长模式解决目前全球经济增长动力不足的问题，以协同联动的合作模式打破目前全球各国发展失衡的难题，以公正合理的治理模式搭建和巩固共商、共建的平台和机制，以平衡普惠的发展模式弥补目前发展成果不能普及全民的困境。其思想内核是以公

---

① G. M. Grossman, E. Helpman, "Endogenous Innovation in the Theory of Growth", Journal of Economic Perspectives, 1994, 8 (1), pp.23-44.

平发展、平衡发展和可持续发展为宗旨和目标，构建共同繁荣和共同安全的人类命运共同体，其价值准则是共商、共建、共享，其实现路径是不断优化全球治理结构与"一带一路"建设。"共商"强调主权平等、相互尊重、求同存异、协商合作，兼顾各方利益和关切；"共建"是在自愿基础上，打造开放包容的合作体系，探索灵活务实、切实照顾发展需求和国家安全的合作治理新模式；"共享"就是实现互利共赢；"一带一路"建设是中国版全球化的一个伟大设想，它着眼于基础设施的建设和互联互通，注重对实体经济而非虚拟经济的投资，惠及沿线所有国家。截至目前，全球已有100多个国家和国际组织响应，签署了100多份合作文件。配合"一带一路"建设，中国还与世界其他国家共同创建了亚洲投资开发银行和丝路基金，为这些国家的投资提供配套资金支持。中国还积极推动区域全面经济伙伴关系（RCEP）、中日韩自由贸易区等区域经济合作机制。中国也从未关闭与美国对话的大门，甚至主动邀请美国参与新的国际经济组织和协商的谈判。此外，中国还在积极推动人民币国际化。这些都说明，中国将成为推动新一轮全球化的坚定而重要的力量。

（二）经济全球化发展的主要阻力

经济全球化的旧模式和与之相伴的全球治理模式，已无法适应现阶段经济发展的需要，要寻找新的范式和新的治理机制。当前，经济全球化主要面临来自三方面的阻力：

1. 美国从经济全球化的前沿后退，国际公共产品提供不足。二战后，美国基于自身的强大实力，出于与苏联的对立和巨大经济利益的考虑，有足够的愿望和能力建立一个以自己为中心的全球经济治理体系。通过WTO降低全世界关税水平，促进贸易繁荣；通过国际货币基金组织（IMF）和布雷顿森林体系维持国际汇兑和支付体系的稳定；通过开放其国内市场，解决了二战后各国购买力不足的问题。相反，现在美国政府对提供全球公共产品失去兴趣，更多强调双边安排的作用，不愿对多边主义投入更多资源，使多年来国际社会为加强全球治理所做的努力及相关成果面临半途而废的风险。① 国际社会一时难以迅速做出相应调整，国际公共产品提供不足，将会是未来一段时间全球化推进中的主要阻力。

2. 主要国家的政治意愿不强，难以达成高层次的国际经济合作。现有的国际经济规则是由发达国家主导建立的，在最初将发展中国家纳入这个全球化体系时，给予了发展中国家一些优待。但经过多年的发展，发展中国家与发达国家间的差距不断缩小。经济全球化过程中，发达国家产业空心化严重，就业状况恶化；其国内分配也不平衡，社会贫富差距拉大。在国际金融危机的重创下，民族和民粹主义抬头，贸易保护主义盛行。另外，发展中国家虽然经历了几十年的经济高速增长，但整体经济水平和人民生活质量仍低于发达国家，不可能有与发达国家完全公平竞争的实力。即使是发达国家和发展中国家内部，也存在不同程度的利益分歧。在分歧难以弥合的情况下，主要国家难有很高的积极性参与全球化协商。这也是为什么多哈谈判搁置多年，新协定难以达成，甚至出现"不同意就是同意"（"an agreement to disagree"，2015年内罗毕会议）现象的原因。

3. 现有国际经济组织难以有效发挥作用，彼此之间合作不力。目前，经贸领域最为重要的国际经济组织，如国际货币基金组织（IMF）、世界银行（WB）和WTO等面临无法有效发挥作用的尴尬局面。面对席卷全球的国际金融危机，IMF既没能提前做出预警，对相关国家的救助也并没有起到期待的效果；WB在帮扶欠发达国家和地区摆脱贫困上取得一些成绩，但仍面临资金严重不足等问题；WTO多哈回合迟迟难以达成协议，现行的乌拉圭回合协议难以应对国际贸易领域的最新发展，自贸区和区域一体化迅速发展对世界贸易组织的作用和影响提出挑战。究其原因，在于这些组织大

---

① 傅莹：《全球化进退中的中国选择》，《中国新闻周刊》，2018年3月1日。

都还沿袭二战后的框架,其中起主导作用的既得利益国家不愿意放弃自身的特权,而新兴经济体日益崛起的影响力在其中难以体现,这就出现了矛盾,极大地挫伤了这些国际组织的公信力和影响力。此外,越来越多国际组织覆盖不同区域范围和不同交叉领域,其组织运行、形成决议和有效约束成员国的交易成本越来越大。由于无法实现对国际社会的有效约束,各种机会主义、短视行为、以邻为壑的行为时有发生。而新兴的国际组织一方面还没有形成足够广的覆盖范围,另一方面也没有足够的经验有效发挥约束机制和作用。所以,至少短期内国际社会难以避免全球治理和国际合作制度框架层面的短板,而这将减缓全球化推进的进程。

四、经济全球化发展的轮廓及中国可能发挥的作用

从长期看,当前经济全球化的放缓不过是转型和调整期,其发展主线并没有改变。如果要描绘未来经济全球化的粗略轮廓,未来经济全球化的中美双头模式可能存在很长一段时间,中国要在维护既有国际经济制度稳定的前提下争取制度性权利,围绕共同的利益关切点推动国际经济合作。

(一)未来经济全球化的中美双头模式可能存在很长一段时间

虽然美国推进经济全球化的意愿不强,但在现有全球化制度框架内,美国的影响力仍然存在。中国是推动经济全球化的重要力量,但目前还没有足够实力马上扛起新一轮全球化的大旗,只能以力所能及的方式和符合自身理念的方式进行。可以预见,在未来的很长一段时间,经济全球化可能是由中美两国共同引领。

但中美双头模式正常发挥作用,是以两国不发生直接激烈对抗为前提。作为当今世界最重要的双边关系之一,中美两国利益高度

融合和交织，中美间的相互协调与合作在相当程度上决定着全球化的未来。中美在全球治理领域有着广泛共同利益，双方有必要认真研究对方的发展方略和利益关切，寻找新的合作机会。中国已明确表示，不会与现有强国争夺所谓世界"领导权"，不会追求世界霸权，而是主张各国都应顺应全球化的潮流，推动全球化朝着更加开放、包容、普惠、平衡、共赢的方向发展。但至少从眼前看，美国似乎更愿意重启大国竞争模式而不是大国合作模式。在经贸领域，美国拒绝承认中国的市场经济地位，并发起一系列针对中国的贸易保护。如果美国对这个时代的基本特征和中国在其中的作用发生误判，是否会影响到其后续政策的调整，并导致转向全面遏制中国还需观察。

另外，中国也要适应大国地位，更好地发挥全球性大国的作用。首先，向世界阐明令人信服的想法和意图。如，提出"一带一路"倡议的目的是利用多年积累的丰富经验、技术和资金，带动包括中国自身和所有参与国的共同增长，而不是对外输出自己的政治制度和意识形态。美国需要更好地了解"中国智慧"和"中国方案"不是试图"输出"中国模式，而是对现有全球经济治理机制和经贸安排的补充，目的是促进地区及全球经济健康、均衡的发展。其次，推动形成全面开放新格局，倒逼中国企业进行结构调整和产业升级。中国已宣布将大幅度放宽市场准入，创造更有吸引力的投资环境，扩大服务业特别是金融业对外开放，加强知识产权保护。这意味着，随着进一步推动改革开放，中国将为世界提供更多的发展机遇。中国已走到历史的转折点，从追赶美英日等发达国家走向局部领跑，未来还将从制造业中心走向创新中心和金融中心。

（二）中国可能发挥的作用

1.要在维护既有国际经济制度稳定的前提下争取制度性权利。制度规则在经济体系运行中无可替代地发挥着根本性和决定性作用。[1]基于此,当前对于中国应如何扛起全球化大旗,作为新兴引领者发挥作用的路径,主要有三种观点:第一种观点认为,中国应在现有的国际制度框架内推动改革并提升影响力;第二种观点认为,更好的方法是建立新的国际经济制度,以此来提升制度性权利,进而促进已有的国际体系改革;第三种观点认为,中国应在争取制度性权力和维护既有国际制度的稳定两者中间平衡并行,同时推进自身的改革。[2]第一种观点完全寄希望于既得利益国的妥协,推动国际组织的改革并提升中国的影响力,这是不现实的。从中国经过多年艰苦努力才得以在IMF提高融资配比和投票份额,即可窥见一斑。但另起炉灶,建立新的国际经济制度也非中国一己之力能成。更现实可行的方案是第三种观点:在维护既有国际经济制度稳定的前提下,力促其边际改革和调整,同时争取新的制度性权利。中国一直以来都支持WTO、IMF、WB、G20等国际经济组织在经济全球化中发挥重要作用,并积极推动多边和区域自贸区谈判,为改革和完善地区和全球经济制度而努力。尤其是自2008年国际金融危机以来,中国与G20国家一起在全球治理上做出很多积极探索。所以,中国可围绕现有国际经济制度框架下的短板,提出有建设性的中国方案。如,面对IMF对发展中国家救助不力,中国与多国中央银行签订了货币互换协议;为弥补世界银行开发贷款资金不足的问题,中国牵头组建了亚投行和丝路基金;面对多哈回合陷入僵局,中国积极推动RCEP和中日韩自贸区建设。虽然这些都是刚刚起步,但通过实施这些中国方案,我们获得了一些制度性权利。下一步可能需要在推进人民币国际化方面有些新举措,以应对其他国家经济政策干扰。

2. 围绕共同的利益关切点推动国际经济合作。中国在推进经济

---

[1] D. Rodrik, A. Subramanian, F. Trebbi, Institutions Rule: "The Primacy of Institutions over Geography and Integration in Economic Development", *Journal of Economic Growth*, 2004, 9(2), pp. 131-165.

[2] 唐彦林:《美国对中国崛起的认知、对策及中国的应对》,《世界经济与政治》,2010(3),第30—45页。

全球化过程中不可避免地会面对诸多困难与风险，如何推动国际经济合作就是一大难题。由于不同国家文化背景的差异和政治体制的不同，有些国家难以避免地对中国这个新崛起的新兴大国存在不理解甚至戒心，面对中国力量的迅速增强感到紧张也都在情理之中。为此，中国需要寻找共同的利益关切点作为合作突破口。寻求共同的利益关切点有助于提升彼此之间的互信，也易于引起更多相关国家参与的兴趣。通过在合作中增进彼此的了解互信，充分尊重和考虑到各方诉求，实现双方甚至多方的共赢。如，由中国主导推进的"一带一路"建设，易被一些国家误读为战略扩张。这就需要我们在"一带一路"建设过程中，更从东道国的利益考虑谋划项目，为东道国寻求经济增长点、培育产业，推动东道国更深入地参与全球产业分工。通过长期的实践过程发挥关键性甚至主导性的作用，积累较高声誉，有助于中国在全球化过程中实现从追随者向领导者的角色飞跃。

"一带一路"背景下人民币国际化对中国对外直接投资的影响研究
——基于结构化向量自回归模型的实证检验[*]

国际经济学院　付韶军

内容提要　本文采用结构化向量自回归模型对我国2010年4月至2017年6月宏观月度数据进行实证研究，探讨人民币国际化对中国对外直接投资的影响，实证结果表明：人民币国际化对中国对外直接投资具有正向促进作用，是中国对外直接投资快速发展的重要驱动力。控制变量中的出口贸易和外商直接投资也对中国对外直接投资具有正向促进作用，而社会融资能力和进口贸易对中国对外直接投资产生了一定的"挤出效应"，阻碍了中国对外直接投资的发展。为促进人民币国际化和中国资本"走出去"的顺利推进，我们应该采取如下措施：抓住"一带一路"建设的良好契机，积极稳健推进人民币国际化；充分发挥丝路基金、亚洲投资银行和金砖国家银行的作用，积极推动优先使用人民币进行投融资；鼓励中国企业采用人民币安排进行对外直接投资，有效防范汇率波动风险；推进国内金融深化改革，完善和发展现代金融市场。

关键词　人民币国际化　对外直接投资　"一带一路"倡

---

[*] 本文为北京市社会科学基金青年项目："一带一路背景下中国OFDI投向、效率及风险防范研究"（17ZGC017）阶段性研究成果。

议 结构化向量自回归模型

一、引言

亚洲地区及"一带一路"沿线国家大都是发展中国家，具有进行基础设施建设的强烈意愿，具有数量庞大的融资需求，但来自原有国际金融机构，如世界银行、国际货币基金组织和亚洲开发银行的融资犹如杯水车薪，远远不能满足各国的资金需求，且相当一部分融资还附加了若干政治条件，很多"一带一路"沿线的发展中国家要想获得这些金融机构的融资困难重重，存在较强的融资约束问题。亚洲地区及"一带一路"沿线国家仍存在着货币原罪（曹远征，2016），存在诸如货币错配、期限错配以及结构错配等三个方面的错配问题，[①] 再加上近年来美元、欧元和日元等国际货币的表现欠佳，人民币的国际需求与日俱增，对人民币国际化的呼声越来越强烈。

自2009年7月2日公布《跨境人民币贸易结算条例》以来，人民币国际化进程不断迈上新台阶。目前人民币经常项目已实现完全可兑换，人民币资本项目可兑换也取得了明显进展。从国际货币基金组织资本和金融项目交易分类标准下的40个子项来看，目前中国达到可兑换和部分可兑换的项目已有37项，[②] 人民币国际化程度不断提高，人民币国际化指数呈现波动中增长态势（见图1），不论是中国银行人民币跨境指数（CRI）还是渣打人民币环球指数（RGI），均在2015年第三季度达到历史高位，之后由于受世界经济形势放缓的影响，人民币国际化指数有所下降，但人民币国际化进程仍在快速推进之中，2016年10月1日人民币正式入篮特别提

[①] 曹远征：《人民币国际化的源起与发展》，《新金融》，2016年第6期，第4—9页。
[②] 中国人民银行：《2016年人民币国际化报告》，中国金融出版社，2016年版。

款权(SDR),更是人民币国际化的里程碑,自此人民币开始承担国际货币的所有三种职能:计价和结算工具、投融资工具和储备货币,驶入人民币国际化的"快车道",但与美元、欧元和日元等国际货币相比,人民币仍存在不小的差距,人民币国际化仍有很长的路要走。

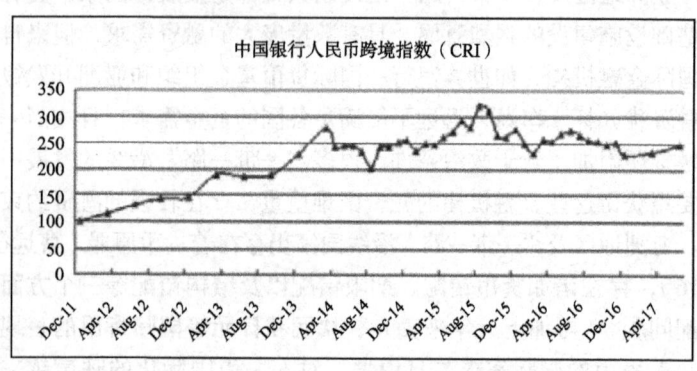

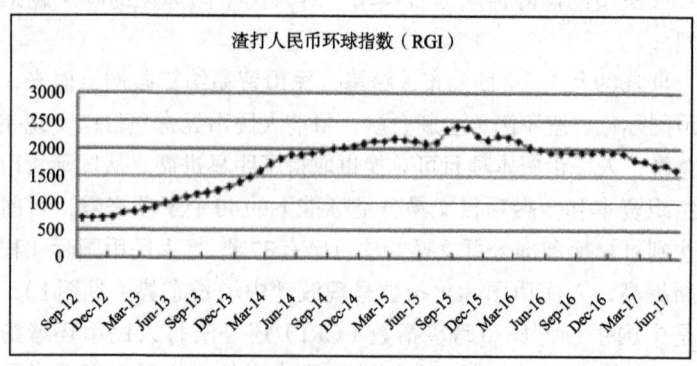

图1 人民币国际化指数

随着人民币国际化程度不断提高,人民币国际使用越来越频繁,可以为双边经贸往来和对外直接投资创造便利条件,更多跨国企业采用人民币计价、结算,越来越多的企业采用人民币安排进行对外投资,促进了对外贸易和对外投资的快速发展。近年来,我国对外直接投资实现了跨越式发展,更多的对外直接投资采用了人民币安排,据统计,2014年中国对外投资总额中76.7%是采用人民币安排,2015年更是达到了140%。① 截至2017年7月底,中国人民银行与36个国家或地区中央银行或货币当局签署了双边货币互换协议,协议总金额超过3.34万亿元人民币。跨境人民币收付金额和占比也达到了较高的水平。据统计,2015年跨境人民币收付金额达12.10万亿元,占同期本外币跨境收付总额的比重为28.7%,② 其中,跨境贸易人民币结算量达到7.23万亿元。但是,人民币国际化对中国对外直接投资的影响程度如何?有没有对中国企业"走出去"产生显著促进作用?这些问题仍然需要引起我们高度关注和进行重点研究,探讨人民币国际化对中国对外直接投资的影响,具有重要的理论和现实意义。

二、文献评述与假设命题

(一)文献评述

一国货币的国际化是指该国的主权货币可以在国际上流通和使用,在国际市场上履行价值储藏、交易媒介和记账单位等货币的一般职能,成为国际上通用的国际货币(成思危,2014)。③ 人民币国际化开始于国际贸易对人民币国际使用的迫切需求,之后逐渐扩展到投资领域,人民币的国际需求日益增长,人民币国际化取得了很大进展,但与美元、欧元和日元相比,仍存在不少不足。关于人民币国际化的缘起、进程、利弊及影响因素,不少学者进行了相关探讨和研究。

---

① 中国人民银行:《2016年人民币国际化报告》,中国金融出版社,2016年版。
② 同上。
③ 成思危:《人民币国际化之路》,中信出版社,2014年版。

关于人民币国际化可能会带来的利益，在人民币国际化起步阶段不少学者进行了相关研究，如陈雨露等（2005）、李稻葵和刘霖林（2008）、高海红和余永定（2010）、余永定（2011，2012）、彭红枫和谭小玉（2017）等，大都认为人民币国际化有利于我国经济的发展，应该采取有效措施促进人民币国际化的顺利进行。陈雨露等（2005）论证了货币国际化可能带来的各种利益，包括国际金融体系话语权、国际铸币税收益、境外储备投资的金融业收益等，认为应该坚持推进人民币国际化。[1] 李稻葵和刘霖林（2008）对人民币国际化水平的内在影响因素进行了的计量分析和政策研究，认为经济总量、通胀率、真实利率、汇率波动幅度等因素对人民币国际化具有重要影响，提出应该采用双轨制方式推进人民币国际化。[2] 高海红和余永定（2010）对人民币国际化可能带来的利益进行了系统阐释，认为人民币的区域使用程度、可兑换性、资本管制情况、汇率、利率以及金融自由化程度均对人民币国际化具有重要影响。[3] 余永定（2011，2012）分析了人民币国际化取得的进展、带来的利益，以及人民币国际化过程中存在的问题，提出应该方向明确、规划细致地逐步推进人民币国际化。[4] 彭红枫和谭小玉（2017）测算了人民币国际化程度，认为人民币国际化使用份额仍然较低，但呈逐渐上升趋势，经济实力、贸易规模、币值稳定性、资本账户开放度、金融市场发展程度、政治稳定性和军事实力等因素均对人民币国际化具有重要影响。[5]

---

[1] 陈雨露、王芳、杨明：《作为国家竞争战略的货币国际化：美元的经验证据——兼论人民币的国际化问题》，《经济研究》，2005年第2期，第35—44页。

[2] 李稻葵、刘霖林：《人民币国际化：计量研究及政策分析》，《金融研究》，2008年第11期，第1—16页。

[3] 高海红、余永定：《人民币国际化的含义与条件》，《国际经济评论》，2010年第1期，第46—64页。

[4] 余永定：《再论人民币国际化》，《国际经济评论》，2011年第5期，第7—13页。余永定：《从当前的人民币汇率波动看人民币国际化》，《国际经济评论》，2012年第1期，第18—25页。

[5] 彭红枫、谭小玉：《人民币国际化研究：程度测算与影响因素分析》，《经济研究》，2017年第2期，第125—139页。

2013年"一带一路"倡议提出以来,我国与沿线国家的国际金融合作如火如荼,与多个沿线国家签订了货币互换协议,人民币在部分沿线国家实现了"无障碍"流通,人民币离岸市场快速发展。我国审时度势先后发起成立了丝路基金、亚洲基础设施投资银行和金砖国家新开发银行,为"一带一路"建设顺利推进增添了新的金融利器。不少学者研究了"一带一路"倡议下的人民币国际化问题,如林乐芬和张少楠(2015,2016)、张帆等(2016)、韩玉军和王丽(2015)等。林乐芬和张少楠(2015,2016)探讨了"一带一路"建设对人民币国际化的影响,发现经济规模、货币惯性、对外投资、贸易出口和币值稳定性是人民国际化的重要影响因素,并提出了促进人民币国际化的新途径。[1] 张帆等(2016)估算了"一带一路"对人民币国际化的中期影响,并采用引力模型研究发现货币互换协议促进了双边贸易的发展。[2] 韩玉军和王丽(2015)探讨了"一带一路"建设对人民币国际化进程的推动作用,提出"一带一路"建设为人民币国际化带来了新的机遇,提出了相应的金融合作建议。[3]

关于人民币国际化与中国对外直接投资的关系的研究文献,大都偏重于研究中国对外直接投资对人民币国际化的影响,认为中国对外直接投资是推动人民币国际化的重要影响因素,如张晓涛等(2016)、姚山等(2016)、倪亚芬和李子联(2016)等。张晓涛等(2016)分析了对外直接投资对人民币国际化的影响,发现对外直接投资是人民币输出的重要渠道,促进了人民币的国际化的顺

---

[1] 林乐芬、王少楠:《"一带一路"建设与人民币国际化》,《世界经济与政治》,2015年第11期,第72—90页。林乐芬、王少楠:《"一带一路"进程中人民币国际化影响因素的实证分析》,《国际金融研究》,2016年第2期,第75—83页。

[2] 张帆、余淼杰、俞建拖:《一带一路与人民币国际化》,北京大学中国经济研究中心工作论文,NO.C2016003。

[3] 韩玉军、王丽:《"一带一路"推动人民币国际化进程》,《国际贸易》,2015年第6期,第42—47页。

利推进,是人民币国际化的重要驱动力之一。[①] 姚山等(2016)探讨了人民币国际化与中国对外直接投资的双边关系,揭示了对外直接投资促进人民币国际化的内在机理,探讨人民币国际化的优化路径。[②] 倪亚芬和李子联(2016)分析了人民币国际化与对外直接投资的互动关系,发现对外直接投资是人民币国际化的重要推进因素,同时人民币国际化也促进了对外直接投资的深入发展。[③] 以往的研究主要偏重于分析对外直接投资对人民币国际化的影响,但鲜有学者专门探讨人民币国际化对中国对外直接投资的影响,这正是本研究要解决的核心问题。本研究将在以往研究的基础上,试图构建结构化向量自回归模型进行实证研究,分析人民币国际化对中国对外直接投资的影响。

(二)假设命题

人民币国际化是否对中国对外直接投资产生了显著促进作用是我们研究的核心问题。关于货币国际化现有多种度量维度,有不少学者进行人民币国际化的量化研究,如李稻葵和刘霖林(2008)等,也有一些金融研究机构构建了人民币国际化指数,如中国银行人民币跨境指数(CRI)、渣打人民币环球指数(RGI)、中国人民大学国际货币研究所发布的人民币国际化指数等,[④] 但是这些指数的构造大都需要大量的微观数据做支撑,需要得到各大部委和银行的大力支持才能实现。基于数据的可得性,鉴于货币互换规模与境外人民币存款是人民币国际化的重要指标,其中香港人民币占据了境外

[①] 张晓涛、杜萌、杜广哲:《中国对外直接投资(OFDI)对人民币国际化影响的实证研究》,《投资研究》,2016年第10期,第54—67页。

[②] 姚山、古广东、杨继瑞:《对外直接投资:促进人民币国际化机理与优化路径探讨》,《西南民族大学学报》,2016年第12期,第142—147页。

[③] 倪亚芬、李子联:《人民币国际化与对外直接投资的互动分析》,《金融与经济》,2016年第2期,第45—49页。

[④] 中国人民大学国际货币研究所:《2016年人民币国际化报告——货币国际化与宏观金融风险管理》,中国人民大学出版社,2016年版。

人民币存款的绝大部分份额,因此研究中采用货币互换规模与香港人民币存款规模联合构成的综合变量来反映人民币国际化程度。采用中国对外直接投资流量来度量中国对外直接投资规模,以出口和进口来反映进出口贸易因素,以社会融资规模反映中国对外直接投资的融资能力,以外商直接投资流量反映外商投资因素。同时,我们提出了四个特定的假说。

假说1:人民币国际化为对外直接投资创造便利条件,推动中国对外直接投资的快速发展,预期为正向影响。首先,人民币国际化可以减少跨国投资的汇率风险,中国可以更多地采用人民币安排的对外投资,有利于降低汇率波动带来的风险;[①] 其次,人民币国际化将使得跨国企业在国内融资更为便利,人民币国际使用的增加,越来越多的国家接受人民币投资,可以拓宽跨国企业国内融资渠道,增强中国跨国企业的资金实力;再次,人民币国际化会对国内金融深化改革形成"倒逼"机制,有利于国内建立现代金融市场和监管机制,进而增强我国企业对外投资的实力;最后,随着人民币国际化的不断推进,将不断会有产油国接受人民币进行石油定价和结算(如俄罗斯、伊朗和委内瑞拉等),有助于中国对石油资源的投资,提高我国能源供给的安全系数。

假说2:出口是我国获得外汇储备的重要手段,增强了中国对外直接投资的资本实力,预期为正向影响;

假说3:进口是消耗外汇储备的重要方式,对中国对外直接投资会产生"挤出效应",预期为负向影响;

假说4:社会融资规模是融资能力的重要体现,但应用方向不确定,是否对中国对外直接投资产生积极影响有待检验,预期影响的方向不明确。

---

① 约瑟夫·雷彻·赫尔宾(Joseph Ritchey Helbing):《人民币国际化的经济诸条件研究:德国马克、日元的启示及与美国的政策协调》,美国俄亥俄州立大学,2013年,第1—54页。

三、变量选择及数据处理

（一）变量选择

本研究采用的数据为宏观月度数据，基于数据的可得性，选择的样本区间为2010年4月至2017年6月，共87个月的宏观月度数据。本研究采用的变量来自万得（Wind）资讯和香港货币管理局，其中对外直接投资、中国出口额、中国进口额和外商直接投资等变量均为美元计价变量，因此对上述变量采用美元月度平均汇率将其换算为人民币计价的变量。为了消除通货膨胀因素的影响，采用定基月度消费价格指数进行了价格平减。同时，为在一定程度上避免异方差对参数估计和假设检验带来不利影响，对各变量进行了对数化处理。

表1 变量名称及处理

变量类型	变量名称	代码	处理说明
因变量	对外直接投资	OFDI	采用美元平均汇率将其换算为人民币，采用定基消费价格指数进行价格平减
核心解释变量	香港人民币存款	RMBDH	采用定基消费价格指数进行价格平减
核心解释变量	人民币货币互换	RMBCS	采用定基消费价格指数进行价格平减
控制变量	社会融资规模	SFS	采用定基消费价格指数进行价格平减
控制变量	中国出口额	EX	采用美元平均汇率将其换算为人民币，采用定基消费价格指数进行价格平减
控制变量	中国进口额	IM	采用美元平均汇率将其换算为人民币，采用定基消费价格指数进行价格平减
控制变量	外商直接投资	FDI	采用美元平均汇率将其换算为人民币，采用定基消费价格指数进行价格平减

资料来源：万得（Wind）资讯、香港货币管理局。

(二)描述统计分析

对收集的数据进行描述统计分析（详见表2），本研究中共包含87个月的宏观月度数据，其中，对外直接投资均值为82.92亿元，不同月份之间波动较为剧烈，最小值只有25.34亿元，而最大值却高达199.90亿元。近年来，尤其是2013年"一带一路"倡议提出以来，人民币国际化取得了很大进展，人民币货币互换的月度均值为22291.90亿元，各月份之间也存在不小的波动，从6500亿元增长到33437亿元；香港人民币月度存款余额的均值为6601.41亿元，从808.94亿元增长到10035.57亿元。对各对数化变量做趋势图（见图2），不难发现各变量之间尽管存在一定的差异，但各变量之间的变动趋势比较相近。因此，本研究将尝试构建结构化向量自回归模型，分析人民币国际化对对外直接投资的影响。

表2 描述统计分析

变量	样本量	均值	标准差	最小值	最大值
OFDI	87	82.92	38.89	25.34	199.90
RMBDH	87	6601.41	2394.60	808.94	10035.57
RMBCS	87	22291.90	9812.54	6500.00	33437.00
SFS	87	13355.43	5987.99	2737.00	37202.00
EX	87	1744.66	264.21	966.81	2274.30
IM	87	1459.20	189.19	935.58	1830.08
FDI	87	99.44	21.60	69.24	152.30

资料来源：利用stata 14.0计算得出。

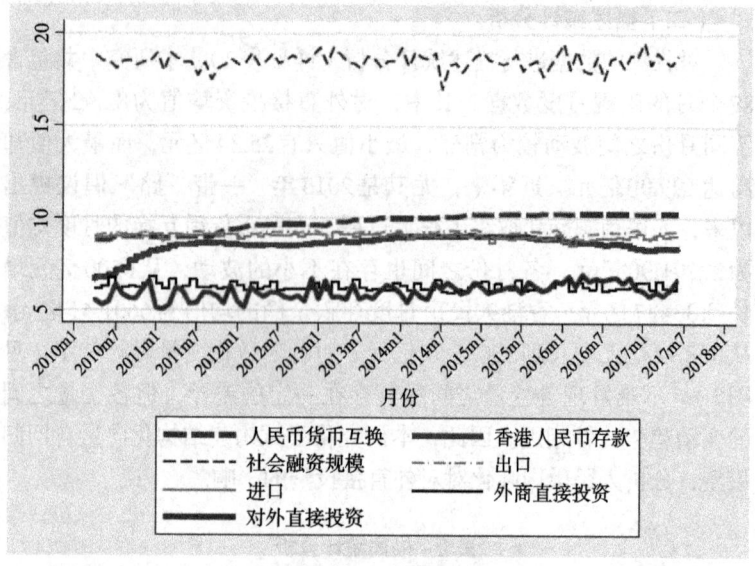

图2 各变量对数值趋势图

四、实证分析结果

在进行结构化向量自回归模型分析之前,首先分析各变量之间的相关程度,计算各变量之间的相关系数(详见表3),不难看出,出口、进口、人民币国际化等变量均与对外直接投资存在较强的相关性,但社会融资规模与中国对外直接投资之间的相关性不显著。另外,外商直接投资与社会融资规模、进口与出口、出口与人民币国际化之间也存在较强的相关性。

表3 各变量相关系数

	lnSFS	lnEX	lnIM	lnFDI	lnRMBI	lnOFDI
lnSFS	1					
lnEX	0.143	1				
lnIM	0.1886	0.5769**	1			
lnFDI	0.5339**	0.1367	0.1389	1		
lnRMBI	0.0691	0.2483*	-0.1777	-0.0715	1	
lnOFDI*	0.0179	0.2997**	-0.2261*	0.1741	0.5246**	1

资料来源：利用Stata 14.0计算得出。

注：表示显示性水平为0.05（$\alpha=0.05$）时显著，表示显示性水平为0.01（$\alpha=0.01$）时显著。

为检验各变量对对外直接投资的影响程度，采用基于向量自回归模型的格兰杰因果关系检验，首先估计了向量自回归模型，滞后信息由汉南-奎因（HQIC）和施瓦兹（SBIC）信息准则确定。鉴于我们的目的是估计结构参数，并且向量自回归模型的估计参数没有明确的经济学意义，因此为节省篇幅，不予报告向量自回归模型的估计结果。在向量自回归模型的基础上，估计各变量是否对对外直接投资存在因果关系（详见表4），可以看出在显示性水平为0.05（$\alpha=0.05$）时，出口、进口和人民币国际化是对外直接投资的格兰杰原因，而社会融资规模和外商直接投资不是对外直接投资的格兰杰原因。

表4 向量自回归格兰杰因果关系检验

因变量	外生变量	卡方统计量	自由度	P值
lnOFDI*	lnSFS	0.439	2	0.803
lnOFDI*	lnEX	10.198	2	0.006

续表

因变量	外生变量	卡方统计量	自由度	P值
lnOFDI*	lnIM	25.703	2	0.000
lnOFDI*	lnFDI	2.178	2	0.337
lnOFDI*	lnRMBI	7.996	2	0.018
lnOFDI*	ALL	50.170	10	0.000

注：以其他变量为因变量部分略。

向量自回归模型的预测效果比较好，在时间序列分析当中得到了广泛应用，但其缺点也相对较为明显，经常受到批评和诟病，如信息之间存在较强的相关性，实际的经济含义不明确，向量自回归模型将当期关系隐含到了随机扰动项之中，等等。变量之间如果同时存在滞后影响和同期影响，建立无约束向量自回归模型则会产生一些弊端。为克服向量自回归模型的这些缺点，布兰查德（Blanchard）和丹尼·夸（Quah）（1989）提出了基于经济理论对无约束向量自回归模型施加长期约束的结构化方法，构建了结构化向量自回归模型。[1] 结构化向量自回归模型要求各变量为平稳性变量，因而首先对各变量进行稳定性检验，采用应用较多的扩展的迪克-福勒（ADF）单位根检验（详见表4），不难发现各变量扩展的迪克-福勒（ADF）统计量均小于1%临界值，表明各变量都不存在单位根，均为稳定性变量，满足建立结构化向量自回归模型的条件。接下来我们将尝试构建结构化向量自回归模型，用于分析人民币国际化对中国对外直接投资的影响。

---

[1] O. Blanchard and D. Quah, The Dynamic Effects of Aggregate Supply and Demand Disturbances, *American Economic Review*, 1989(79), pp.655-673.

表5 单位根检验

变量	扩展的迪克–福勒统计量	1%临界值	5%临界值	10%临界值	检验模式（C,T, L）	结论
lnSFS	−9.849	−4.071	−3.464	−3.158	(1,1,1)	稳定
lnEX	−7.017	−4.071	−3.464	−3.158	(1,1,1)	稳定
lnIM	−6.794	−4.071	−3.464	−3.158	(1,1,1)	稳定
lnFDI	−10.355	−4.071	−3.464	−3.158	(1,1,1)	稳定
lnRMBI	−4.577	−3.530	−2.901	−2.586	(1,0,1)	稳定
lnOFDI	−8.254	−4.071	−3.464	−3.158	(1,1,1)	稳定

注：各变量扩展的迪克–福勒检验的P值均小于0.01。
资料来源：利用Stata 14.0软件计算得出。

在估计结构化向量自回归模型时，设定合适的结构参数可识别约束条件至关重要。综合以往的研究文献，根据相关经济学理论，并结合中国经济发展的实际，设定如下的约束条件：社会融资规模是一国资金筹措能力的重要体现，将对出口、进口、外商直接投资、人民币国际化以及对外直接投资产生影响；随着中国经济的发展，我国发展成为世界工厂，出口将对进口、外商直接投资、人民币国际化和对外直接投资产生影响；要实现可持续发展，在大力促进出口的同时，也要适当扩大对商品的进口，不仅可以互通有无、丰富人民的生产生活，而且也是保持国际收支平衡的重要措施，进口将对外商直接投资、人民币国际化和对外直接投资产生重要影响；外商直接投资促进了我国经济的快速发展，实现了生产技术的快速突破，外商直接投资将对人民币国际化和对外直接投资产生重要影响；"一带一路"倡议的实施，人民币国际化推进速度不断加快，将促进对外直接投资的快速发展。表4的格兰杰因果关系检验结果在一定程度上支持了我们的分析逻辑。基于上述分析逻辑，我们设定的变量顺序如下：社会融资规模对数值（lnSFS）、中国出口额对数值（lnEX）、中国进口额对数值（lnIM）、外商直接投资对数值（lnFDI）、人民币国际化程度对数值（lnRMBI）、外商对外直接投资对数值（lnOFDI）。为识别结构化向量自回归模型的结构参数，我们设定如下结构矩阵约束条件：

$$\begin{bmatrix} 1 & 0 & 0 & 0 & 0 & 0 \\ \gamma_{21} & 1 & 0 & 0 & 0 & 0 \\ \gamma_{31} & \gamma_{32} & 1 & 0 & 0 & 0 \\ \gamma_{41} & \gamma_{42} & \gamma_{43} & 1 & 0 & 0 \\ \gamma_{51} & \gamma_{52} & \gamma_{53} & \gamma_{54} & 1 & 0 \\ \gamma_{61} & \gamma_{62} & \gamma_{63} & \gamma_{64} & \gamma_{65} & 1 \end{bmatrix} \begin{bmatrix} u_t^{\ln SFS} \\ u_t^{\ln EX} \\ u_t^{\ln IM} \\ u_t^{\ln FDI} \\ u_t^{\ln RMBI} \\ u_t^{\ln OFDI^*} \end{bmatrix} = \begin{bmatrix} b_1 & 0 & 0 & 0 & 0 & 0 \\ 0 & b_2 & 0 & 0 & 0 & 0 \\ 0 & 0 & b_3 & 0 & 0 & 0 \\ 0 & 0 & 0 & b_4 & 0 & 0 \\ 0 & 0 & 0 & 0 & b_5 & 0 \\ 0 & 0 & 0 & 0 & 0 & b_6 \end{bmatrix} \begin{bmatrix} \varepsilon_t^{\ln SFS} \\ \varepsilon_t^{\ln EX} \\ \varepsilon_t^{\ln IM} \\ \varepsilon_t^{\ln FDI} \\ \varepsilon_t^{\ln RMBI} \\ \varepsilon_t^{\ln OFDI^*} \end{bmatrix}$$

采用极大似然估计方法，利用 Stata 14.0 软件进行估计，根据设定的约束条件，估计结果如下：

$$\begin{bmatrix} 1 & 0 & 0 & 0 & 0 & 0 \\ -0.0248 & 1 & 0 & 0 & 0 & 0 \\ -0.0160 & -0.5515 & 1 & 0 & 0 & 0 \\ -0.2642 & 0.0346 & 0.0778 & 1 & 0 & 0 \\ 0.0024 & 0.0448 & -0.0039 & 0.0296 & 1 & 0 \\ 0.1106 & -1.0717 & 1.3020 & -0.4775 & -1.3328 & 1 \end{bmatrix} \begin{bmatrix} u_t^{\ln SFS} \\ u_t^{\ln EX} \\ u_t^{\ln IM} \\ u_t^{\ln FDI} \\ u_t^{\ln RMBI} \\ u_t^{\ln OFDI^*} \end{bmatrix}$$

$$= \begin{bmatrix} -0.4090 & & & & & \\ & -0.0851 & & & & \\ & & -0.0724 & & & \\ & & & -0.1509 & & \\ & & & & -0.0304 & \\ & & & & & 1 \end{bmatrix} \begin{bmatrix} \varepsilon_t^{\ln SFS} \\ \varepsilon_t^{\ln EX} \\ \varepsilon_t^{\ln IM} \\ \varepsilon_t^{\ln FDI} \\ \varepsilon_t^{\ln RMBI} \\ \varepsilon_t^{\ln OFDI^*} \end{bmatrix}$$

在建立结构化向量自回归模型的基础上，我们进一步进行脉冲响应分析，得向量间冲击反应函数图（见图3），从中可以看到各相关变量之间的互动关系与36个月滞后期冲击的响应变化。当对人民币国际化程度对数值（lnRMBI）施加一个标准差的冲击时，对对外直接投资对数值（lnOFDI）产生正向影响（见d图），之后不断减弱，说明人民币国际化将对中国对外直接投资产生促进作用，推动对外直接投资的发展；当对中国出口额对数值（lnEX）施加一个标准差的冲击，对对外直接投资对数值（lnOFDI）产生正向影响，在第二期达到高峰，之后呈波动中不断减弱趋势，笔者以为这主要是因为出口是我国获得外汇储备的主要手段，增强了我国企业的对外投资的经济实力（见a图）；当对社会融资规模对数值（lnSFS）施加一个标准差的冲击，对对外直接投资对数值（lnOFDI）产生负向影响，之后出现反转，到第三期开始变为正向影响，笔者以为这主要是因为社会融资能力首先增强对本国的投资能力，之后才会逐渐扩展到对外投资领域（见e图）；当对外商直接投资对数值（lnFDI）施加一个标准差的冲击，将对对外直接投资对数值

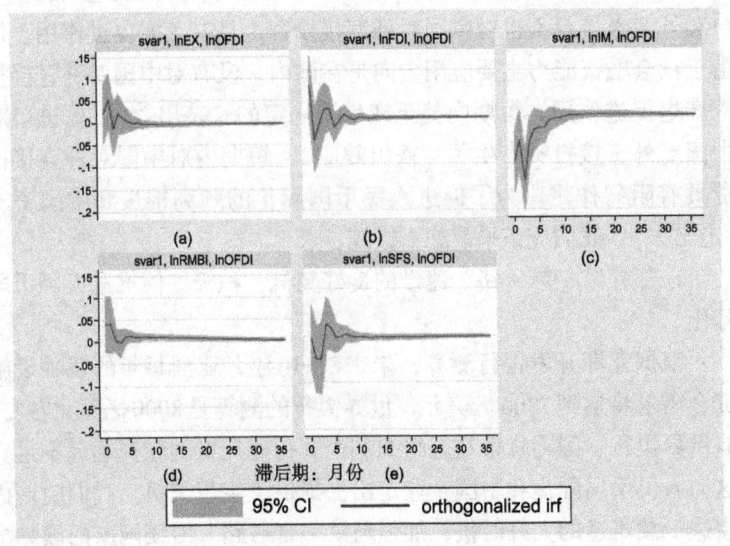

图3 脉冲响应函数图

（lnOFDI）产生正向影响，变动趋势为先下降后上升，再下降再上升，即呈波动中不断衰减，这表明"引进来"与"走出去"相辅相成，虽然都变现为资本流动，资本的"一进一出"将更加有利于产业结构转型升级（见b图）；当对中国进口额对数值（lnIM）施加一个标准差的冲击，对对外直接投资对数值（lnOFDI）产生负向影响，变动趋势为先上升后下降，再逐渐上升趋近于0，笔者以为这主要是由于进口消耗外汇储备，对中国对外直接投资产生一定程度的"挤出效应"（见c图）。

五、结论及政策启示

通过前面的分析发现，人民币国际化对中国对外直接投资具有正向促进作用，人民币国际化推动了对外直接投资的快速发展。出口和外商直接投资也对中国对外直接投资也具有正向促进作用。但由于社会融资能力主要应用方向是在国内，没有对中国对外直接投资产生促进作用，短期内甚至产生了一定的"挤出效应"。进口对中国对外直接投资产生了"挤出效应"，短期内对中国对外直接投资具有阻碍作用。为了促进人民币国际化的顺利推进和中国资本"走出去"，我们应该采取如下措施：

1. 抓住"一带一路"建设的良好契机，积极稳健推进人民币国际化。

根据亚洲开发银行测算，未来8—10年，亚洲每年的基础设施资金需求将达到7300亿美元，世界银行的测算是8000亿美元左右，但世界银行、国际货币基金组织和亚开行能提供的融资远远不足。这为人民币国际化和中国企业走出去提供了宝贵契机。我们应该抓住这千载难逢的大好时机，加强与"一带一路"沿线国家的国际金融合作，与更多沿线国家签订货币互换协议，在此基础上建立沿线国家金融合作机制，推进人民币跨境业务的健康发展。落实"五通"之———资金融通建设,增强沿线国家的资金筹措能力。但需要注意的是,我们必须在有效防范金融风险的基础上,逐步扩大对沿线国家的人民币投资和贷款,待时机成熟时积极推动能源以人民币计价结算。

2. 充分发挥丝路基金、亚投行和金砖国家银行的作用,积极推动优先使用人民币进行投融资。

从美元、德国马克和日元以往的国际化经验来看,货币惯性的作用非常重要,如果不加以重视,将在很长一个时期内迟滞货币国际化的实现,但若应用的好,则会加速货币国际化的实现。中国政府应该起关键主导作用,逐步培养各国的人民币使用惯性,促进人民币国际化顺利进行。丝路基金、亚投行和金砖国家银行是由中国发起设立、并起主导作用的重要金融平台。我们应该充分发挥丝路基金、亚投行和金砖国家银行的作用,积极推动人民币安排的融资计划,逐步提高"一带一路"建设中的人民币支付结算比例,逐步培养沿线各国的人民币使用惯性,促进人民币国际化的稳步发展。

3. 鼓励中国企业采用人民币安排进行对外直接投资,有效防范汇率波动风险。

汇率波动风险是对外直接投资过程中的主要风险之一,"走出去"的中国企业必须采取有效措施加以防范。采用人民币安排进行对外直接投资,是有效防范汇率波动风险的重要手段。开展人民币对外直接投资有利于将人民币输出到境外,有利于境外国家增强采用人民币投资境内市场的能力,促进境内供给侧结构性改革的顺利实施,加速国内产业结构转型升级,改变高度依赖出口的不利局面,形成出口与对外直接投资并重的新局面,逐步建立起以我国本土企业为核心价值链的外向型经济体制。采用差异化对外投资策略,针对不同类型国家采用不同投资方式,综合运用跨国并购、增资入股、合资开发以及绿地投资等投资措施,逐步增加人民币结算的话语权。

4. 继续推进国内金融深化改革,不断完善和发展金融市场。

金融发达程度是判断国家是否发达的重要标准之一,金融市场是否深化、金融基础设施是否成熟以及是否具有较强的金融监管能力，是判断金融发达程度的几个重要标准。人民币国际化要想达到预期目标，避免出现类似日元国际化不彻底的不利局面，必须继续推进国内金融的深化改革，不断完善和发展金融市场，建立有深度的金融市场，逐步建立起长期、稳定、安全的固定收益市场，以便央行可以采用公开市场业务进行货币政策操作。尽快建立与经济规模相匹配、促进经济增长、金融监管措施完善的现代金融市场。与此同时，要保持人民币利率和汇率的适度稳定，避免利率和汇率出现剧烈波动，提升人民币的国际信誉，增强世界各国对人民币的信心。

美国的经济制裁及其信号表达

——基于1989—1992年美国三起制裁的经验验证

亚洲研究所 吉菲菲

内容提要 经济制裁是美国偏爱的政策选项,世界上大部分经济制裁也都是由美国实施或主导的。我国也常常受到美国的经济制裁。那么,美国施加经济制裁是想要释放什么信号呢?美国国内学界有两种答案:"经济制裁有效论"的支持者认为是实现既定目标的决心,其反对者认为是象征性信号。本文通过建立分析框架,认为应该是三种信号:决心性、象征性和讨价还价,并认为决心性信号表现为制裁国会发出威胁性承诺并诉诸行动;象征性信号表现为避免对对象国敏感区域实施实质性经济制裁,或避免采取更为严厉的经济制裁;讨价还价信号表现为将经济制裁的撤销与其他诉求相联系。本文将选用1989—1992年间美国发起的三项制裁对上述论述进行经验验证。

关键词 经济制裁 信号 美国 决心 象征

经济制裁是制裁方为了实现一定的政治目的,达到全面或部分终止与制裁对象之间经济往来的国家行为。作为一种国家对外政策工具,经济制裁常被视为军事行为的有效替代品,帮助国家兵不血刃地实施惩戒。[1] 随着核时代的到来,军事力量的动用常常会面临

---

[1] David Baldwin, Economic Statecraft, Princeton University Press, 1985, p.69.

道义和舆论压力,因此,国家常常会选择经济制裁的方式表达诉求、实施惩戒。

在制裁国中,美国是最常使用经济制裁的国家。正如德鲁瑞(Drury)所说,20世纪的所有经济制裁中,绝大多数制裁都是由美国发起或主导的。[①] 新中国自成立以来也常常遭到美国制裁。1989年底,美国主导的西方七国联合对我国发动了经济制裁。之后,大至国际武器贸易禁运和太空飞行器贸易中止,小至近年对我国的反倾销调查、对华为等科技公司的出口限制,等等,美国对我国各经济领域都或多或少地施加了制裁。那么,美国对我国施加经济制裁,目的是释放哪些信号?如何辨析这些信号?

一、经济制裁研究的争论

国家实施经济制裁是想要释放何种信号?在美国国内的经济制裁研究中,有着来自"经济制裁有效论"的支持派和反对派的两种回答。"经济制裁有效论"支持者认为,经济制裁是有效的,国家实施经济制裁,目的是表明一种"不达目的誓不罢休"的政治决心性信号,具体方式包括释放"自缚手脚"和"沉没成本"等信号。"自缚手脚"是指因国内公众压力太大,国家决策者的手脚受到束缚,无力掌控局面,从而任由形势发展的行为。在制裁研究中,特指发出威胁性承诺而不得不实践诺言的行为。哈特(Hart)认为,国家实施经济制裁吸引了大量国内关注,当国家无法实现既定政策承诺时,就会承受巨大的国内观众成本,因此国家可以利用这一点"自缚手脚",给自己增加观众成本以表明其决心。[②] 赖克赞

[①] Cooper Drury, "Sanctions as Coercive Diplomacy: The U. S. President's Decision to Initiate Economic Sanctions," Political Research Quarter-ly, Vol. 54, No. 3, 2001, p. 487.

[②] Robert Hart, "Democracy and the Successful Use of Economic Sanctions", Political Research Quarterly, Vol. 53, No. 2, 2000, pp. 267-284.

（Lektizan）和斯普雷彻（Spre-cher）认为制裁国既可以通过释放"自缚手脚"信号以表明决心，也可以通过不愿释放"沉没成本"信号而表明缺乏决心。[1]

"经济制裁有效论"反对者认为，经济制裁是无效的，有时甚至是适得其反的，国家实施经济制裁目的仅仅是释放象征性信号，表明道义立场。吉普森（Gibson）等人发现经济制裁成功率通常较低，而且随着时间推移而越发降低，对此他们认为有两种解释，一是制裁国使用经济制裁次数越频繁，其信用越低；二是制裁国所宣称的经济制裁目标仅仅是官方的、言辞上的，它实际上是一种"表达性"的象征性信号，目的是做给国内观众看。[2]比尔斯泰克（Biersteker）认为国家实施经济制裁的主要目的是释放信号，该信号除了有交流性的功能以外，还有社会规范层面的意义，属于巴伯（Barber）认为的经济制裁实施的第三层目标，比仅仅是言语性的外交表态更有意义。[3]

至今，美国国内学界关于"经济制裁是否有效"的争论仍然持续，由此，关于国家实施制裁目的是释放何种信号的问题也没有确定的答案。本文认为，经济制裁并不是铁板一块的，国家实施制裁并不是按照既有研究所说，只能做出决心性信号，或是象征性信号，而是应该需要进行分类讨论的——国家在某些情况下会想要通过制裁释放决心性信号、某些情况下又会想要释放其他类型的信号。不同信号下的制裁，具体表现方式也是不同的，通过分析这些表现方式，可以有助于我们更好地辨析和判断这些信号。那么，美国实施经济制裁所想要释放的信号都有哪些？如何辨析它们？

---

[1] David Lektizan & Christopher Sprecher, "Sanctions, Signals, and Militarized Conflict", American Journal of Political Science, Vol. 51, No. 2, 2007, pp. 415-431.

[2] Jaleh Dashti-Gibson, Patricia Davis & Benjamin R adcliff, "On the Determinants of the Success of Economic Sanctions: An Em-pirical Analysis", American Journal of Political Science, Vol. 41, No. 2, 1997, pp. 608-618.

[3] Thomas Biersteker, "UN Sanctions as Normative Signals: A R esearch Note", Meeting Paper Presented at the Annual Convention of the International Studies Association, Atlanta, March 16th – 19th, 2016.

二、理论框架

对于是否对对象国实施经济制裁,制裁国决策者和国内民众不可能总是保持一致,这种不一致会形成四种不同的组合,见表1。

表1 美国制裁信号的分类

		决策者	
		想制裁	不想制裁
国内民众	想制裁	决心性	象征性
	不想制裁	讨价还价	无制裁

在经济制裁实施过程中,国家决策者期望以及国内观众期望的一致程度决定了信号的类型:当决策者和国内观众共同期望实施经济制裁时,国家实施经济制裁就有贯彻到底的决心,可以释放决心性信号;当国内观众期待经济制裁、但决策者并不这样认为时,为了满足国内的期望,国家决策者会施加经济制裁,但这仅仅是一种象征性的姿态,此时国家释放的是一种象征性的信号;当决策者想要实施经济制裁,但国内民众对此并没有过多关注和支持时,国家实施经济制裁的目的更倾向于以此制裁进行讨价还价,该目的下国家释放的是讨价还价信号;当决策者和国内观众都不想经济制裁时则没有制裁。因此,由分析框架可知,制裁国实施经济制裁主要是为了表明三种不同的信号:决心性、象征性和讨价还价。

现实世界中,制裁国释放的信号可能是多重的。比如制裁国可能一方面基于国内压力而不得不做出象征性经济制裁,另一方面又想要和对象国进行讨价还价。此时制裁国释放的信号很可能既有象征性信号、也有讨价还价信号。而且,制裁国释放的信号也可能是多阶段的。比如国家实施经济制裁最初是得到决策者和国内民众的一致同意的,但随着形势发展,国内民众逐渐转移对该制裁的注意力,从而给了国家决策者利用经济制裁进行讨价还价的可能。这种情况下,制裁国释放的信号将由决心性信号转为讨价还价信号。因此,以上三种信号之间并不是排他的,不同条件下、不同阶段中,制裁国释放的信号不同。所以需要特别指出的是,本文主要讨论的是一种对特征的概括性总结,主要用于某一特定阶段中制裁国释放的主导型信号。

那么,美国作为制裁国具体是如何释放以上三种信号呢?换句话来说,这三种信号的具体表达方式为何呢?(见表2)。

表2

制裁类型	自变量:信号	因变量:表达方式
1	决心性	发出威胁性承诺并诉诸行动
2	象征性	避免对对象国敏感区域实施实质性经济制裁、避免采取更为严厉的经济制裁
3	讨价还价	将经济制裁的撤销与其他诉求相联系

首先,决心信号的表达方式。很多研究都认为,"自缚手脚"行为是国家表明决心、迫使对象国让步的最佳手段。[1] 他们认为,当国家决策者无法兑现其承诺时,就会面临国内公众的压力。因此,当国家主动采取会产生国内公众压力的承诺及其行为时,就相当于"自缚手脚",也就表明该国对于实现既定目标非常坚定。但是,因为国内关注和目标驱使,"自缚手脚"通常也会使制裁国陷入国家间关系恶化或是危机局势失控的境地。因此制裁国采取"自缚手脚"这一行为也是危险的。它通常与危机升级相联系,并很有可能最终导向军事冲突。

---

[1] James Fearon, "Signaling Foreign Policy Interests: Tying Hands versus Sinking Costs," Journal of Conflict Resolution, Vol. 41, No.1, 1997, p.70.

哈特认为，因为国家有可以"产生国内观众成本的制度机制"以及"从国内政治制度、到战略抉择、再到信号释放和对外政策的利益链"，因此可以"通过采取激进的外交行为，有效地释放'自缚手脚'信号"，从而表明决心、实现既定目标。[1] 赖克赞和斯普雷彻认为国家释放"自缚手脚"信号的同时也需要承担相应的国内观众成本，因此伴随"自缚手脚"而来的很有可能是军事冲突。[2]

20世纪90年代初美国对伊拉克的制裁就是一种决心性信号。在此过程中，美国总统布什（George H. W. Bush）先是在媒体上公开表明"无法容忍"此事、并向民众保证不会置身事外，之后在联合国框架下对伊拉克采取贸易和金融制裁，最后发动了海湾战争。整个过程就是美国发出威胁性承诺、并实践承诺的过程。总之，当制裁国想要释放决心性信号时，会发出威胁性承诺并诉诸行动。

其次，象征性信号的表达方式。一部分学者将经济制裁视作象征性的行为，认为其实质是对国内观众成本的被动反应，是为了缓解国内压力而做出的一种姿态性的、"表达性"的信号。制裁研究的开山人葛尔汤（Galtung）认为，当国家不太可能实施军事行动，但又不能不有所行动时，国家必须要做一些事情（比如经济制裁）以"表明道义立场，至少要向每个人都发出清晰的信号表明对被制裁国的不满"。[3] 早期经济制裁研究学者们，如巴伯（Barber）、林赛（Lindsay）、多克塞（Doxey）、霍夫曼（Hoffman）等人也大多倾向于该观点。林赛根据经济制裁的目标将其分为五类：服从、颠覆、威慑、国际层面象征性和国内层面象征性。并认为，在这五类经济制裁中，只有以国际层面象征性和国内层面象征性为目标的

---

[1] Robert Hart, "Democracy and the Successful Use of Economic Sanctions", Political Research Quarterly, Vol. 53, No. 2, 2000, pp. 268, 281.

[2] David Lektzian and Christopher Sprecher, "Sanctions, Sig-nals, and Militarized Conflict", American Journal of Political Science, Vol. 51, No. 2, 2007, pp. 415-431.

[3] Johan Galtung, "On the Effects of International Sanctions:With Examples from the Case of R hodesia", World Politics, Vol. 19, No. 3, 1967, p. 412.

经济制裁才能真正产生效果。① 根据这些学者的观点，制裁国实施制裁目的仅仅是表明道义立场，因此它并不想将与对象国的关系恶化到无法控制的局面。它会谨慎实施涉及对象国敏感经济领域的制裁、同时也会谨慎实施更为严厉的制裁，以避免被对象国误解、从而加深两国敌意。

乌克兰危机爆发后，日本于2014年对俄罗斯实施的经济制裁就被公认为是象征性信号下的制裁。因为日本的制裁内容——冻结俄罗斯部分个人和法人在日本的银行账户、并且限制克里米亚地区对日本的进口，实质上并没有对俄罗斯构成实质性威胁。因为制裁所涉及的个人和法人基本上不会在日本有银行账户，而日本和克里米亚地区也几乎没有贸易往来。② 制裁国想要释放象征性信号时，会避免对对象国敏感区域实施实质性经济制裁或是避免采取更为严厉的经济制裁。

最后，讨价还价信号的表达方式。德鲁瑞（Drury）认为，"公众不可能对所有的外交事务都有所关注，所以国家决策者实施经济制裁的决定常常不受公众的影响"，经济制裁可以被当作"制裁国借此给对象国施压的工具"。③ 鲍德温（Baldwin）也认为经济制裁作为军事手段的替代性政策，实质上是一种关系性的权力，可以让对象国做一些它原本不愿意做的事情。④ 由此可总结出两点：1. 一些经济制裁的实施并不会受到国内过多关注，国家决策者撤销这类制裁也不

---

① James Lindsay, "Trade Sanctions as Policy Instruments: A Re-examination", International Studies Quarterly, Vol. 30, No. 2, 1986, pp. 153-173.

② Anna Fifield, "Japan Poised to Impose Sanctions on Russia Over Ukraine", Washington Post, Jul. 31, 2014, https://www. washing-tonpost. com/world/asia_pacific/japan-poised-to-impose -sanctions-on-russia-over-ukraine/2014/07/31/4be79755-12c6-4073-a30b-61c1f95a3b67_story. html? utm_term = . 04b0411ff429.

③ Cooper Drury, "Sanctions as Coercive Diplomacy: The U. S. President's Decision to Initiate Sanctions, "Political Research Quarter-ly, Vol. 54, No. 3, 2001, pp. 488, 490.

④ David Baldwin, Economic Statecraft, Princeton University Press, 1985; Stefanie Lenway, " Review: Between War and Commerce: Economic Sanctions as A Tool of Statecraft, "International Organization, Vol. 42, No. 2, 1988, pp. 397-426.

会承受过多的国内观众成本；2. 经济制裁作为一种军事手段的替代性政策，可以以一种交换的方式让对象国在某一议题上做出让步。

2010年初，中国对挪威的制裁可以看做是一种讨价还价信号下的制裁。2011年，因为诺贝尔和平委员会奖项设置的问题，中国严格控制了对挪威三文鱼的进口；2015年，中国遏制了挪威鲑鱼的进口。2016年底，中挪双方就此问题进行了谈判，在此过程中，"挪威方面对损害双方互信的原因进行了深刻反思，并与中方就如何改善双边关系进行了认真、严肃的磋商"，① 之后不久，中挪双方关系开始重新正常化。

总之，当制裁国想要释放讨价还价信号时，会将该经济制裁的撤销与其他议题相联系，以换取对象国在该议题上的让步。

三、经验验证

本文选取1989—1992年间，美国发起的三项经济制裁进行案例分析。这三项案例分别是：1992年美国对南联盟、1989年美国对中国以及1991年美国对中国的制裁。这三项经济制裁都处于同一时间段，因此这些被制裁国所面临的国际结构、世界经济形势、国际制度配置、国际社会规范以及制裁国都是一样的。不一样的除了本文要考察的经济制裁的施加方式以外，还有被制裁国本身。但这并不会影响本文的经验验证，因为本文的目的是想研究制裁国是如何通过经济制裁释放信号的，而非被制裁国内部的反应。

（一）1992年美国对南联盟的经济制裁

1992年4月波斯尼亚战争爆发时，西方社会纷纷指责南斯拉夫

---

① 潘洁："中国与挪威实现双边关系正常化"，新华网，2016年12月19日，http://news.Xinhuanet.com/politics/2016-12/19/c_1120147317.htm。

联盟共和国（以下简称南联盟）对波黑和克罗地亚境内塞尔维亚族人派兵支持，呼吁各参战方停战。受此舆论影响，1992年5月23—24日，时任美国国务卿贝克（James Baker）前往欧洲参加葡萄牙的里斯本会议，在记者会上，他说道："若有人推三阻四，或认为这种梦魇般的经历不是战争到来的预兆的话，我认为至少在我们所处的文明世界的价值观里，那种想法绝对是错误的。"[①] 由此可见，美国此时就已经发出了对南联盟的威胁性承诺，并且在一开始就表明不惜危机升级乃至战争的决心。

之后，美国推动安理会对南联盟施加了一系列的经济制裁。1992年5月30日，联合国通过了第757号决议，决议宣布，将全面且有效地切断南联盟与外界的经济联系，包括四方面：禁止任何国家进口来自南联盟的商品和产品；禁止销售南联盟的商品和产品（除了食物和药品供应外）；禁止对南联盟实体企业提供可能的资金；禁止与南联盟进行科学和技术合作；设立南联盟禁飞区。

这些制裁给南联盟带来了很大的经济压力，刚开始南联盟试图以外交途径说服美国取消制裁。但这一提议被贝克拒绝了，认为南联盟必须接受和谈和撤军，否则即使是米洛舍维奇（Slobodan Milosevic）的离任也不能让安理会撤销对南联盟的制裁。[②]

之后，美国又推动安理会对南联盟施加了一系列进一步的制裁。1992年11月16日，安理会第787号决议宣布，除非得到安理会制裁委员会的授权，禁止任何能源供给或者各种商品过境南联盟。1993年4月17日，安理会第820号决议宣布在克罗地亚联合国保护区以及波斯尼亚黑塞哥维那境内塞族力量控制的区域内，禁止任何货物的进口、出口或者过境（除非得到安理会制裁委员会的授权）；而且宣布，将冻结南联盟实体企业的资金，禁止为南联盟提

---

① "Secretary Baker's Remarks at Lisbon Conference on Assis-tance to the New Independent States", Foreign Policy Bulletin, Vol. 3, No. 1, 1992, p. 66.

② William Tuohy & Doyle McManus, "Allies OK Naval Moves to Press Harder on Serbia", Los Angeles Times, Jul. 11, 1992, http: //articles.latimes.com/1992-07-11/news/mn-1478_1_press-conference.

供金融或非金融的服务（除了电信、邮政和某些法律服务）；最后，禁止所有进入南联盟领海的海上交通（除非得到特别的授权）。1994年9月23日，安理会第942号决议宣布禁止在波斯尼亚塞族军队控制地区内一切实体企业的经济活动或经济联系，同时，冻结在这一地区内企业或人员的资金和货物供应（除非是人道主义援助或者受到安理会或波斯尼亚黑塞哥维那政府的特别同意）。

此外，为了保证制裁的有效实施，美国还成立了制裁援助任务小组（Sanctions Assistance Mission，简称SAM）和机构间制裁特种部队。前者专门用于监督进出南联盟的商业运输，识别和阻止违禁品，后者主要任务是引导美国的各种资源和影响以加强现有制裁的应用，并且寻求新的、更严厉的制裁措施。

这些制裁及其监督、实施小组让南联盟感到了前所未有的压力，到1993年12月，南联盟超过75%的货物流动被切断，经济通货膨胀异常严重，国民平均收入缩减了50%之多，南联盟国内生产总值下降了30%。[1]南联盟政府不得不采取措施以减轻制裁所带来的影响，但仍然不愿接收美方和谈方案并撤军。

于是，1993年5月1日，时任美国国务卿克里斯托弗（Warren Christopher）公开宣布，美国已原则上决定动用武力以制止波黑内战。[2]此后，北约每隔一段时间，就会要求塞尔维亚或者波斯尼亚塞族立刻停火，或者撤离重型武器等，否则就会对南联盟军事力量及波黑地区的塞族武装进行军事打击。[3]1994年4月10—11日，联合国保护部队召集北约的空中力量，空袭了安全区附近的塞尔维亚军队，大大打击了波黑地区塞族武装的力量。[4]受此影响，米洛舍

---

[1] Milica Delevic, "Economic Sanctions as A Foreign Policy Tool: The Case of Yogoslavia", The International Journal of Peace Studies, Vol. 3, No. 1, 1998.

[2] 南菁："波黑战争的起因、现状与前景"，《教学与研究》，1994年第4期，第48页。

[3] NATO, NATO Handbook: Evolution of the Conflict, NATO Office of Information and Press, 2001, p. 111.

[4] Daniel Bethlehem & Marc Weller, The "Yugoslav" Crisis in International Law, Cambridge University Press, 1997, pp. liii & liv.

维奇同意美国的要求，答应自1995年1月1日波黑交战各方停战四个月。

然而，四个月的停战期限一过，波斯尼亚战争又起。由此北约开始了一场对波斯尼亚塞族最大规模的军事轰炸行动，这次行动破坏了大部分波斯尼亚塞族控制的军事基地，使其彻底失去了军事攻击能力。①这一行动终于迫使米洛舍维奇决心接收美国的和平方案。当年11月21日，在克里斯托弗的调解下，波斯尼亚战争的交战三方达成了结束战争的《岱顿协定》。②而协议达成的第二天，联合国就颁布了1022号决议，宣布中止之前对南联盟施加的所有经济制裁。③

现任美国驻塞尔维亚大使科比（Michael Kirby）和美国前外交官科姆拉斯（Victor Comras）都认为，这一系列经济制裁是美国历史经验中"为数不多的、关于经济制裁的成功案例"。④在这一过程中，美国首先是公开发出"战争到来"的威胁性承诺。在平息战争的努力中，美国不断通过安理会增加经济制裁，获得了大量国际和国内舆论关注，高调地表明了其决心。在依旧无法让米洛舍维奇同意其和谈要求的背景下，美国不惜危机升级、用大规模空袭对南联盟进行施压，最终迫使南联盟答应和谈，从而结束波斯尼亚战争。这一过程充分说明美国在对南联盟实施经济制裁过程中释放的是决心性信号，具体表现为发出威胁性承诺并通过危机升级的方式

---

① Daniel Bethlehem & Marc Weller, The"Yugoslav"Crisis in International Law, Cambridge University Press, 1997, p. 112。

② "Dayton Accords", US Department of State, Mar. 30, 1996, https: / /www. state. gov /p /eur /rls /or /dayton / .

③ UN, "UN Security Council R esolution 1022 (1995)", R eso-lutions Adopted and Decisions Taken by the Security Council in 1995, Nov. 22, 1995, p. 2.

④ Tanjug, "U. S. Ambassador: We Were R ight to Impose Sanc-tions on Serbia", B92. Net, Mar. 19, 2015, https: //www.b92.net/eng/news/politics.php?yyyy=2015&mm=03 & dd =19 & nav_id= 93541; Victor Comras, "Pressuring Milosevic: Financial Pressure A-gainst Serbia and Montenegro, 1992-1995, "in David Asher et al. ed. , Pressure: Coercive Economic Statecraft and U. S. National Security, Center for A New American Security, 2011, p. 65.

一步步实践承诺。

（二）1989年美国对中国的经济制裁

1989年美国国会渐渐开始要求政府制裁中国，但老布什政府是不愿意破坏当时中美关系的。老布什曾表示："现在不是感情用事的时候，现在需要有一个合理的、审慎的行动，要考虑到我们的长远利益，认识到中国国内的复杂形势。"① 在其回忆录中，老布什是这样考虑的：一方面，从中美苏大三角战略关系的角度来看，一旦中美关系破裂就会让中国倒向苏联，从而会给美国以战略压力。"中国正在退向苏联，如果我们一意孤行地与其对抗，他们会倒退得更为厉害甚至会与西方完全断绝。"② 另一方面，老布什认为对中国施压只能带来反作用。根据他曾在中国担任外交官的经验，他认为中国对于"干涉内政"一事极其敏感，因此是不可能在人权的问题上做任何妥协的。③ 对中国施加经济制裁只会劳而无功、甚至会招致中国更强烈的反感。但是，老布什又不得不应对国会方面的压力。所以，他决定象征性地施加经济制裁，表明美国立场，同时尽可能维系中美间的关系。

20世纪80年代的中国，改革开放、发展经济是第一要务。任何限制我国经济发展和对外开放的制裁活动都会被视为不友好举动。老布什也"不想（在经济方面）采取（制裁）行动，（因为）没有必要伤害中国人民"。④ 所以老布什政府最初仅仅计划将制裁限制在军贸领域，具体包括：1. 中止与中国的军事订单，停止向中

---

① James Gerstenzang, "Bush Halts Arms Sales over China Re-pression", Los Angeles Times, Jun. 6, 1989.

② George H. W. Bush & Brent Scowcroft, A World Transformed, Vintage Books (kindle version), 1999, p. 20 (e-book).

③ Ibid., p. 17 (e-book).

④ United States, Congress, Senate, Committee on Foreign Re-lations, U. S. Policy toward China: Hearing Before the Committee on Foreign R elations, United States Senate, One Hundred First Congress, Second Session, Feb. 7, 1990, U. S. G. P. O., 1990, p. 8.

国销售武器；2. 暂停中美间军事高层的互访等，以尽可能避免对中国的敏感经济领域进行实质性制裁。

但随着美国国会不断施压，老布什不得不对中国采取实质性的制裁，这些经济制裁包括：中止美国内部机构对华贷款、联合其他西方国家以及世界银行等国际性机构中止对华贷款等。这些经济制裁涉及中国企业对外合作中的融资问题，会大大影响中国的改革开放和经济发展速度。而这对于视经济建设为中心的中国来说，无疑是一种非常不友好的举动。

为了避免中国误判美国，1989年7月1日，布什派时任美国国家安全事务助理斯考克罗夫特（Brent Scowcroft）将军和副国务卿伊格尔伯格（Lawrence Eagleburger）作为总统特使秘密访华。在会谈中，他们向邓小平解释了老布什总统实施对华制裁的原因，表示该决定是在国会压力下的无奈之举。并传达了老布什总统的口信，口信中老布什总统表明他仍然希望这不会影响美国与中国的良好互动关系。[①] 但是这样的一面之词中国拒绝相信，邓小平对斯考克罗夫特说："解铃还须系铃人，希望美国今后能采取实际行动，取信于中国人民。"[②]

之后，布什政府采取了一系列行动以避免对中国实施更为严厉的制裁。首先，在秘密访华之后不久的七国集团峰会上，布什和其他六国领导人在重申对华既有经济制裁的同时，没有宣布新的对华制裁。这说明布什在国际场合中不愿对华施加更为严厉的经济制裁。其次，1991年，他否决了美国国会提出的中止对华最惠国待遇的议案。最惠国待遇是中国最为重视的领域，美国作为世界上最大的经济体，一旦失去该国提供的最惠国待遇，中国对美贸易就要承担更高的交易成本，经济发展就会大大受限。因此，中国对美国国

---

① George H. W. Bush & Brent Scowcroft, A World Transformed, Vintage Books (kindle version), 1999, pp. 20%-21% (e-book).

② 钱其琛：《外交十记》，世界知识出版社，2003年版，第175页。

会这类议案尤其敏感和重视。1990年当美国国会第一次对该议案投票时,时任中国外交部部长钱其琛就曾警告美国:"取消中国的最惠国待遇将会导致两国关系发生重大倒退。"① 该议案不久之后因未能得到美国两院多数议员的同意而宣告流产。至1991年该议案得到美国国会两院多数议员同意时,又因为老布什总统行使否决权而又一次流产。然而,老布什这一行为为他带来了巨大的国内压力,后来克林顿在竞选总统时就以此抨击老布什总统对华"软弱"。

此后,克林顿总统上台。与老布什总统不同,克林顿总统原本是想要对中国实施更为严厉的制裁的。他以最惠国待遇为条件,对华采取"挂钩"政策,要求"中国人权状况必须取得美国所期望的重大进展"。② 但是这一要求遭到了中国的强烈反对,1994年3月11—14日,时任美国国务卿克里斯托弗的访华之行遭到了极大的冷遇,被美国驻华大使芮效俭(Stapleton Roy)称为"自1971年基辛格访华以来最不愉快的高层访问"。③ 3月29日,中国警告美国,如果美国对中国的国有企业施加新的经济制裁、取消中国的最惠国待遇,那么中美关系将会受到严重影响。④ 另一方面,美国国内舆论也早已转向,开始强烈反对对华进一步制裁了。1994年3—5月,将近800家美国公司和贸易商社致电或致函克林顿,呼吁停止"挂钩"政策:"我们依靠您的领导以及中国的合作,来避免这场灾难性的经济冲突。"⑤

这些变化让克林顿政府开始重新认识中美关系。主张将中国的

---

① "China Said to Sell Missiles: Shipment Reported Bound for Middle East", Washington Post, Mar. 29, 1990, p. A1.

② 刘连第:《中美关系的轨迹:1993—2000年大事纵览》,时事出版社,2001年版,第9页。

③ 陶文钊:《中美关系史(1972—2000)下卷》,上海人民出版社,2004年版,第718页。

④ "Gephart Bill to Allow Sanctions for Not Enforcing Environ-mental Laws", International Trade Reporter, Vol. 11, Mar. 30, 1994, p. 494.

⑤ Peter Behr, "Major U. S. Companies Lobbying Clinton to Re- new China's Trade Privileges", Washington Post, May. 6, 1994, pp. A-19.

最惠国待遇与人权问题进行"挂钩"的人逐渐减少。① 克林顿不得不公开宣布,"挂钩"政策"已经到达了其有用性的终点"。② 从此,美国对华政策开始由强调"人权"转向强调与中国的自由贸易,③ 这时1989年美国对中国实施的经济制裁反而成为中美两国自由贸易的阻碍了。

2000年10月10日,克林顿签署了众议院第4444号决议案,即对华永久性正常贸易地位议案(PNTR议案),从此中国获得了永久性最惠国待遇。其他方面的美国对华经济制裁也得到了逐步撤销:2001年1月13日,美国宣布恢复自1989年中断的美国贸易发展署对华资助计划;2004年中国加入了经合组织货币事务委员会,2012年正式成为经合组织的关键伙伴国,④ 根据经合组织的规定,中国与美国进出口银行的合作也自然而然地得到延续。

由此可见,对于老布什政府来说,最初是想要避免对中国经济领域进行实质性制裁的。当国内压力让他们不得不采取实质性经济制裁后,该届政府依然控制局势,避免对中国采取更加严厉的经济制裁。而对于克林顿政府来说,最初是想要对中国采取更为严厉的制裁的,但又因为国内压力放弃了这一企图,并最终顺应国内压力,逐步撤销了当初的对华制裁。因此,无论是老布什政府、还是克林顿政府都以不同的原因而最终释放了象征性的信号,具体表现为避免对中国敏感领域进行实质性经济制裁,或是避免对中国采取更为严厉的经济制裁。

---

① 陶文钊:《中美关系史(1972—2000)下卷》,上海人民出版社,2004年版,第719页。

② Bill Clinton, Public Papers of the President of the United States—William J. Clinton: 1994, University of Michigan Library, 2005, p. 991.

③ Tarnoff Peter, "Building A New Consensus on China", U. S. Department of State Dispatch, Vol. 8, No. 2, 1997, pp. 27-28.

④ Shayerah Akhtar, David Carpenter, Mindy Levit & Julia Tay-lor, "Export-Import Bank R eauthorization: Frequently Asked Ques-tions", CRS Report, Nov. 2014, p. 1.

(三) 1991年美国对中国的经济制裁

1991年5月27日,老布什政府宣布停止部分高科技产品的对华出口业务,包括高性能电脑的出口业务以及商业卫星的发射业务。制裁理由是防止武器扩散,但奇怪的是,在宣布该项制裁之前,美国国内公众并没有就这一问题对政府形成舆论压力。美国国会也没有多少关于中国武器扩散的相关议题:在1989年到1992年的四年间,在关于中国的129项提案中,关于不扩散的议题只有1起,扩散议题的只有1起,而且还只是建议性议案。① 那么,布什政府为什么要对中国实施这一经济制裁呢?

经济制裁实施后不久,11月15日,时任美国国务卿贝克开始了为期三天的对华访问,这也是1989年之后中美高层的首次接触。在谈判过程中,美方开门见山地表明,此行的目的就是要就中美间一些相关议题进行讨价还价。时任国务院副总理钱其琛评价来访的国务卿贝克,"办起外交来,一如经商做买卖。在谈判桌上,他的口头禅是:'让我们做个交易'"。② 当贝克和李鹏总理会面时,贝克毫不讳言地表示,"他有三只空篮子,一个想装防止武器扩散,一个想装经贸合作,一个想装人权。总之,访问结束之后,他不能空手而归"。③ 由此可见,贝克的谈判目的之一就是以制裁换取中国在不扩散问题上的合作。

贝克之所以要求中国在不扩散问题上与美合作,主要是想要向中国推销其"导弹及其相关技术控制制度"(Missile Technology Control Re-gime,以下简称MTCR)相关准则和参数。MTCR是用以防止导弹扩散,由部分西方国家于1987年共同建立的制度体

---

① "S. Con. Res. 86 (101st): A Concurrent Resolution Concerning Ballistic MissileProliferation by the People's Republic of China, " GovTrack, Nov. 21, 1989, https://www.govtrack.us/congressbills/101/sconres86.

② 钱其琛:《外交十记》,世界知识出版社,2003年版,第187页。

③ 同上书,第189页。

系。① 该制度既不是某种条约或政府间协议、也不是一种督查组织，而是一套规定核武器相关设备和技术出口的准则。自从MTCR出台后，美国一直希望能有更多的国家加入该体系，不断地向各个国家推销该制度，但效果一直差强人意。② 因此美国开始采用制裁强压等方式说服其他国家加入，比如，1990年11月美国出台了《导弹技术控制法》《武器出口管控法》以及《出口管理法》。根据法案规定，如果有国家（包括MTCR成员国及非成员国）出售了MTCR禁止扩散清单中的导弹或者附件，那么美国将对这些国家施加制裁，制裁内容根据《出口管理法》中的相关内容而定。所以，贝克此次中国之行，主要目的之一，就是要求中国遵守MTCR相关准则和参数，以此换取美国对中国高科技产品制裁的撤销。在中美谈判的过程中，贝克常常利用美国国内观众成本给中方施加压力。他称"美国国会正急不可待地要接管对华政策"，甚至宣称，"如果他这次访问无功而返，两国关系的维持将更加困难"。在抵京的第一天，贝克就主动约见时任国家外交部长钱其琛进行单独会谈，会谈中，他反复强调，"现在最关键的问题，是访问结束后如何向（美国）新闻界介绍情况、以显示访问的成果"。他甚至还威胁到："如果现在中国要求布什总统采取的步骤，远远超过中方可以采取的行动，这将在美国国内招致更大的不满。"③

而中方对美方在谈判上所表现出的讨价还价行为基本上是认同的。这是因为：首先，美国国务卿贝克访华是1989年以来中美高层的首次接触和对话，是中美两国间的"破冰"之旅，贝克访问本身就是中国外交的胜利。其次，谈判内容涉及多项中美经贸合作，这有助于中美经济关系的进一步发展，从而对最终全面解除美国对华制裁、实现中美关系正常化有着重要意义。最后，对于贝克所谈及

---

① 王君："冷战后中国不扩散政策的转变及其原因分析"，《太平洋学报》，2002年第4期，第61页。

② Dinshaw Mistry, Containing Missile Proliferation: Strategic Technology, Security Regimes, and International Cooperation in Arms Control, University of Washington Press, 2003, p. 49.

③ 钱其琛：《外交十记》，世界知识出版社，2003年版，第189—190页。

的"国会"以及"新闻界",当时的老布什总统的确承受着美国国内巨大的公众压力。因此尽管贝克的言论有部分施压的成分,这种施压在中方看来是真实可信的。

最终,当月17日下午,中美双方在谈判桌前达成一致意见:美方承诺取消对华高科技产品的出口制裁,中方承诺遵守MTCR准则和参数。1992年2月,中国宣布遵守MTCR准则和参数;而美国方面也于3月23日宣布撤销对华高科技产品的出口制裁。[①]

由此可见,1991年,美国之所以对中国实施高科技产品制裁,主要目的是以此换取中国对MTCR的遵守和加入。制裁实施的理由在制裁。实施之前并没有得到足以对政府形成压力的公众关注,因此在中国宣布遵守MTCR相关准则和参数之后的短时间里,美国方面也撤销了对华高科技产品的制裁。所以,美国在这一过程中释放的是讨价还价信号,具体表现为将该制裁与MTCR相关准则和参数挂钩,以经济制裁的撤销换取中国对MTCR的遵守。

四、结语

本文总结了国家实施经济制裁会释放的三种信号:决心性、象征性以及讨价还价,分析了不同信号的具体表达方式:决心性信号行为表现为制裁国发出威胁性承诺并诉诸行动;象征性信号行为表现为制裁国实施经济制裁,但避免对对象国敏感区域实施实质性经济制裁或避免采取更为严厉的经济制裁;讨价还价的信号行为表现为将经济制裁的撤销与其他诉求相联系。

本文的研究有助于根据制裁的具体实施方式,判断制裁国想要表明的信号。只有正确接收和判断制裁国释放的信号,被制裁的国

[①] Shirley Kan, "China: Possible Missile Technology Transfers from U. S. Satellite Export Policy—Actions and Chronology," CRS Re-port for Congress, Sep. 5, 2001, p. 16.

家才可以采取更有效的方式去应对，避免因战略误判而带来不必要的损失。

另外，本文的研究有助于我们更好地理解当今经济制裁。经济制裁向来是美国重要的外交政策工具之一，美国常常会"针对不同类别的国家实施不同形式的制裁"。因此，在不同的情况下，美国会利用经济制裁表明不同的政治信号。比如，近五年，美国以国家安全为由，对中国的一些手机开发商进行出口管制。

根据本文研究，可以判断该制裁释放的是讨价还价信号，目的是获取中国手机开发商在某谈判议题上的让步。以2016年美国对中兴的制裁为例，3月7日美国商务部宣布对中兴实施出口制裁，十多天后经过中兴公司和美国商务部的密集会谈，该制裁在得到中兴将"履行承诺，继续与美国政府有关部门保持合作"的保证后立刻被宣布"暂时解除"。

论列宁和平共处外交思想的理论起点和现实基础*

基础教学部 孟 艳

列宁在继承马克思、恩格斯和平外交思想基础上，依据苏维埃俄国所处的国际形势，创造性地提出社会主义和资本主义两种制度可以和平并存的思想，极大地丰富了马克思主义外交思想，并为苏俄的社会主义建设创造了有利的国际环境，为后来的社会主义国家处理两制关系问题提供了有益的理论借鉴和实践指导。

一、从"世界革命"到"两种制度并存"

1917年十月革命胜利后，人类历史上诞生了第一个社会主义国家，出现了资本主义和社会主义两种制度并存的"奇异"景象。如何处理两种政权、两种制度的关系成为摆在苏维埃政权和布尔什维克党面前的重大问题。列宁能否从马克思、恩格斯学说中找到现成的答案呢？

在谈到未来社会实现的条件时，马克思、恩格斯认为社会主义是资本主义生产力高度发展和世界交往不断深化的产物，而且由于

---

* 本文是北京市社科基金项目《马克思恩格斯列宁论外交》（项目编号：16KDB016）、中央高校基本科研业务费专项资金项目（重点项目）《国际视野下的高校思政课程与涉外专业结合研究——以〈纲要〉课程教学为例》（项目编号：3162017ZYQA03）阶段性研究成果。

发达国家拥有占统治地位的高度发达的生产力,社会主义将首先在发达的资本主义国家,如英国、美国、法国等国同时发生。需要注意的是马克思、恩格斯所说的"同时发生"指在一定历史时期,各国革命进程将同步发展,而不是指具体时间上的完全同步。从一定历史时期看,发达资本主义国家的社会主义革命将形成一个革命的连锁反应,引起世界范围内的社会主义革命。因此,社会主义不是一个地域性的产物,它必然具有国际性和世界性,或者说,世界范围内的社会主义革命是社会主义社会到来的必要条件。这样,我们可以预见,在共产主义社会取得全面胜利前,将存在一个社会主义政权与资本主义政权(尽管已经摇摇欲坠)短暂并存的时期。而两者之间的关系将无疑是替代与被替代的关系。这就是列宁思考两制关系的基本的理论认识起点。在鲜活的社会主义实践中,列宁面对的是一个前所未有的理论挑战,即落后的俄国爆发的社会主义革命虽然取得了暂时性的胜利,但这次胜利能否点燃世界范围内的或者说西方先进国家的社会主义革命呢?

一方面,显而易见,俄国革命的胜利超出了马克思、恩格斯的理论设定。马克思、恩格斯认为,共产主义革命首先在发达的资本主义国家同步发生,并因为受到经济基础的制约,将呈现不同的进程和特点。虽然,两位导师曾经有过关于落后的俄国能否跨越"卡夫丁峡谷"直接进入社会主义的理论讨论,但最后得出的结论是否定的。也就是说,马克思、恩格斯从未预想过在一个资本主义未经充分发展的条件下、在一个落后的、封建的东方国家可以独自取得社会主义革命的胜利。也就是说,十月革命的胜利有其必然性、也有其超出马克思、恩格斯理论设想的"特殊性"。对此,列宁有着非常清楚的认识,谈到"我们把自己看作是而且只能看作是国际无产阶级大军中的一支部队,我们这支部队之所以走在前面,决不是由于我们的程度高,素养好,而是由于俄国的特殊条件"。[①]

---

① 《列宁全集》第37卷,北京:人民出版社,1986年版,第371—372页。

另一方面，19世纪后期改良主义在西方国家的社会主义运动获得极大的发展，世界工人运动处于分裂的状态，短期内根本不可能形成世界革命的态势。从思想上看，由于工人运动的新变化和资本主义的新发展，马克思、恩格斯学说遭到前所未有的挑战，以伯恩施坦、考茨基为代表的修正主义大行其道，各国工人运动缺少可以团结一致的思想武器。从组织上看，由于思想上的分歧，特别是当社会民主党放弃国际主义原则，支持本国政府参加"一战"，工人阶级的国际联合组织第二国际"完全破产"了，国际共产主义运动从此一分为二，一边是主张改良主义的社会民主党，一边是主张革命原则的如罗莎·卢森堡和列宁等占据少数的马克思主义者。因此，世界革命在短期内是不可能发生的。在这样的情势下，列宁必须调和理论和现实的非一致性。

十月革命胜利后，列宁坚持认为只有通过唤起西欧无产阶级对十月革命的支持，形成世界革命的局势，苏维埃政权才可能存在下去。1918年3月，列宁在俄共（布）第七次代表大会通过的党纲草案草稿中提出："在各方面尽量利用在俄国点燃起来的全世界社会主义革命的火炬，以制止帝国主义资产阶级国家干涉俄国内政或联合起来公然对社会主义苏维埃共和国进行斗争和战争的行动，把革命传到更先进的国家以及一切国家里去。"[①] 1920年苏波战争后，列宁继续坚持世界革命理论，但他逐渐认识到，世界革命在短期内是不可能到来的，更为重要的是，列宁不再将苏维埃政权的生死存亡寄托于世界革命上了，他认为"即使全世界的社会主义革命推迟爆发，无产阶级政权和苏维埃共和国也能够存在下去"。[②] 而在马克思、恩格斯那里，世界革命是社会主义革命最终胜利的必要条件之一。这是列宁对马克思、恩格斯世界革命理论原则上的坚持，也是根据现实情况对世界革命理论策略上的灵活运用。

---

① 《列宁全集》第34卷，北京：人民出版社，1985年版，第66页。
② 《列宁全集》第40卷，北京：人民出版社，1986年版，第22页。

因此，苏维埃政权将在世界革命缺失的条件下，与资本主义国家并存（至少是短期），这是马克思、恩格斯没有预见到的，也根本不可能提出任何理论上的说明。这就要求布尔什维克党只能从苏维埃政权面临的实际情况和现实问题出发，考虑两种政权如何并存的问题。两种性质完全不同的政权能够实现和平、平等的共存吗？

二、从"两种制度并存"到"和平共处"

西方列强是不愿意同苏维埃的红色政权并存的，这种并存的现状首先在西方世界引起了激烈的反应，他们不承认苏维埃政权的合法性，在政治上进行诋毁，拒绝建交，在经济上进行扼制、封锁，甚至诉诸武力，鼓动其他国家进行武装干涉，企图将新政权扼杀在摇篮里。面对资本—帝国主义世界的进攻，列宁以"务实"的精神，确立了新政权对外交往的基本原则——和平与平等，避免"空谈革命"。

十月革命胜利后第一天，列宁在《和平法令》中，首先呼吁各交战国缔结没有兼并、没有赔款的停战合约，只要交战国可以尽快地提出"极端明确"的没有任何秘密的和平条件，苏维埃政权都愿意予以考虑。在审慎地分析了当时的国际形势之后，列宁指出在力量悬殊的条件下继续战争、一味地热衷革命空谈只会招致更惨重的失败，甚至可能会导致苏维埃政权的覆亡。正是在这样的"妥协策略"的指导下，苏俄与德国签订了布列斯特合约。

1919年秋，随着苏俄红军的节节胜利和国际形势的新变化，列宁预见到会出现一个社会主义国家和资本主义国家和平共存的时期。在这个时期，苏俄和苏俄人民愿意同资本主义国家进行经济上的合作与联系，"愿意在合理的条件下给予承租权，作为俄国从技术比较先进的国家取得技术帮助的一种手段"。①1919年10月5日，在答美国"芝加哥每日新闻报"记者问时，列宁再次重申坚持之前与英美两国代表布里特和谈的苛刻条件，不惜以"贡款"换取和平，保证不干涉别国内政，并愿意同一切国家，特别是同美国达成经济协议。同年12月，苏俄红军取得了军事上的胜利后，社会主义的俄国与西方资本主义国家共存成为现实。此时，列宁对国内的军事斗争和国际形势做出了乐观的判断，"在此以前主要是我们所进行的国内战争的时期，在此以后主要是我们大家所向往追求的、愿意为它献出一切力量和整个生命的和平建设的时期"。②同时，列宁表达了社会主义俄国希望同各国人民和平相处的愿望，把自己的全部力量用来进行国内建设，为苏维埃经济发展创造和平的外部环境，为苏维埃一国建设社会主义争取时间和空间。

在国内外形势发生新变化的情况下，列宁在坚持世界革命国际原则的基础上，进一步提出了"均势"思想。这是列宁对国际形势的正确判断，也是对和平共存思想的重要发展，对后来社会主义国家处理两制关系问题提供了理论基础。1921年5月，列宁指出："目前国际上已经形成了一种均势，……这种均势表现在：各帝国主义强国虽然切齿痛恨苏维埃俄国并且企图进攻苏维埃俄国，但它们还是放弃了这个念头，因为资本主义世界愈来愈分崩离析，愈来愈不一致，而拥有亿以上人口、受尽压迫的殖民地各国人民对它们所施加的压力却一年比一年、一月比一月、甚至一周比一周更加强大。"③

这个时候，列宁也没有放弃世界革命，与之前不同的是，列宁更加注重从经济上、而非从阶级斗争和政治上坚持世界革命的原则，或者说列宁已经意识到应当将苏维埃的工作转移到经济建设上，通过经济政策来对国际革命施加影响，在经济方面的胜利就是

---

① 《列宁全集》第37卷，北京：人民出版社，1986年版，第188页。
② 《列宁全集》第37卷，北京：人民出版社，1986年版，第388页。
③ 《列宁全集》第41卷，北京：人民出版社，1986年版，第335页。

国际范围内的胜利。这样,列宁将国内经济建设的迫切需要同世界革命联系了起来。列宁和平共处的对外交往政策一方面坚持了马克思主义和平外交的思想,另一方面也为苏维埃的经济建设,特别是利用资本主义先进技术和资本发展本国经济,提供了有利的外部条件保障。

三、"和平共处"的现实基础

列宁提出与资本主义制度和平共处的理论主张,绝非出于一厢情愿的对和平的渴望和对和平主义的理论坚持,而是基于对当时国际关系和对在落后的俄国如何建设社会主义的这一全新问题的深刻认识和思考的结果,以及对马克思、恩格斯未来社会学说的实践反思。

(一)世界经济一体化是"和平共处"的物质保障

马克思、恩格斯在《共产党宣言》中已经指出,在资本的驱动下,不断扩大产品销路的需要使得资产阶级奔走于全球各地,他们到处落户,到处开发,到处建立联系,进而在世界市场的基础上,将人类社会历史推进到世界历史这样一个新阶段。其实,世界贸易早已存在,但只有到了资本主义时代,世界贸易从交往地域、交易商品和资本流转等方面才有了接近现代意义上规模,即一个贸易化的全球体系的形成。

列宁强调,俄国是世界经济体系中的一部分,必须在这样的基础上认识俄国和资本主义国家的关系。"经济问题,如果不是从国际的角度,而是从个别国家或一些国家的角度来考虑,那是不可能解决的。"[①] 到了20世纪初,国家间的经济联系更加的紧密,从而

---

① 《列宁全集》第38卷,北京:人民出版社,1986年版,第166页。

形成一种无形的力量,这种力量如此强大,以至于任何一个与社会主义俄国敌对的国家都不得不屈从于它,从而使两种制度和平共存成为可能。

对于俄国,也是一样的情形,甚至更为迫切,因为不与世界发生联系,社会主义的苏俄是不能存在下去的。因此,列宁把苏俄同资本主义之间的经济联系提升到了关系苏维埃政权生死存亡的高度。1921年,列宁在一次会议谈到租让问题时,指出:"我们的目的只有一个,就是要在资本主义包围中利用资本家对利润的贪婪和托拉斯与托拉斯之间的敌对关系,为社会主义共和国的生存创造条件。社会主义共和国不同世界发生联系是不能生存下去的,在目前情况下应当把自己的生存同资本主义的关系联系起来。"① 因此,和平共处是苏俄发展社会生产力,完成现代化的经济目标的对外政策保障。只有通过建立两种制度国家的客观经济联系约束资本主义国家,通过社会主义经济上的胜利战胜资本主义,才能从根本上保障社会主义国家的长久和平。而资本主义国家不管它们对共产主义有多么憎恶,既然用武力不能消灭苏维埃,那么也只能迫于世界经济联系的力量参与到苏维埃俄国的经济建设中来。

特别值得注意的是,列宁是从世界经济一体化这样的客观事实和苏俄现实经济发展需要出发参与国际事务、发展对外关系,这与所谓的"大国威望",实质上是霸权意识,毫无关系。在谈到苏俄的近东政策时,列宁还补充提出了解决国际问题应充分考虑参与国的切身利益,避免"敌对"、"冲突"和"不满",只有这样和平共处才不是"毫无基础"的。因此,列宁的和平共处思想也蕴含了互惠互利的国际交往原则。

(二)苏俄反武装干涉的胜利是和平共处的军事保障

十月革命胜利后,列宁对红色政权能存在多久并没有太多信

---

① 《列宁全集》第41卷,北京:人民出版社,1986年版,第167页。

心。当苏维埃政权满73天时,列宁对《曼彻斯特卫报》记者说,他十分满意,因为即使苏维埃制度灭亡了,那它存在的时间也超过了巴黎公社,它为未来的世界革命事业做出了比巴黎公社更大的贡献。[①] 1918年夏,在《布列斯特条约》签订后不久,英、法、美、日等帝国主义国家再次向苏俄发起新一轮的武装干涉,并支持俄国国内的反革命武装势力。最危急的时刻,俄国有四分之三的国土失守,并失去了一些重要的粮食、燃料和原料产区。苏维埃俄国奋起抗争、同仇敌忾,又经过三年艰苦卓绝的斗争,在1921年春,终于取得了保卫新生政权的伟大胜利。苏俄用血肉、用武装革命的胜利主动赢得了与国际资本主义并存的局面。因此,和平共处不是凭空的幻想和美好的愿望,而是以军事实力和胜利果实作为保障的。列宁曾明确指出:"谁以为和平可以轻易获得,以为只要一提和平,资产阶级就会用盘子托着和平奉献给我们,谁就是一个过于天真的人。谁把这种观点说成是布尔什维克的观点,谁就是在骗人。"[②]

(三)资本主义国家之间深刻的矛盾分歧使"和平共处"成为可能

正是在取得来之不易的军事胜利的基础上,列宁进一步提出了"均势"思想,即苏俄和帝国主义强国之间谁也不能把对方摧垮、消灭。同时,列宁也看到这种均势是不可靠的、不稳定的,因为"国际资产阶级疯狂地仇恨和敌视苏维埃俄国,时刻准备侵犯它,扼杀它"。[③] 另外,列宁也指出确实存在和平共处的可能性——比苏维埃俄国强大得多的国际帝国主义却无力扼杀它,"社会主义共和国毕竟能在资本主义包围中生存下去了"。[④] 为什么社会主义共和国能够在资本主义包围中生存下去呢?

[①] 俞敏:《列宁世界革命理论和路线的一次重要转折——兼评列宁的"妥协"策略和思想》,《马克思主义研究》,2012年第1期。

[②] 《列宁全集》第33卷,北京:人民出版社,1985年版,第113页。

[③] 《列宁全集》第43卷,北京:人民出版社,1987年版,第1页。

[④] 同上书,第2页。

从资本主义世界内部看，19世纪末20世纪初，经过第一次工业革命、第二次工业革命，资本主义世界从自由竞争阶段发展到垄断阶段，以美国、德国、日本为代表的资本主义新势力崛起。这些新崛起的帝国主义国家在世界领土已被老牌帝国主义瓜分完毕的情况下，为获取与其经济实力相匹配的政治势力，必然会通过战争、侵略的方式在世界范围内掀起新一轮的殖民地瓜分浪潮，从而打破了资本主义世界原有的政治经济平衡。对此，列宁深刻地指出，资本主义在各个国家极不平衡的发展是由资本主义世界范围内商品生产决定的，具有深刻的历史必然性。从主要资本主义国家外围的殖民地国家看，列宁认为殖民地运动必将反对资本主义和帝国主义，成为未来世界革命决战中的积极因素。①

通过对资本主义最新发展和对资本主义外交实践的深刻认识与分析，列宁提出，在资本主义主导的国际环境中，社会主义国家可以利用资本主义国家之间的矛盾与分歧，为自己的生存和发展赢得时间与空间。一方面，社会主义国家将被迫支持一个国家去反对另一个国家，这样做仅仅限于共产主义的宣传和巩固社会主义政权的需要；另一方面，利用资本主义国家之间的矛盾，应当着眼于那种"由最深刻的经济原因引起的深刻分歧"，而不是利用"微小的偶然的分歧"，从而避免使共产党人沦为"渺小的政客和一钱不值的外交家"。②

坚持和平合作、反对战争对峙，坚持国际主义的联合，又坚持各民族国家相互尊重、一律平等，这是由社会主义国家的本质决定的。和平共处思想和实践为倡导更加平等合作、互惠互利的新型国际关系做出了全新的探索与尝试，是社会主义国家进行和平外交的理论指引和实践典范。

---

① 《列宁全集》第42卷，北京：人民出版社，1987年版，第41—42页。
② 《列宁选集》第4卷，北京：人民出版社，2012年版，第315页。

美国犹太人在总统大选中的投票倾向

英语系 梅琼

1654年,23名塞法迪犹太人从巴西来到北美港口城市新阿姆斯特丹(即后来的纽约市),并于1692年建立了第一所犹太教会堂,开启了犹太社团在北美的生活。经过三个多世纪的努力,美国犹太人已从一个弱小的移民群体发展成为美国社会的中坚力量。目前,美国约有530万犹太人,仅占美国人口总数的2.2%,[①] 但其在美国的政治、经济和文化中发挥着远超过自身规模的作用。重视教育和团结参政是美国犹太人取得成功的两个主要原因。[②] 四年一度的总统大选是美国犹太人参与政治的重要途径。本文拟探索美国犹太人在总统大选中的投票倾向并分析导致这一倾向的主要因素。

一、美国犹太人基本情况

犹太人虽然是美国的少数族群,但却拥有较高的社会经济地位。犹太民族一贯重视教育。根据皮尤研究中心2013年的调查,

[①] Pew Research Center, *A Portrait of Jewish Americans*, www.pewresearch.org/religion, August 18, 2018.

[②] 潘光等主编:《犹太人在美国———一个成功族群的发展和影响》,北京:时事出版社,2010年版,第1页。

58%的美国犹太人拥有大学文凭,而美国民众的这一比例为25%。由于教育程度高,美国犹太人多从事金融、技术和管理工作,或在政府部门、科研、教育和医疗行业任职。25%的美国犹太人家庭年收入超过15万美元,而在美国总人口中,只有8%的人达到这一收入水平。① 美国犹太人在科技文化领域、社会经济领域以及政界都发挥着举足轻重的作用。对美国最有影响的文化名人中,有一半是犹太人。在获得诺贝尔奖的美国学者中,有近半数是犹太人及其后裔。《纽约时报》《华盛顿邮报》以及美国电影业中的大制片公司都是犹太家族创办的。美国各大州和重要城市的州长、市长中也有许多犹太人。在美国第115届国会(2017—2018)中,有8名参议员,22名众议员为犹太人,远远超过犹太人在美国总人口中2.2%的比例。在2000年的美国总统大选中,犹太裔参议员约翰·利伯曼成为副总统候选人。

在美国,犹太人既是少数族裔,又代表一种少数宗教。犹太教是犹太民族文化的内核,对犹太民族性的形成和延续、对犹太人的价值观和日常生活规范具有深刻影响。在融入美国的进程中,犹太教在美国现代主义的冲击下发生了种种适应性的调整和改变,分化成为正统派(Orthodox)、保守派(Conservative)、改革派(Reform)这三大主要派别。根据2013年的调查,35%的美国犹太人自认为属于改革派,保守派和正统派的比例分别为18%和10%,其他小派别(例如重建派)占6%,约30%的美国犹太人自称不隶属任何教派。② 社会学家史蒂文·柯亨指出,美国犹太人具有三宗"最";"在宗教上最不积极的人,在神学上最怀疑的人,简言之,属于最世俗的(团体)"。③ 在美国这样一个宗教性很强的国家,犹太人的宗教行为的确比较世俗化。如表1所示,认为宗教信仰对自己生活

---

① Pew Research Center, *A Portrait of Jewish Americans*, p. 43.

② Ibid., p.10.

③ Steven Cohen, Content and Continuity, New York, 1991, p. 26. 转引自潘光等主编:《犹太人在美国———个成功族群的发展和影响》,北京:时事出版社,2010年版,第18—19页。

非常重要，绝对相信上帝存在，至少每月参加一次宗教活动的犹太人还不到其人口总数的40%，远远低于美国新教教徒和天主教徒在这些宗教行为上的比例，甚至低于美国民众的总体比例。在美国犹太人群体内部，正统派犹太教徒的宗教性最强。

表1 教徒的宗教信仰和行为比较

	认为宗教信仰对自己的生活非常重要	绝对相信上帝的存在	至少每月参加一次宗教活动
犹太教徒	31%	39%	29%
正统派犹太教徒	83%	89%	74%
保守派犹太教徒	43%	41%	39%
改革派犹太教徒	16%	29%	17%
新教教徒	72%	84%	63%
天主教徒	60%	67%	58%
美国民众	56%	69%	50%

资料来源：作者根据皮尤研究中心（Pew Research Center）2013年对美国犹太人的调查结果编制，www.pewresearch.org/religion。

美国犹太人具有很强的参政意识。他们积极参加选举，投票率高达83%。[①] 犹太人的主要聚居地，如纽约、加利福尼亚、宾夕法尼亚、伊利诺伊、马萨诸塞、密歇根、新泽西、俄亥俄等州又是参加民主党和共和党代表大会代表较多、产生总统选举人较多的州，其选举结果会对全国选举的大局产生重要影响。每当总统大选之时，两党都不惜代价争夺犹太人的选票。犹太人的参政意识还表现在政治捐款上。犹太社团所拥有的财富，尤其是超级富翁，比其他族裔都多，而这些富翁正是两党及各种利益集团获取政治资助的主

---

① Pew Research Center, A Portrait of Jewish Americans, p. 98.

要来源。[①]

二、美国犹太人在总统大选中的投票倾向

表2列出了1972年至2016年美国总统大选中两党候选人在犹太选民中的得票率。可以清楚地看出,美国犹太人是民主党的坚定支持者。实际上,从20世纪20年代以来,大多数美国犹太人就一直站着民主党一边,曾与天主教徒、美国南部保守的白人新教教徒组成"新政联盟"。他们的选票帮助富兰克林·罗斯福四次当选为美国总统。除1980年的总统大选外,美国犹太人对民主党总统候选人的支持率保持在60%以上。1996年和2000年,高达79%的美国犹太人投票给民主党候选人比尔·克林顿和阿尔·戈尔。与美国天主教徒不同,美国犹太人并未因社会经济地位的上升,逐步融入美国社会主流而转向支持共和党。"在美国,其大多数人在社会经济提高后似乎仍不改变其政治忠诚的少数民族团体,犹太人是唯一的一个"。[②]

表2 1972—2016年美国总统大选中犹太人的投票倾向

年 份	民主党候选人得票率	共和党候选人得票率
1972	66%	32%
1976	64%	33%
1980	44%	37%
1984	68%	31%
1988	67%	32%

---

① 潘光:《美国犹太人的历史发展、宗教结构和文化特征》,载徐以骅主编:《宗教与美国社会:多元一体的美国宗教》,北京:时事出版社,2004年版,第140页。

② 欧文·豪:《父辈的世界》,王海良、赵立行译,上海三联书店,1995年版,第567页。

续表

年　份	民主党候选人得票率	共和党候选人得票率
1992	77%	15%
1996	79%	15%
2000	79%	19%
2004	74%	25%
2008	78%	21%
2012	69%	30%
2016	71%	24%

资料来源：Mark Mellman, Aaron Strauss and Kenneth Wald, "Jewish American Voting Behavior 1972-2008: Just the Facts", https://www.bjpa.org/search-results/publication/14234, Gregory A. Smith and Jessica Martinez, "How the Faithful Voted: A Preliminary 2016 Analysis", www.pewresearch.org。

三、投票倾向的主要因素分析

美国犹太人的政党认同、犹太文化强烈的自由主义色彩以及世俗化是导致这一投票倾向的主要因素。

（一）政党认同

决定美国选民投票行为的因素包括：政党认同、政策态度、对总统候选人个人品性评价、对候选人和党派过往执政评判等，而政党认同被认为是对选民投票最有实质影响的因素。"家庭的社会化"是政党认同的最重要来源。大多数美国选民的政党认同在其青少年时期即已形成，主要动力是父母的政党认同通过家庭社会化对下一代的传递。[①] 美国选民的政党认同主要是对民主党和共和党的认

---

① 徐步：《宗教、族裔与美国总统大选》，《国际问题研究》，2012年第3期，第24页。

同。研究显示,"在几乎所有的选举中,绝对多数认同民主党的投票给了民主党候选人,而绝大多数认同共和党的则投给了共和党候选人"。① 70%的美国犹太人认同民主党,22%认同共和党,只有8%表示没有明显的党派倾向。② 对大多数美国犹太人而言,作为民主党的身份已成为他们社会身份的组成部分。犹太人从孩童时期就知道这种党派认同,"家庭社会化"使他们在成年后也遵循这一政治行为模式。

(二)犹太自由主义

在政策理念和主张上,美国民主党和共和党分别代表自由主义和保守主义。一般来说,共和党主张小政府、大社会;担心过度宽松的福利制度会助长公民依赖心理和不劳而获的惰性;抵制非法移民;在社会问题上比较传统,反对堕胎、同性恋婚姻。民主党则支持积极财政,主张将财政盈余用于教育和医疗等新项目上;要求政府采取更积极的行动推动社会福利事业和控制企业活动;更为关注劳工、移民、少数族裔等弱势群体;支持同性恋婚姻和妇女堕胎权利。美国犹太选民在总统大选中倾向支持民主党候选人,也与其自由主义的文化特征紧密相关。

在政府角色、同性恋、堕胎等政治社会问题上,美国犹太选民呈现出强烈的自由主义色彩,例如,51%的美国犹太人主张大政府,希望政府提供较多的社会服务;80%的美国犹太人认为同性恋是一种社会应当接纳的生活方式;83%的美国犹太人支持堕胎合法化。③

关于美国犹太人的自由主义立场,学界存在不同解读。第一种观点认为犹太教教义促使犹太人在政治上偏向自由主义或左派观

---

① Larry M. Bartels, "Partisanship and Voting Behavior, 1952-1996", *American Journal of Political Science*, Vol. 44, January 1, 2000, pp.35-50.

② Pew Research Center, *A Portrait of Jewish Americans*, p.96.

③ Ibid, pp.95-103.

点。Tzedakah（通常被译为"慈善"或"追求公义"）是犹太教一个十分重要的概念。犹太教的宗教经典《托拉》（也就是基督教所说的《摩西五经》）规定慈善不是一般意义上的可以自愿选择的行为，而是对上帝应尽的义务。正如《申命记》第6章第18节所说："耶和华眼中看为正，看为善的，你都要遵行。"早期的犹太社团以照顾孤儿和寡妇为己任。后来这种责任扩展为"修补世界"（tikkun olam），强调富足之人有义务救济贫苦之人，关心整个社会的改善。因此，犹太人倾向通过集体行动解决社会问题。在美国福利制度建立过程中，犹太政治活动家发挥了重要作用。犹太人慷慨捐赠，支持教育、文化及其他社会福利项目。第二种观点把美国犹太人的自由派立场归因于犹太人的历史经历。18世纪末到20世纪初，欧洲犹太人完全融入主流社会的努力遭到了贵族、军队、神职人员和富有阶层等传统保守力量的抵制。支持犹太解放运动的则是当时的进步力量，如记者、共产主义者、社会主义者、自由派、工会、知识分子等。从这一历史经历中，犹太人看清了敌友，站在了左派力量一边。欧洲犹太人远渡重洋、移民美国之后，也未改变这一观念。还有学者认为，犹太人的政治立场主要是由其少数族裔的地位所决定的。从公元一世纪罗马军队攻占耶路撒冷，摧毁圣殿，犹太人被迫流落到世界各地，到1948年以色列国的建立，犹太人在其所居住的国家一直属少数族裔，深受种族歧视和迫害之苦。这漫长的流散史造就了犹太人对社会边缘群体的深切同情和对消除宗教和种族歧视的左翼运动的积极支持。[①]

美国佛罗里达大学宗教与政治关系研究专家肯尼斯·D.沃尔德（Kenneth D. Wald）教授批判了以上三种解读。他认为犹太教教义、犹太人的历史经历以及犹太人的少数族裔地位不足以解释美国犹太人的自由主义政治观，因为犹太教徒中最为虔敬的正统派左倾程度

---

① Kenneth D. Wald, "The Choosing People: Interpreting the Puzzling Politics of American Jewry", *Politics and Religion*, Vol. 8, No. 1, 2015, pp.9-12.

最弱；遭受同样历史经历、同属少数族裔、居住其他国家的犹太人也表现出与美国犹太人不同的政治行为。例如，法国犹太人在法国政治光谱中一直处于中间位置，支持各个政党中的温和派。加拿大犹太人持中间偏左的政治立场，而南非犹太人则为中间偏右。居住在澳大利亚的犹太人大多属于政治右派。沃尔德教授指出，美国犹太人倾向自由主义、倾向民主党，源于他们对美国自由主义传统的珍视和捍卫。[1] 在旧大陆，反犹主义根深蒂固，犹太人融入主流社会的努力多次受挫，而美国的自由主义传统却为犹太民族顺利融入美国主流社会提供了良好条件。《联邦宪法》(1787)和《人权法案》(1791)废除了"作为在美利坚合众国获得任何公职和公信之一种资格"的宗教测试，并禁止国会制定任何"确立国教或禁止信教自由"的法律。在此之前，从未有一个大国如此明确地制定有关自由和民主的通则及有关宗教自由的细则。犹太人和其他少数群体成员可以在宗教上异于主流群体，而不必害怕受到迫害。美国的第一任总统乔治·华盛顿将美国政府描述为"不容忍任何偏执，不协助任何迫害"的政府。他把宗教自由描述为一种与生俱来的自由权利，这有别于英国及许多开明的欧洲国家所实行的放任式的宗教"宽容"。在那些国家，犹太人的解放经常与要求犹太人品行的"提高"联系在一起。华盛顿借用《弥迦书》第四章第四节中的预言，暗示美国将证明自己可以成为犹太人的"应许之地"。在这里，他们将"领略并享受其他居民的善意，人人都可以安然坐在自己的葡萄树下和无花果树下，无人受到惊吓"。[2] 虽然在20世纪二三十年代美国也出现了反犹、排犹的浪潮，但饱受欧洲反犹主义煎熬的犹太移民还是将美国当作民主、自由、平等的乐土和充满机会的乐园，相信在美国生活有保证。同时，美国犹太人时刻保持警惕，对潜在的

---

[1] Kenneth D. Wald, "The Choosing People: Interpreting the Puzzling Politics of American Jewry", *Politics and Religion*, Vol. 8, No. 1, 2015, pp.12-28.

[2] 乔纳森·萨纳：《美国犹太历史：回顾与展望》，载潘光主编：《犹太人在美国———一个成功族群的发展和影响》，北京：时事出版社，2010年版，第6页。

反犹主义高度敏感和担忧。他们通过积极参政来维护自身权益，捍卫政教分离。20世纪中期以后"新基督教右翼"狂飙突起，与共和党关系更加密切，尤其是新教福音派与共和党的结盟，使美国犹太人感到他们所珍视的自由主义的宗教传统正在受到威胁。因此，在总统大选中，美国犹太人加大了对民主党的支持。至于那些隶属福音派的民主党总统候选人，只要他们在竞选中不大谈自己的宗教信仰，如比尔·克林顿和阿尔·戈尔，就能获得超过70%的犹太选票。但若总统候选人表现出太强的宗教色彩，如吉米·卡特，即便他是民主党，也难以得到大多数美国犹太人的支持。在1980年的大选中，卡特仅得到44%的犹太选票。

因此，美国犹太人的自由主义倾向不仅源于犹太人的历史经历、犹太教义对追求公平公正的强调、犹太人的少数族裔地位，更重要的是美国犹太人深刻意识到只有自由主义的政治和宗教制度才能保证犹太人的利益不受到侵害。因此，在美国总统大选中，他们会把选票投给代表自由主义传统的民主党候选人。

（三）世俗化

除党派认同、自由主义倾向这两个主要因素以外，美国犹太人的世俗化也是导致这一投票行为的原因。在美国，有22%的犹太人不信仰犹太教，他们只是延续祖辈的风俗，保持和犹太教的文化联系。78%的美国犹太人自称信仰犹太教，但并不虔诚。他们之中只有31%的人认为宗教对自己的生活很重要，只有29%的人每月参加宗教活动。在犹太教主要派别中，只有正统派表现出与白人福音派新教教徒相似的虔诚度。83%的正统派犹太教徒认为宗教对自己的生活至关重要，远远超出保守派的43%和改革派的16%。74%的正统派犹太教徒至少每月参加一次宗教崇拜，在保守派和改革派中，这一比例仅为39%和17%。[①] 美国犹太人世俗化程度上的差异也导

[①] Pew Research Center, *A Portrait of Jewish Americans*, pp.72-76.

致了他们在投票行为上的不同。如表2所示，在1972年至2016年这12次总统大选中，只有15%—37%的美国犹太人投票支持共和党候选人。他们主要是在政治和社会问题上趋于保守的美国正统派犹太教徒。这与过去30年中出现的"宗教鸿沟"现象吻合，即经常参加宗教活动的选民倾向于投票支持共和党，而不常参加宗教活动的选民倾向于把选票投给民主党。

四、变化中的美国犹太人

与美国其他少数族裔一样，移民美国的犹太人在同化和认同之间找寻折中方案。他们既渴望成为美国人并遵循美国标准，又担心犹太人过于遵循这种标准而磨灭了个性并因此消失。[1] 在这种内心挣扎中，美国犹太社团在内在特质上发生了诸多重要变化。而这些变化也将对犹太人在总统大选中的投票倾向产生影响。

（一）异族通婚率上升

越来越多的美国犹太人选择与非犹太人结婚。20世纪70年代以前，美国犹太人的异族通婚率为17%，70年代为35%左右，80年代上升为40%以上，90年代持续上升，超过50%。2005年至2013年，异族通婚率高达58%。[2] 这一现象令美国犹太社团担忧。许多美国犹太人奉行族外婚，就很难促进犹太民族的群体意识和一种共同的民族意识。甚至有学者认为，异族通婚是一大威胁，在未来某个时刻，美国犹太社团要么会大大缩水，要么会完全同化而不复存在。[3] 异族通婚的确会削弱美国犹太人的犹太性。根据皮尤研究中

---

[1] 乔纳森·萨纳:《美国犹太历史:回顾与展望》，第9页。
[2] Pew Research Center, *A Portrait of Jewish Americans*, p. 35.
[3] 乔纳森·萨纳:《美国犹太历史:回顾与展望》，第12页。

心的调查,在美国犹太人口中,只有20%的异族通婚家庭在以犹太方式抚养子女。约37%的异族通婚家庭在子女教育上则丝毫不遵循犹太传统。① 如果美国犹太人的异族通婚率持续上升,其犹太认同势必会淡化。犹太人在总统大选中的投票行为会趋向美国民众的整体情况。也就是说,他们对民主党的坚定支持可能会有所动摇。

(二)世俗化倾向增强

根据皮尤研究中心2013年对美国犹太人的调查,三个主要犹太教派的人数在不断发生变化。在正统派家庭长大的犹太人中,有25%转变为保守派或改革派,在保守派家庭长大的犹太人中,有30%转变为改革派,而28%的改革派则转变为不信奉犹太教的犹太人。② 按信仰虔诚度来看,正统派最强,改革派最弱,保守派居中。目前人数正从正统派向保守派、改革派、无宗教信仰者这个方向流动。可见,美国犹太教徒的宗教性正逐步减弱,世俗化则日益增强。这或许意味着会有更多的美国犹太人在总统大选中支持民主党。

---

① Pew Research Center, *A Portrait of Jewish Americans*, p. 9.
② Ibid., p.11.

台湾地区能源与环境议题政治化的双重困境

国际关系研究所　王思丹

能源与环境话题在台湾岛内不断升温,特别是在2018年台湾地区"地方九合一选举"当中,能源与环境话语成为重要的议题之一。能源与环境议题本身具有高度的关联性,因此两者产生了相互影响的效应。民进党"非核家园"的主张在2011年日本3·11大地震之后进一步得到加强,也一定程度上成为了选举的重要议题之一。该主张也成为民进党在2016年选举中获胜的议题要素之一。然而,由于火力发电造成的空气污染在2016年以来持续被台湾民众关注,因此在2018年的"地方选举"中成为重要选战议题。2018年两项关于遏制煤电的"公投"得以大幅通过,同时台中市的反空气污染议题最终使国民党籍候选人卢秀燕成功将之前普遍看好的民进党籍寻求连任的林佳龙拉下"市长"宝座。因此,本文探讨能源与环境在台湾地区的话语变迁,并且指出这两项议题陷入政治化的双重困境。本文的重要贡献在于系统分析和讨论环境与能源话语在台湾政治与社会发展中的走向,有助于理解未来台湾地区环境和能源议题政治化方向。

一、介绍与研究问题

自20世纪90年代以来,环境与能源话题在台湾公共事务和舆论中不断升温。伴随着岛内舆论的变迁和政治板块的移动，环境与能源议题逐步在政治事务中获得重要话语位置。特别是自2008年以来，核能发电、火力发电、空气污染等能源与环境议题相互影响，进而影响到台湾政治话语的走向。能源与环境议题的政治化已经在台湾社会中产生影响，特别是在台湾地区领导人选举以及地方"九合一"选举中成为选举攻防的重要议题之一。本文主要立足于以2018年台湾地区"地方九合一选举"和相关公投案情况作为观察视角，理解核能与煤电，核安风险与空气污染议题的政治化过程。2008年以来，台湾地区的社会运动此起彼伏，其中反核等传统公共事务等问题也在此浪潮中高度政治化。[1] 尽管台湾地区的政治、政策和选举相关的研究已经较为丰富，但是针对特定公共政策议题的研究尚不足够。尽管台湾的能源与环境议题在学术界有所涉及，但是往往关注在科技、管理、社会运动等学术领域，缺乏跨学科和动态性的研究模式。

因此，本文的研究问题是：台湾地区的能源与环境问题是如何政治化的？政治话语的演变过程如何体现在2018年台湾地区"地方九合一选举"和相关公投案？

研究的结论是，能源与环境议题相互交织，能源使用与环境保护的取舍渐成台湾政治话语的双重困境。

二、台湾能源概况

台湾地区的能源供应高度依赖进口。[2] 台湾能源结构严重依赖化石能源消费。2014年的能源消费结构显示，石油（48.5%）、煤

---

[1] 张文生：《2008年以来台湾社会运动的政治化倾向研究》，《台湾研究集刊》，2015年，142：6。

[2] Jin-Li Hu, Chiang-Ping Chen, Yen-Haw Chen & Chunto Tso (2016) Energy consumption and CO2 emission in Taiwan's iron-steel industries, Energy Sources, Part B: Economics, Planning, and Policy, 11:1, 87-95, DOI: 10.1080/15567249.2011.578104.

（29.2%）、天然气（12.2%）、核能（8.3%）、生物能（1.2%）以及可再生能源（0.5%）。① 能源高度依赖进口以及严重依赖化石能源都需要谨慎考虑宏观的能源政策和规划。从理性选择的角度来看，持续重度依赖化石能源进口是不可持续的，也是具有风险的。全球能源市场的巨大波动会直接影响整个台湾地区的能源供应和消费。同时，降低化石能源消费符合未来低碳发展的需求。消费煤炭的火力发电产生的能源效率较低，单位能源消耗较高，不利于长远经济发展。发展可再生能源技术，提高可再生能源的消费比例，是优化能源结构的理想方案。但是，台湾地区在2014年的可再生能源比例仅占整体能源消费的0.5%。核能消费的比例远高于可再生能源消费的比例，到达8.3%。1984年，台湾地区的电力供应超过40%来自核能的贡献，并且在其后的20年间，电价基本稳定，为台湾地区成为"亚洲四小龙"作出重要贡献。② 但是，能源问题不仅是一个技术问题，也是经济问题，更可以政治化。台湾目前的能源话语不是由技术问题主导，也不是完全由市场决定，而是陷入核能与煤电的政治化困境中。能源议题高度政治化一方面将影响长期稳定的能源政策，另一方面核电与煤电的选择困境会成为未来一段时间的重要政治和选举议题。

三、台湾环境议题与政策

环境与能源问题相互交织，密不可分。核电站的开发与使用是为了促进能源结构的多元化，提高能源供应水平。但是，民众对于核电站的安全风险的担忧逐渐政治化，成为台湾能源与环境政策的

---

① Kuo-Cheng Kuo & Hao Wang (2017), Energy production and economic growth in Taiwan: Challenges and solutions, Energy Sources, Part B: Economics, Planning, and Policy, 12:12, p 1055.

② Fang-Long Shih (2012) Generating power in Taiwan: Nuclear, political and religious power, Culture and Religion, 13:3, 295-313, p299.

重要公共话语。然而,"非核家园"的实现使得火力发电不能尽快被淘汰,反而有增长的需求。这样的趋势反过来又加剧了台湾社会对于使用煤炭所产生的空气污染的担忧。本文在台湾地区的环境议题上主要关注两个方面:第一,核泄漏风险的担忧。第二,空气污染的公众意识提升。

(一)公众对于核泄漏风险的担忧

对于核泄漏的安全担忧并不是一个较新的话题,它一直伴随着核电站的规划、生产、运营以及维护等整个过程当中。由于核电站事故能够造成巨大灾难,专业的安全评估和社会的安全争议始终伴随着核能与核电站的发展过程。冷战时期,美苏争霸曾走到千钧一发的时刻,核威慑的阴影依然在今天的国际政治主题中产生重要影响。朝核、伊核以及中美俄等多边关系等议题之所以在国际事务的舞台上如此重要,其心理根源便是源自对于核风险的深刻担忧。切尔诺贝利核电站泄漏几十年来,安全风险的讨论也并未随时间消退。在欧洲,各国对于核电站的立场截然不同。法国是核能发电的积极倡导者,英国国内各政党对于核电开发的立场分歧明显,德国则积极推进放弃核能的使用。一方面,核能发电可以有效优化能源结构,降低对于化石能源的依赖,有利于降低温室气体排放。另一方面,核辐射和核泄漏的安全隐患和担忧始终在欧洲国家的政治话语占有一席之地。欧洲的环境政治以及绿党的崛起与核电风险的话语链接密不可分。德国的选举制度更是为绿党提供相对宽松的政治空间,因此德国在核电议题上采取非常谨慎的态度。

台湾地区对于核电安全的疑虑也来自核泄漏事故等的担忧。但是,2011年日本福岛核电站泄漏事故明显加剧了台湾民众对于核电安全的忧虑。日本人口密度较大,日本福岛核电站泄漏直接威胁众多日本民众的安全。台湾地区的核电站也具有类似情况,一旦核泄漏,对于人口密度较大的台湾北部地区直接产生重大安全威胁。

台湾主要聚焦的"核四"问题并非是蔡英文时期的新近议题。

自从2000年民进党执政以来，"非核家园"的理念不仅体现在《环境基本法》中，也在行政机构中成立了"非核家园推动委员会"。①然而，废除"核四"议题并没有出现反核团体期待的结果，民进党的废核承诺以及核四公投均未实现。②在一定程度上，尽管"非核家园"以立法形式得以认可，但是缺乏可操作的具体时间表。③民进党在2016年重返执政以后，特别是立法机构席位过半，删除核四预算，预定将于2025年彻底告别核能。④

台湾的反核力量很大程度上被视为一种环境保护运动，因为其主张符合环保、安全、自然等理念。但是值得一提的是，亲核力量的某些重要主张也与广泛的环境保护主张相连接。首先，随着气候变化、全球变暖、温室气体排放等议题在全球层面的升温，台湾地区对于相关议题的公众认知程度也有所强化。⑤优化能源结构，降低化石能源的依赖度，降低温室气体排放是环境保护与应对气候变化的核心主张和解决办法。因此，亲核力量主张通过使用核能发电进而优化能源结构。同时，台湾地区的能源结构严重依赖化石能源消费。依赖煤炭消费的火力发电是导致空气污染的主要源头之一。因此，随着公众针对空气污染的忧虑不断加强，火力发电的抵触情绪也不断上升。

（二）空气污染问题

台湾地区的环境议题往往会涉及广泛的公平正义等话题，公众

---

① 中国电力网（2014），"核四"公投，台湾"核四"事件。

② Ming-Sho Ho (2018) Taiwan's Anti-Nuclear Movement: The Making of a Militant Citizen Movement, Journal of Contemporary Asia, 48:3, 445-464.

③ 凤凰网（2014），台湾"核四"争议延续多年，谁执政谁头疼。

④ Ming-Sho Ho (2018) Taiwan's Anti-Nuclear Movement: The Making of a Militant Citizen Movement, Journal of Contemporary Asia, 48:3, 445-464.

⑤ Chou, Kuei Tien(2013) The public perception of climate change in Taiwan and its paradigm shift, Energy Policy, 61, https://doi.org/10.1016/j.enpol.2013.06.016.

关注生活质量、生活权利、责任、公平以及参与等。① 对于社会经济发展程度较高的台湾地区，环境议题始终是政治人物和公众关心的议题。空气污染问题也并不是一个较新的社会问题，早在20世纪80年代，空气污染问题已经进入学术界以及政策制定的关注范围，并且设立了空气品质标准。②

但是，空气污染议题的高度政治化则始于21世纪以来，特别是体现在了2018年的地方选举议题上。2018年"九合一地方选举"以及公投案表决结果显示，"反空污"公投案以超过721万票同意票通过，这意味着火力发电量每年应该至少降低1%。③ 主张停止兴建扩建燃煤发电的"反深澳电厂"公投案超过688万同意票。④ 这说明空气污染议题不仅在台湾地区政治与选举中不断发酵，同时也获得了高度的民意支持。两项公投案都显示了空气污染问题已经上升到覆盖全岛的政治话语。

在2018年"九合一地方选举"中，空气污染问题也成为了台中市长选举的主要攻防议题。国民党籍台中市长候选人卢秀燕强烈批评台中市政府在空气污染治理的不佳表现，炮火对准火力发电，特别是针对台中火力发电厂。⑤ 民进党籍台中市长林佳龙一方面极力为其施政辩护，并指出其内在控制污染源，改善公共运输系统等方面进行了改革和优化。另一方面，他也展现对于治理空气污染的严肃态度，退回台中火力发电厂的许可证换照申请。⑥

因此可见，环境议题与能源议题都呈现了高度话语政治化，并且成为重要选举攻防议题。但是，相较于壁垒分明的能源议题分

---

① Mei-Fang Fan Assistant Professor (2006) Environmental justice and nuclear waste conflicts in Taiwan, Environmental Politics, 15:03, 417-434.
② 张景旭、贺弘景：台湾环境污染与工业发展政策[J].台湾研究集刊，1988 (01): 42-46。
③ 中国时报（2018），执政党拟提新案推翻旧案，2018年12月04日。
④ 中评网（2018），500万台湾人反对 东奥正名公投未过关，2018年11月25日。
⑤ 中国时报，卢秀燕批空污严重 市府反驳，2017年11月5日。
⑥ 中国时报，全民反空污! 林佳龙吁中火尽速补提减煤措施，2017年11月14日。

歧，环境议题呈现了政治话语立场的共同性。国民党籍候选人与民进党籍候选人都同时展现"反空污"的强烈决心，至少在地方选举期间都对于火力发电持相似立场。这种现象主要是因为台中市是地方县市一级，双方的选举议题不必上升到整个岛内的能源战略和选择，因此都会对民众关心的环境议题进行积极回应，就如同所有政治人物都会在"拼经济"的话题呈现一致立场。

但是，"反空污"立场的趋同不会改变能源与环境政治化的双重困境。"反空污"议题上升会进一步提升反对煤电的声音。在煤电与核电的困境下，选择核电又会加剧"核安全与风险"的政治化程度。因此，能源与环境议题的双重困境会在议题的起伏中不断演变。

值得一提的是，环境的政治话语是随着科技、教育、能源等领域的进展而变化的。PM2.5浓度是衡量的空气质量的重要指标之一。但是，台湾地区与亚洲其他地区情况相似，是从2012年开始将PM2.5纳入空气治疗标准和检测体系。"环保署"在2016年公布了全台湾地区三年的PM2.5数据，除花莲及台东以外，其他县市的年均值都呈现超标状态。[①] 因此，随着PM2.5的关注度提升，台湾地区的空气污染问题迅速成为重要政治议题。

四、环境与能源议题在"地方选举"的政治较量

国民党的整体立场认为，核电是解决能源高度依赖进口以及化石能源依赖的有效解决办法。因此，针对"非核家园"的提议表示强烈质疑。尽管，国民党并不怀疑核电的风险以及日本福岛核电危机的前车之鉴，但是坚持核电是改善台湾岛内能源结构以及提高电力供应水平有效手段。环境主张上，随着"空气污染"议题的提升，国民党的政治话语在2018年地方选举中倾向于反对煤电的新建与扩建。

---

① 环球网，台湾官方公布3年来完整PM2.5，监测数据，几乎全岛沦陷，2016年1月7日。

民进党始终坚持"2025非核家园"的目标，面对各方对于能源结构局限性的质疑，坚持其政治立场。随着"反空污"议题的上升，民进党的废核议程与火力发电造成的污染形成了高度政治化联结。因此，"反空污"给民进党在地方选举中造成了空前的压力。

核电与核安以及煤电与空污的双重困境已经成为国民党和民进党之间的选举攻防议题，从而形成了壁垒分明的党派立场。反观无党籍的台北市长柯文哲，对于重启核四议题仅表示要与产业政策相结合。[①] 在国民党籍新北市长朱立伦与柯文哲讨论"双北"合作的时候，柯文哲对于空气污染问题也仅表示开放的态度。[②] 很明显可以看出，尽管国民党和民进党各自针对能源与环境问题展开政治攻防，但是问题的政治化以及现实的双重困境为其他政治人物和力量提供了模糊空间。

五、2008年以来的环境与能源的政治话语变迁

能源与环境话语陷入选择困境，出现了一个此起彼伏的情况（如图所示）。2011年日本福岛核电站受到地震和海啸的侵袭造成核泄漏，引起日本及其周边国家和地区的恐慌。福岛核泄漏事故对台湾民众产生了巨大的影响，反核态度迅速成为主流民意。[③] 台湾社会运动自2008年以来愈演愈烈，反核运动也是其中之一，获得空前的发展，最终迫使时任台湾地区领导人马英九宣布停建核四。[④]

民进党籍领导人蔡英文因此大力推动"非核家园"，力图在2025年完全废弃核能。然而，短期内的能源缺口却缺乏实质性的解

---

① 联合报，朱立伦抛核四重启柯文哲：要看能源、产业政策是否合一，2019年2月16日。
② 华夏经纬网，朱立伦向柯文哲招手 防治空污反深澳电厂，2018年4月20日。
③ Ming-sho Ho (2014) The Fukushima effect: explaining the resurgence of the anti-nuclear movement in Taiwan, Environmental Politics, 23:6, 965-983.
④ 张文生：《2008年以来台湾社会运动的政治化倾向研究》，《台湾研究集刊》，2015年，142：6。

决方案。因此，深澳燃煤发电厂以及其他火力发电设施迅速与由废核导致的能源短缺议题紧密结合起来。

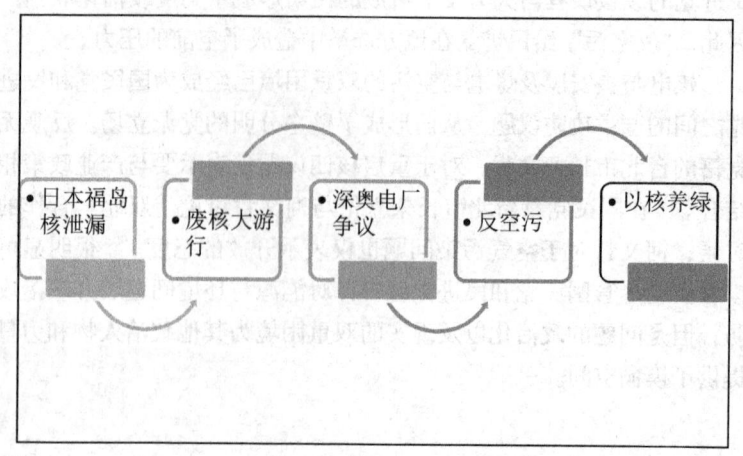

图　台湾地区能源与环境话语的起伏

随着PM2.5纳入空气质量检测体系，台湾民众对于空气污染的意识和忧虑不断增长，"反空污"议题上升为政治和选举话语。火力发电议题与空气污染议题在政治化的过程中建构成直接的因果关系，煤电受到主流民意的反对，核电的反对声音较之前逐渐移出主流民意。

由此可见，煤电与核电的政治化起伏交错，受到环境污染与安全忧虑的影响。同时，空污与核安议题，又会进一步加剧核电与煤电的政策困境。两者相互交织，相互影响，此起彼伏。

六、政治与选举话语主导台湾能源与环境议题

首先，这不利于台湾地区良性的能源政策思考和制定。核能安

全性与煤电的污染物已经完全在政治话语当中上升为主导议题之一,并且形成了两种区别明显的意识形态。经济市场视角还是政策理性视角都在议题的高度政治化过程中失去重心。

其次,能源与环境话语是不断变迁的。台湾地区的政治和意识形态结构将决定了能源与环境政治话语的二元性。尽管能源与环境问题会随着时间不断演变,但是相关问题仍然会被建构成壁垒分明的二元政治话语。比如,可再生能源的发展和使用可能会被建构成低碳绿色的能源选项而被大力支持。同时,它也可能因为开发成本过高等因素被建构成拖累经济发展的因素。不同的政治化过程最终会影响能源和环境政策走向。

最后,能源与环境的话语政治化困境也体现出其他相关政策选项的边缘化。在高度话语政治化和困境面前,有关能源安全的石油与天然气供应显然没有出现在公众以及主流政治行为体的语境中。重度依赖进口的能源体系与社会经济发展程度较高的现实情况形成反差。但是,相关的政策考虑极大程度地让位于核能与煤电以及核安与空污的双重困境。同时,可再生能源的选项在核电与煤电的主导性话语中缺少一席之地,在政治与选举话语中完全被边缘化。

能源和环境话语不会在未来的政治与选举话语中缺席,反而会不断演变和交替。随着科学技术的进步、环境科学的发展以及公众认知的提升,环境与能源议题的政治化应该受到学者进一步的实证性研究和理论讨论。

图书在版编目(CIP)数据

外交学院2018年科学周论文集 / 秦亚青主编. —北京：世界知识出版社，2020.5
ISBN 978-7-5012-6236-6

Ⅰ.①外… Ⅱ.①秦… Ⅲ.①社会科学—文集 Ⅳ.①C53
中国版本图书馆CIP数据核字（2020）第073628号

责任编辑	袁路明
责任出版	赵 玥
责任校对	陈可望
封面设计	田 林

书　　名	外交学院2018年科学周论文集 Waijiao Xueyuan 2018 Nian Kexuezhou Lunwenji
主　　编	秦亚青
副 主 编	夏莉萍
出版发行	世界知识出版社
地址邮编	北京市东城区干面胡同51号（100010）
网　　址	www.ishizhi.cn
电　　话	010-65265923（发行）　010-85119023（邮购）
经　　销	新华书店
印　　刷	北京虎彩文化传播有限公司
开本印张	850×1168毫米　1/32　10印张
字　　数	280千字
版次印次	2020年5月第一版　2020年5月第一次印刷
标准书号	ISBN 978-7-5012-6236-6
定　　价	76.00元

版权所有　侵权必究